G. Sommer: Was ist mein Haus heute wert

Goetz Sommer

Was ist mein Haus heute wert

Der praktische Ratgeber für die Bewertung von Häusern, Wohnungen und Grundstücken

RENTROP
VERLAG

Dieses Buch wurde umweltfreundlich hergestellt. Wir haben ein Produkt geschaffen, das sich durch hohe Umweltverträglichkeit in Produktion und Recycling auszeichnet. Die Verpakkungsfolie aus Polyethylen (PE) ist in der Herstellung physiologisch unbedenklich; sie verbrennt rückstandsfrei zu Kohlendioxid und Wasser. Gleiches gilt für die Polypropylenfolie, mit der der Schutzumschlag kaschiert ist. Geklebt wurde mit Dispersionsklebstoff auf Wasserbasis, also ohne Lösungsmittel. Die Buchdeckel enthalten 2 mm starke Graupappe aus 100 Prozent Recyclingmaterial.

Die Deutsche Bibliothek – CIP-Einheitsaufnahme

Sommer, Goetz: Was ist mein Haus heute wert: der praktische Ratgeber für die Bewertung von Häusern, Wohnungen und Grundstücken/ Goetz Sommer
- 2., erw. Aufl. -
Bonn: Rentrop, 1993
ISBN 3-8125-0180-5

1. Auflage Januar 1992
2., erweiterte Auflage August 1993

Satz: Reufels + Brühl, Linz-Kretzhaus
Druck: Druckerei Engelhardt, Neunkirchen
Umschlaggestaltung: Thomas Lutz, Bernkastel-Kues
Lektorat: Reinhard Fey, Königswinter
Herstellung: Joachim Müller, Bonn
Herstellungsleitung: Monika Graf, Bonn

Verlag Norman Rentrop, Theodor-Heuss-Str. 4, 53177 Bonn,
Tel. 0228/82050, Telefax 0228/364411
ISBN 3-8125-0180-5

Die Angaben in diesem Buch beruhen auf sorgfältigen Recherchen des Autors. Es gilt jedoch zu beachten, daß die Angaben Änderungen unterliegen. Verlag und Autor können daher keine Haftung für Vollständigkeit und Richtigkeit der Angaben in diesem Buch übernehmen. Für Verbesserungsvorschläge und Hinweise auf Fehler sind Verlag und Autor dankbar.

Inhalt

Vorwort

Die Ermittlung des Verkehrswerts von Immobilien und Rechten an Grundstücken ist selbst für Fachleute nicht immer einfach. Zusätzlich erweist sie sich in den neuen Ländern neben den ungeklärten Eigentumsverhältnissen, den unzureichend ausgestatteten Verwaltungseinrichtungen und den gewaltigen Aufgaben im Bereich des Grundbuch- und Katasterwesens immer mehr als ein weiterer Flaschenhals für den Übergang des Grundstücksmarktes aus der Dunkelheit eines jahrzehntelangen Preisstopps zu einem funktionierenden Platz für Angebot und Nachfrage.

Einer fundierten Verkehrswertermittlung durch unabhängige und erfahrene Sachverständige kommt dabei eine Schlüsselfunktion zu. Denn gerade in der Phase des allmählichen Erwachens des Grundstücksmarktes sind Käufer und Verkäufer darauf bedacht, sich nicht übervorteilen zu lassen, und setzen ihr Vertrauen in die Sachkunde und Erfahrung von Sachverständigen. Dies betrifft nicht nur die Fälle, in denen es um die Transaktionen von Grundstücken geht; gleiches gilt auch für die Bemessung von Entschädigungsansprüchen für den nicht rückübertragungsfähigen Grundbesitz sowie für Ausgleichsleistungen bei der Durchsetzung von Restitutionsansprüchen an über 1 Million Grundstücken.

Es kommt erschwerend hinzu, daß es in der Bundesrepublik Deutschland kein Berufsgesetz für den Sachverständigen gibt und man keine behördliche Zulassung braucht, um sich Sachverständiger nennen zu können. Wird ein Sachverständiger mit der Erstattung eines Verkehrswertgutachtens beauftragt, so sind der Auftraggeber und der Verbraucher eines Gutachtens von daher nicht davor geschützt, an ein "schwarzes Schaf" zu geraten, und es nutzt ihnen häufig wenig, daß sich dieser "Sachverständige" einer Täuschung im Rechtsverkehr schuldig macht, wenn er sich zwar so nennt, jedoch nicht die Voraussetzungen erfüllt. Dies erweist sich bei der beschriebenen Situation im Zuge der deutschen Einheit, aber auch vor dem Hintergrund der Verwirklichung eines europäischen Binnenmarktes als ein folgenschweres Versäumnis. Die beschriebenen Verhältnisse sind unverständlich, zumal es sich der Gesetzgeber auf der anderen Seite nicht hat nehmen lassen, weitaus weniger wichtige Berufszweige, wie zum Beispiel das Berufsbild eines Thermometermachers, zu regeln (vgl. Bundesgesetzblatt 1 1986, 834). Information, Aus- und Fortbildung tut deshalb not, und dies ist auch das Anliegen der vorliegenden Schrift.

Sie will in die Verkehrswertermittlung einführen und richtet ihr Augenmerk dabei auch auf die Verhältnisse in den neuen Ländern. Im Vordergrund steht dabei die praxisnahe Darstellung, die durch zahlreiche Beispiele erläutert wird. Aus einer Fortbildungsveranstaltungsreihe entstanden, möge sie deshalb der Praxis dienlich sein.

Wolfgang Kleiber FRICS, Gesamtschriftleiter der Zeitschrift
"Grundstücksmarkt und Grundstückswert" (GuG)

Einleitung

"Aber mein Haus ist doch 400.000 DM wert! Hier steht es!" Der Eigentümer zaubert ein umfangreiches Gutachten hervor. "Ich verkaufe nicht unter Wert!" Und wieder schickt er einen der mittlerweile weniger werdenden Interessenten nach Hause.

So geht es nun schon seit zehn Monaten: Das Haus steht leer, verkommt langsam, und er merkt nicht, daß nicht nur die Bewirtschaftungskosten weiterlaufen, sondern auch entgangene Zinserträge zu verzeichnen sind. Immerhin sind es jetzt schon rund 12.000 DM, und jeden Monat werden es 1.200 DM mehr.

Sein Haus wird von Monat zu Monat von der Substanz her auch nicht besser; ganz im Gegenteil! Er merkt dies alles nicht, schließlich hat er sein Schätzchen in bester Erinnerung; es klebt eigener Schweiß und eigenes Blut, viel Gehirnschmalz, aber vor allem Besitzerstolz an Dach und Wänden. "Und dann noch der Garten! Wenn Sie wüßten, was das damals für ein Wüste war!"

Es geht bergab; der Glauben an den gutachterlich geschätzten Wert bleibt unerschütterlich. Irgendwann jedoch, meistens mit unerfreulichen Begleitumständen, kommt dann doch der Zwang zum Einlenken. Aus der Traum vom großartig vollendeten Lebenswerk!

Ein alltäglicher Fall? Leider ja. Was ist passiert? Der geforderte Preis ist schlicht mit dem gutachterlich ermittelten Wert gleichgesetzt worden, am Markt vorbei. Es ist – kurz gesagt – lediglich die Anbieterseite berücksichtigt worden. Ganz abgesehen von dem blinden Vertrauen in das Gutachten. Und dann wird klar:

Bewertung von Grundbesitz ist die Kunst, in einem durch Rechtsvorschriften geregelten Verfahren und aufgrund eigener Erfahrungen sowie fundierter betriebswirtschaftlicher, juristischer und bautechnischer Kenntnisse einen Wert zu ermitteln. Man versucht, wohlbegründet und für den Adressaten auch nachvollziehbar, einen Blick in

Preis prognostiziert, ohne genau zu wissen, ob der Markt diesen auch annimmt.

In den meisten Fällen gibt es noch nicht einmal einen Markt. Denken Sie zum Beispiel an eine Bewertung im Rahmen einer Vermögensauseinandersetzung, GmbH-Beteiligung, Beleihung, Enteignung oder Reprivatisierung. Nach unseren Erfahrungen gibt es in rund 80 Prozent aller Fälle nicht das "heilsame Korrektiv" durch den Markt, aus dem man im nachhinein lernen kann.

Nachdem unser Problembewußtsein geschärft ist, geht es in diesem Buch an das Handwerkszeug: Zunächst wird vorab erklärt, wie der Wert des Bodens einigermaßen unzweifelhaft und durch rechtliche Vorschriften auch untermauert ermittelt werden kann. Dann folgt als wesentlicher Schwerpunkt die Darstellung zweier bewährter Verfahren zur Bewertung von Grundbesitz: Sachwertverfahren und Ertragswertverfahren. Da erfahrungsgemäß die Erläuterung der dazu notwendigen Kalkulationen leider nicht immer leicht nachvollziehbar ist, werden alle Rechengänge an einem Beispiel illustriert.

Die Ergebnisse dieser Verfahren sind jedoch nur Anhaltswerte. Im anschließenden Kapitel über den Verkehrswert werden daher noch die wesentlichen Anforderungen an die daraus wohlbegründete Prognose abgeleitet.

Der Leser ist dann bereits mit den Grundzügen der Wertermittlung vertraut: Er kennt die Problematik, hat Lösungswege nachvollzogen und ist vielleicht sogar schon in der Lage, eine Bewertung überschlägig selbst vorzunehmen.

Die Bewertungspraxis hat sich seit 1990 zu einem erheblichen Teil in den Osten Deutschlands verlagert. Dort gibt es eine Fülle von Sonderfragen, von denen einige angesprochen werden müssen. Schwerpunkt ist insbesondere die Ermittlung von marktgerechten Bodenwerten in den neuen Bundesländern. Wir geben dem Leser das speziell für diese Zwecke entwickelte Bonner Verfahren mitsamt Kontrollrechnungen zur Plausibilitätsprüfung an die Hand.

Wichtig ist auch das Handwerkszeug für die tägliche Arbeit vom Ortstermin bis zum selbst angefertigten Verkehrswertgutachten. Der Leser wird auch in die Lage versetzt, bereits vorliegende Gutachten

Leser wird auch in die Lage versetzt, bereits vorliegende Gutachten kritisch zu prüfen, um eventuelle darin enthaltene Schwächen oder gar essentielle Fehler selbst aufzudecken mit Instrumenten, die in bestimmten Situationen bares Geld wert sind.

Zur 2. Auflage: Die erste Auflage wurde – den Wünschen der Leser und unserer Seminarteilnehmer entsprechend – um wesentliche Themen erweitert:

Rechte und Belastungen beeinflussen die Wertermittlung in besonderem Maße; dafür wurde ein eigenes Kapitel eingefügt. Hinzu kommt die Wertermittlung von besonderen Liegenschaften auf Ertragswertbasis, eingeleitet mit einem Kapitel über die Grundzüge der Mietwertermittlung. Oftmals sind dabei die Grenzen zu einer Unternehmensbewertung nicht klar. Aus diesem Grunde werden auch die Prinzipien der Wertermittlung aus der Unternehmensertragskraft behandelt.

Man kann oftmals schon bei der Gutachtenerstellung zukünftigem obergutachterlichem Streit vorbeugen. Die dafür hilfreichen Instrumente der Sensitivitätsanalyse und der Renditeprognose werden ebenfalls dargestellt.

Mustergutachten wurden aktualisiert. Neu aufgenommen wurde ein Kapitel über finanzmathematische Grundprinzipien, denn peinlich ist es, wenn der Sachverständige zwar richtig denkt und überzeugend urteilt, jedoch falsch rechnet!

Dieser Ratgeber kann nicht die Fülle von Spezialliteratur zu allen Fragen der Bewertung ersetzen. Literatur zur Behandlung von besonderen Fragen ist jedoch ebenfalls aufgeführt.

Eine korrekte Bewertung von Grundbesitz erfordert den zusammengeführten Sachverstand von Betriebswirten, Juristen und Ingenieuren. Ich bin meinen Mitarbeitern dankbar für die oft langen und intensiven Gespräche, die den Inhalt dieses Buchs erst richtig geformt haben. Besonders interessante Anregungen, auch zur didaktischen Aufbereitung der oftmals recht schwierigen Themen, kamen weitgehend von meinen Seminarteilnehmern. Herzlichen Dank dafür.

1. Das Bewertungsproblem

1.1 Anlaß und Zweck einer Bewertung

Ein Haus, eine Wohnung oder nur ein unbebautes Grundstück bewerten zu müssen, ergibt sich in einer Fülle von Situationen. Im wesentlichen sind dies:

Übertragung durch Kauf bzw. Verkauf: Bei der Formulierung eines marktgerechten Angebotspreises ist der Verkäufer oft hilflos; auch der interessierte Käufer ist für ein unabhängiges Sachverständigengutachten dankbar.

Anteilsbewertung bei Kapitalgesellschaften: Der Verkehrswert von Grundstücken spielt eine große Rolle bei der Bewertung von Anteilen an Gesellschaften entweder wegen einzubringender Einlagen der Gesellschafter oder wegen des Werts ihrer Anteile, zum Beispiel bei Auseinandersetzungen über das Gesellschaftsvermögen. Ferner kann er von erheblicher steuerlicher Bedeutung sein.

Renditeprognosen für Investoren: Niemand ist bereit, eigenes oder fremdes Kapital einschließlich Kreditmittel für den Kauf von Immobilien oder für den Ausbau von Gebäuden oder deren Neubau auszugeben, wenn er nicht weiß, daß sich seine Investition rechnet. Sie rechnet sich nur, wenn der Ertragswert des Grundstücks nicht unter den Kosten des Erwerbs oder des Bauens liegt. Die richtige Renditeprognose hilft zu erkennen, bis zu welcher Kostenobergrenze bei der betreffenden Immobilie Kapital wirtschaftlich eingesetzt werden kann.

Enteignungsbewertung: Es kommt vor, daß Liegenschaften aus wichtigen öffentlichen Gründen enteignet werden, zum Beispiel für

Zwecke des Straßenbaus. Möchte der Eigentümer nicht nachprüfen können, ob die von der Verwaltung angebotene Enteignungsentschädigung dem wirklichen Wert seiner Immobilie entspricht?

Entschädigungs- und Reprivatisierungsbewertung in den neuen Bundesländern: Es kommt vor, daß Liegenschaften in den neuen Bundesländern nicht an die ehemaligen Eigentümer zurückgegeben werden. Wer setzt eigentlich die in solchen Fällen zu zahlende Entschädigung fest und wie? Möchte der betroffene ehemalige Eigentümer nicht prüfen können, ob die ihm angebotene Entschädigung angemessen ist? Nach dem Treuhandgesetz wird das ehemals volkseigene Vermögen durch Verkauf privatisiert. Wer setzt die Werte von Grundbesitz in einer Weise fest, die Verschleuderung öffentlichen Vermögens vermeidet, gleichwohl aber die gewollte Privatisierung, insbesondere an Investoren, nicht durch unrealistisch hohe Preisvorstellungen verhindert?

Beleihung: Wie überprüft eigentlich der betroffene Eigentümer, ob die ihm von seiner Bank für Beleihungszwecke genannten Werte seines Grundstücks und die daraus abgeleiteten Konditionen für Kredite angemessen sind? Die Kreditinstute handeln nach ihren eigenen Beleihungsgrundsätzen. Der informierte Eigentümer vermag sehr wohl mit seinen Banken zu verhandeln und in der Regel günstigere Konditionen zu erreichen, insbesondere dann, wenn er Marktvergleiche anstellt und seine Bank das wissen läßt.

Versteigerung: Es kommt vor, daß Liegenschaften versteigert werden müssen. Der Wert dieser Liegenschaften wird dann in aller Regel gutachterlich im Zwangsversteigerungsverfahren festgestellt. Sowohl der Ersteigerer als auch der betreibende Gläubiger und auch der Eigentümer des Grundstücks sollten in der Lage sein nachzuvollziehen, ob der ermittelte Wert angemessen ist oder nicht.

Vermögensauseinandersetzung: Bei Erbengemeinschaften, bei Scheidungsverfahren, bei Vereinen oder auch bei BGB-Gesellschaften kann der Wert des gemeinschaftlichen Vermögens ganz oder teilweise aus Grundstücken bestehen. Die Kenntnis vom richtigen Wert dieser Grundstücke ist entscheidend dafür, daß ein gerechter Ausgleich bei Auseinandersetzungen gefunden wird.

Versicherung: Sachversicherungen von Gebäuden werden entscheidend vom sogenannten Versicherungswert der Gebäude bestimmt. Die Versicherungen wenden eigene Grundsätze an, die dem Laien nicht verständlich sind. Zu wissen, wie der Sachwert von Gebäuden nach den Vorschriften der Wertermittlungsverordnung zu ermitteln ist, erleichtert dem Versicherungsnehmer seine Verhandlungen über die Bedingungen seiner individuellen Sachversicherung.

In jeder dieser Situationen gibt es darüber hinaus unterschiedliche Rollen: als Anbieter, als Nachfrager, als Mitglied einer Vermögensgemeinschaft mit meistens gegenläufiger Interessenlage zum Partner oder als "Anwalt" einer Partei. So finden Sie sich zunächst in einer der beiden folgenden Gruppen wieder:

- als **Sachverständiger** und **Autor** eines Verkehrswertgutachtens
- als **Verwerter** oder **Prüfer** eines Verkehrswertgutachtens

Außer an diejenigen Leser, die sich als zukünftige Sachverständige mit der korrekten Bewertung von Grundbesitz vertraut machen wollen, wende ich mich mit diesem Buch insbesondere an die folgenden Personen und Institutionen, die – jede für sich – ihre eigenen Problemstellungen bei einer korrekten Bewertung haben:

- der **Investor** als Privatmann oder im Auftrag einer Firma
- der sachverständige **Verwaltungsangestellte** als Mittler zwischen Käufer und Verkäufer oder bei Enteignungsverfahren
- der **Immobilienmakler** bei der Marktrecherche
- der **Architekt** bei Vorkalkulationen
- der **Unternehmens- oder Vermögensberater** bei Renditeanalysen
- der **Wirtschaftsprüfer** bei Unternehmensbewertungen
- der unternehmerisch denkende **Anwalt** bei Firmengründungen
- der **Banker** bei Beleihungsverhandlungen
- der sachverständige **Justizangestellte** in Versteigerungsverfahren
- der **Richter** bei Vermögensauseinandersetzungen
- der **Angestellte des Fiskus** bei Vermögensbewertungen
- der **Versicherungsangestellte** bei der Prämienfestsetzung
- der wieder eingesetzte oder zu entschädigende **Eigentümer in den neuen Bundesländern**
- die **Treuhandanstalt** bei der Reprivatisierung

Diese diversen Beteiligten mit ihren unterschiedlichen Rollenverteilungen zeigen schon, wie schwierig eine gerechte und vor allem klar begründete Bewertung von Grundbesitz ist. Glücklicherweise gibt es jedoch einige Hilfen zur Lösung dieses Problems, die nachstehend beschrieben sind.

1.2 Ausgangslage: Wert – Preis – Verkehrswert

Spüren Sie die kleinen, aber wesentlichen Unterschiede in folgenden Fragen:

Was ist die Immobilie wert? Es stellt sich die Frage nach einer speziellen Eigenschaft, die der Immobilie innewohnt; dies ist also ein objektiver Wert. Er orientiert sich ausschließlich an den Herstellungskosten und deren heutigem Zeitwert. Er ist damit ausschließlich vergangenheitsorientiert.

Wie es scheint, ein brauchbarer Ansatz für eine Bewertung, jedoch für sich allein am Markt vorbei. Wir bezeichnen einen derartigen Wert mit Sachwert.

Was ist mir die Immobilie wert? Es stellt sich die Frage nach einer speziellen Eigenschaft, die Menschen der Immobilie beigelegt haben; dies ist also ein subjektiver Wert. Er orientiert sich in erster Linie an der Renditeerwartung des Interessenten und ist damit ausschließlich zukunftsorientiert.

Wie es scheint, auch ein brauchbarer Ansatz für eine Bewertung; jedoch für den Bauherrn oder den jetzt stolzen Eigenheimbesitzer oft absurd, denn betriebswirtschaftliches Denken liegt ihm fern. Wir bezeichnen einen derartigen Wert mit Ertragswert.

Was ist anderen die Immobilie wert? Es stellt sich die Frage nach der Vergleichbarkeit der zu begutachtenden Immobilie mit einer anderen, für die sich am Markt bereits ein Preis bestimmt hat. Also: eher gegenwartsorientiert.

Wie es scheint, der beste Ansatz für eine Bewertung; er führt jedoch in den seltensten Fällen zum Erfolg. Finden Sie einmal das Objekt in vergleichbarer Lage, mit vergleichbarer Ausstattung und Größe, welches dann auch noch zu gleichen Marktbedingungen den Besitzer wechselt! Wir bezeichnen einen derartigen Wert mit Vergleichswert.

Alle drei Werte, Sachwert, Ertragswert und Vergleichswert, sind nun brauchbare Grundlagen für die Ermittlung des Verkehrswerts von Immobilien. Es gibt für jeden einzelnen Wert ein spezielles Verfahren der Ermittlung, das wir Ihnen im folgenden vorstellen. Diese Werte beleuchten jedoch jeder für sich das eigentliche Problem von verschiedenen Standpunkten aus:

- Der **Sachwert** begründet in erster Linie den Standpunkt des Anbieters.
- Der **Ertragswert** ist meist Verhandlungsgrundlage für den Nachfrager.
- Der **Vergleichswert** basiert auf einem bereits vollzogenen Interessensausgleich zwischen Anbieter und Nachfrager.

Die Verkehrswertermittlung hat jedoch eine Schätzung des Verhandlungsergebnisses zwischen Anbieter und Nachfrager zum Ziel. Wir geben Ihnen auch dafür noch ein Werkzeug an die Hand. Im Endeffekt geht es um eine Preisprognose für diesen Interessensausgleich. Aufgabe ist es nun, diese Prognose zu wagen und fundiert zu begründen, um den sogenannten Verkehrswert zu ermitteln.

Die nachfolgende Abbildung zeigt zusammenfassend noch einmal den Weg vom Sachwert, Ertragswert und Vergleichswert zum Ziel, dem Verkehrswert:

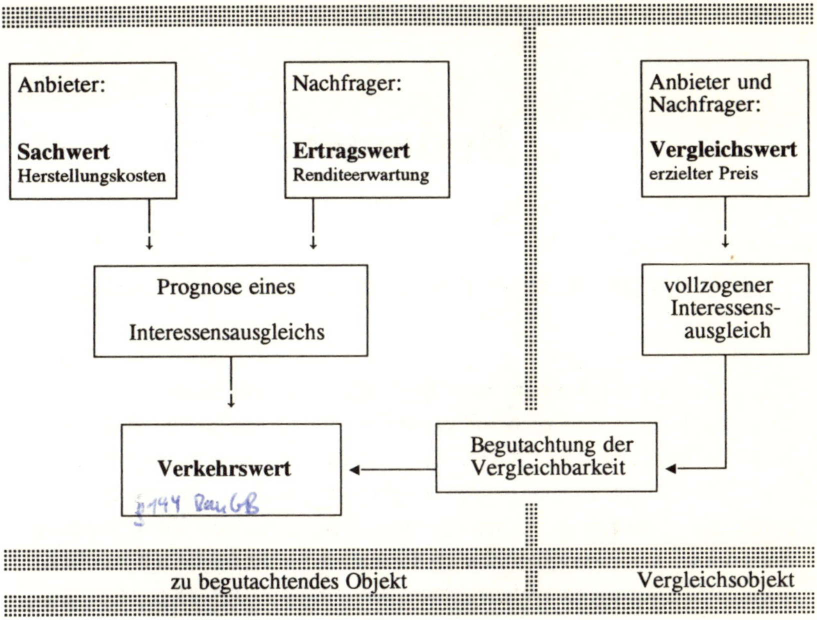

Vom Sachwert, Ertragswert und Vergleichswert zum Verkehrswert

Die Schwierigkeit bei der Ermittlung des Verkehrswerts aus einem Vergleichswert liegt schwerpunktmäßig nur in der Begutachtung der Vergleichbarkeit beider Immobilien. Auch beim Vergleichswert geht es jedoch letztlich um eine Preisprognose: Auf der Basis eines bereits vollzogenen Marktgeschehens beim Vergleichsobjekt wird der Preis für das zu begutachtende Objekt geschätzt.

2. Bodenwert

2.1 Erste Recherchen und Aktualisierung

Nach den geltenden Rechtsvorschriften ist der Bodenwert grundsätzlich durch Preisvergleich zu ermitteln. Die Kommunen sind nach BauGB, insbesondere §§ 193 und 195, verpflichtet, Kaufpreise zu sammeln und die Ergebnisse als sogenannte *Bodenrichtwerte* auf Anfrage zur Verfügung zu stellen. Wenn Sie also aus Ihrer eigenen Sammlung keine vergleichbaren Grundstücke heranziehen können, können Sie auf diese Bodenrichtwertsammlungen zurückgreifen. Zur Vorbereitung Ihrer ersten Recherchen beschreiben Sie zunächst das zu bewertende Grundstück so gut Sie es können nach folgenden Merkmalen, die wir später noch näher besprechen werden:

Wesentliche Vergleichsmerkmale für Grundstücke

- Ortslage: Randgebiet, Einzugsgebiet, Kerngebiet etc.
- Grundstückslage: Baulücke, Eckgrundstück etc.
- Art der baulichen Nutzung: Wohngebiet, Gewerbegebiet, gemischte Nutzung etc.
- Maß der baulichen Nutzung: bebaubare Fläche, ein-/mehrgeschossige Bauweise
- Bodenbeschaffenheit: Gefälle, Baugrund etc.
- Grundstückszuschnitt und Grundstücksgröße
- Erschließungszustand
- Umgebungsinfrastruktur
- demographische Struktur (Bevölkerungszusammensetzung)

Rufen Sie bei der zuständigen Stadt- oder Kreisverwaltung an und lassen Sie sich mit der "Geschäftsstelle des örtlichen Gutachterausschusses für Bodenrichtwerte" verbinden. Beschreiben Sie dann anhand der wesentlichen Vergleichsmerkmale das zu begutachtende Grundstück. Lassen Sie sich nach Möglichkeit den Bodenrichtwert für erschließungsbeitrags*freies* Bauland geben, das die wesentlichen Merkmale in etwa trifft. Fragen Sie auch unbedingt, auf welchen Stichtag sich dieser Bodenrichtwert bezieht.

Sie müssen für den ermittelten Wert meistens eine Stichtagsumrechnung vornehmen, um ihn auf den Zeitpunkt Ihrer Bewertung zu aktualisieren. Die Gutachterausschüsse rechnen dabei mit einer Bodenwertsteigerung von 9 Prozent. Zwei Beispiele dazu:

Ihr Bewertungsstichtag ist der 1.1.1993. Sie haben einen Bodenrichtwert von 320 DM/qm mit Stichtag 31.12.1991 ermittelt. Sie müssen demnach die Preisentwicklung des Jahres 1992 berücksichtigen und erhalten: 320 DM x 1,09 = 348,80 DM.

Ist der Stichtag des Bodenrichtwerts jedoch der 31.12.1990, so müssen Sie die Preisentwicklung der Jahre 1991 und 1992 berücksichtigen: 320 DM x 1,09 x 1,09 = 320 DM x $1{,}09^2$ *= 380,20 DM.*

2.2 Reifegrade und Bebauungsmaß

Planungen über die Baureife bestimmen den Wert des Bodens ganz wesentlich. Im sogenannten *Flächennutzungsplan* bestimmt die Gemeinde in groben Zügen die beabsichtigte Nutzung nach ihrem voraussichtlichen Bedarf. Ist dieser Plan von der nächsthöheren Instanz (Kreis oder Regierungspräsidium) genehmigt und rechtskräftig, wird ein sogenannter *Bebauungsplan* aufgestellt, der klare Festsetzungen über Art und Maß der Bebauung, Bauweise, Größe und Zuschnitt der Grundstücke und andere für die bauliche Nutzung verbindliche Vorschriften enthält. Bei Ihren ersten Recherchen wird man Ihnen sagen können, ob ein Flächennutzungsplan oder ein Bebauungsplan für das Grundstück bereits vorliegt. So erfahren Sie im

Zweifel die *Baureife*, wobei für die Bewertungspraxis drei Grade zu unterscheiden sind:

Bauerwartungsland sind Flächen, die nach ihrer Eigenschaft, ihrer sonstigen Beschaffenheit und ihrer Lage eine bauliche Nutzung in absehbarer Zeit tatsächlich erwarten lassen. Diese Erwartung kann sich insbesondere auf eine entsprechende Darstellung dieser Flächen im *Flächennutzungsplan*, auf ein entsprechendes Verhalten der Gemeinde oder auf die allgemeine städtebauliche Entwicklung des Gemeindegebiets gründen.

Rohbauland sind Flächen, die in einem gültigen *Bebauungsplan* für eine bereits festgelegte bauliche Nutzung bestimmt sind, deren Erschließung aber noch nicht gesichert ist oder die nach Lage, Form oder Größe für eine bauliche Nutzung unzureichend gestaltet sind.

Bauland (baureifes Land) sind Flächen, die nach öffentlich-rechtlichen Vorschriften baulich nutzbar sind.

Ist Ihr zu bewertendes Grundstück also nicht Bauland, so müssen sie eine Umrechnung vornehmen, wobei in der einschlägigen Literatur die folgenden Faustregeln zu finden sind:

Umrechnung nach unterschiedlichen Reifegraden

- Der Wert von Bauerwartungsland beträgt 25 bis 35 Prozent des Baulandwerts.
- Der Wert von Rohbauland beträgt 60 bis 70 Prozent des Baulandwerts.

Verhältnis-Kennzahlen bestimmen das Maß baulicher Nutzung:

Grundflächenzahl (GRZ): Quadratmeter der Bebauung zu Quadratmeter des Grundstücks

Geschoßflächenzahl (GFZ): Quadratmeter aller Geschoßflächen zu Quadratmeter des Grundstücks

Baumassenzahl (BMZ): Kubikmeter der gesamten Baumasse zu Quadratmeter des Grundstücks

Oft sind diese Zahlen bereits in den Veröffentlichungen der Gutachterausschüsse genannt, meist sogar mit genauen Umrechnungsformeln für die Bewertung. Es gilt der Grundsatz: Je größer die Zahl, desto wertvoller der Boden.

Wenn Sie nicht sicher sind, ob es sich bei Ihrem Grundstück überhaupt um Bauland handelt oder welche Art und welches Maß der Bebauung zulässig ist, fragen Sie nochmals bei der Kommune nach (Bauamt, untere Baubehörde). Stellen Sie im Zweifel dort eine offizielle *Bauvoranfrage*. Das kostet Sie, je nach Gebührenordnung, etwa 200 bis 500 DM, die allerdings bei den Gebühren für einen späteren Bauantrag teilweise wieder angerechnet werden können.

2.3 Größe und Zuschnitt

Für die Ermittlung des Werts eines Grundstücks ist auch dessen Größe von erheblicher Bedeutung. Zu kleine oder zu große Grundstücke können in ihrem Wert gemindert sein. Die Größe des Grundstücks ist insofern von Bedeutung, als sich nach ihr bestimmt, ob überhaupt eine Bebauung möglich ist. Auf einem kleinen Grundstück sind nur kleine Gebäude möglich, und die Verlustflächen in bezug auf die Nutzfläche dieser Gebäude (zum Beispiel Treppenhaus) steigen prozentual stark an.

Neben der Größe des Grundstücks spielt auch sein Zuschnitt eine wesentliche Rolle. Bei einem unwirtschaftlich geschnittenen Grundstück kann die eigentlich zulässige Bebauung unmöglich oder erheblich erschwert sein.

Eine besondere Gruppe bilden solche Grundstücke, die für die eigentlich zulässige Nutzung und Bebauung zu groß sind. In solchen Fällen kann es unwirtschaftlich sein, die gesamte Fläche zu dem Bodenwert zu erwerben, der grundsätzlich für das Gebiet gilt, wo sich das Grundstück befindet. Die zum Beispiel für den Bau eines Einfamilienhauses benötigte Fläche wird entsprechend der rechtlich zulässigen Nutzung verwendet, nicht aber der Teil des Grundstücks, der dessen Übergröße im Vergleich zu anderen Grundstücken ausmacht. Oftmals ist dann auch eine Grundstücksteilung und der Bau eines weiteren Einfamilienhauses nicht möglich. Dies trifft insbesondere bei schmalen und tief geschnittenen Grundstücken zu.

Ein verhältnismäßig großes Baugrundstück darf daher nicht in voller Größe zum Baulandwert angesetzt werden. In der Praxis wird ein Baugrundstück dann rechnerisch in sogenanntes *Vorderland* und *Hinterland* aufgeteilt:

Umrechnung nach Zuschnitt und Größe

- Mit Vorderland bezeichnen wir den Teil eines Baugrundstücks, der unmittelbar an der Hauptzuwegung liegt und in der Regel eine Tiefe von 30 bis 40 Metern hat. Vorderland wird mit dem Baulandwert angesetzt.
- Mit Hinterland bezeichnen wir den Rest eines Baugrundstücks, der tatsächlich nicht oder nur geringfügig bebaubar ist, obwohl er rechtlich Baulandqualität hat. Hinterland wird mit 35 bis 45 Prozent des Baulandwerts angesetzt.

2.4 Erschließung

Baugrundstücke sind in der Regel ver- und entsorgt, mit Zuwegungen versehen und damit "erschlossen". Zur Erschließung gehören im wesentlichen Anschlüsse der Ver- und Entsorgung (Strom, Wasser, Gas, Fernwärme, Kanal etc.), gegebenenfalls Telefon, Kabelfernsehen etc. und der Ausbau von Zuwegungen.

Die Erschließungsbeiträge sollen nach der Höhe der zu erwartenden Beitragsleistung angesetzt werden. Ist dies nicht möglich, so kann man sie notfalls auch pauschalieren. Führen Sie eine derartige Pauschalierung jedoch nie unkritisch durch. Prüfen Sie, ob ihr Ergebnis plausibel sein kann.

Pauschalierte Erschließungsbeiträge

- 6 bis 7 Prozent des Bodenwerts bei Grundstücken bis 600 qm
- 7 bis 8 Prozent des Bodenwerts bei Grundstücken bis 1.000 qm
- 8 bis 9 Prozent des Bodenwerts bei Grundstücken ab 1.000 qm oder bei langen Straßenfronten

Die Auswahl der Prozentsätze richtet sich nach der Anzahl der oben genannten angefallenen Kostenarten.

Haben sie als Richtwert den erschließungsbeitrags*freien* Bodenwert ermittelt, so sind die Kosten der Erschließung beim Vergleichsgrundstück bereits entstanden.

Falls nun das zu begutachtende Grundstück ebenfalls voll erschlossen ist und die Erschließungsbeiträge auch tatsächlich in voller Höhe entrichtet worden sind, können Sie den bisher ermittelten Bodenwert ohne Korrekturen übernehmen.

Falls das zu begutachtende Grundstück nicht erschlossen ist, sind die Erschließungsbeiträge vom ermittelten Bodenwert des Vergleichsgrundstücks abzuziehen.

Haben Sie jedoch als Richtwert den erschließungsbeitrags*pflichtigen* Bodenwert ermittelt, so sind die Kosten der Erschließung beim Vergleichsgrundstück noch nicht berücksichtigt. Sie müssen diese Kosten dann hinzurechnen, falls das zu begutachtende Grundstück voll erschlossen ist. Richten Sie sich also nach der folgenden zusammenfassenden Übersicht:

Vergleichsgrundstück	zu begutachtendes Grundstück	
	nicht erschlossen	voll erschlossen und bezahlt
erschließungsbeitragsfrei	**Erschließungsbeiträge abziehen**	–
erschließungsbeitragspflichtig	–	**Erschließungsbeiträge hinzurechnen**

2.5 Bodenbeschaffenheit

Probleme des Untergrunds oder der Bodenbeschaffenheit können die rechtlich zulässige Bebauung und Nutzung des Grundstücks erheblich erschweren und damit verteuern.

Hier kommt eine problematische Bodenverfüllung genauso in Betracht wie etwa Hanglagen, sumpfiger oder felsiger Untergrund und sonstige Besonderheiten, die eine zulässige Nutzung erschweren oder sogar unmöglich machen.

Eine besondere Problematik bilden die sogenannten Altlasten. Mit diesem Begriff sind solche früheren Einwirkungen auf das Grundstück gemeint, die zu Umweltgefährdungen oder sogar Umweltschädigungen geführt haben. Der Begriff ist jedoch noch nicht gesetzlich definiert.

Nach allgemeiner Auffassung handelt es sich um Altablagerungen aus aufgegebener industrieller oder gewerblicher Nutzung oder aus der Ablagerung von Abfallstoffen. Ihr Vorhandensein wirkt sich selbstverständlich auch auf den Bodenwert aus. Dies gilt um so mehr, als der Eigentümer einer kontaminierten Bodenfläche nicht nur in der wirtschaftlichen Nutzung der Fläche gehindert sein kann. Erschwerend kommt hinzu, daß der Grundstückseigentümer in Gefahr ist, von dritter Seite wegen der von diesen Altlasten ausgehenden Beeinträchtigungen oder gar Gefahren in Anspruch genommen zu werden.

Wertkorrekturen wegen ungünstiger Bodenbeschaffenheit

Die Wertabschläge orientieren sich an den Kosten, die wegen dieser Probleme zusätzlich aufgewendet werden müssen, um das Grundstück entsprechend der zulässigen Nutzung verwenden zu können.

Derartige Eigenschaften des Grundstücks zählen zu den in § 5 der Wertermittlungsverordnung aufgeführten Zustandsmerkmalen.

Bei Verdacht auf intensive Kontamination kann nur ein besonderes Bodenqualitätsgutachten einigermaßen sichere Auskunft geben. Lassen Sie in solchen Fällen einen Experten arbeiten!

2.6 Baureifmachung

Die sogenannte Baureifmachung von Grundstücken mit anschließender Bebauung entsprechend einer zulässigen Nutzung ist häufig notwendig, indem nicht mehr nutzbare Gebäude beseitigt werden müssen, bevor eine wirtschaftliche Verwendung des Grundstücks beginnen kann.

Es muß sich aber nicht nur um Ruinen handeln, sondern auch durchaus noch brauchbare Bauwerke können ein Abrißproblem darstellen, wenn sie einer wirtschaftlichen Verwendung im Wege stehen. Man denke zum Beispiel an den Fall eines kleinen Einfamilienhauses, das auf einem besonders wertvollen Gewerbegrundstück steht und jede wirtschaftliche Nutzung dieses Grundstücks verhindert. Denkbar sind aber auch Fälle, in denen ein bestimmtes Zweckgebäude nachträglich seinen Zweck verliert und beseitigt werden muß, um einer anderen Nutzung Platz zu schaffen.

Die Kosten einer solchen Baureifmachung sind beträchtlich und setzen sich im wesentlichen aus folgenden Kostenarten zusammen: Abriß, Sortieren und Transport des Abrißmaterials sowie ordnungsgemäße Deponierung.

Wertminderung wegen Baureifmachung

Wenn man sich dabei nicht auf Kostenvoranschläge stützen kann, rechnet man der Einfachheit halber mit der äußeren Hülle des abzureißenden Hauses in Kubikmetern (cbm) und kalkuliert ungefähr 60 bis 80 DM/cbm.

2.7 Unwirtschaftliche Bebauung

Ein Grundstück kann dadurch belastet sein, daß es unwirtschaftlich bebaut ist. Dabei ist zu unterscheiden, ob das Bauwerk überhaupt entfernt werden kann oder darf.

Ein Bauwerk darf in der Regel nicht entfernt werden, wenn es sich zum Beispiel um ein Denkmal oder ein geschütztes historisches Gebäude handelt. Kann und darf ein Bauwerk entfernt werden, so stellt sich die Frage, ob sich eine Baureifmachung mit anschließender Neubebauung zwecks besserer zulässiger Nutzung lohnt. Dafür müssen besondere Bewertungsgrundsätze aufgestellt werden:

Bewertungsgrundsätze bei unwirtschaftlicher Bebauung

- Falls das Bauwerk nicht entfernt werden kann, richtet sich der Wert des Grundstücks nach dem Ertrag aus der tatsächlichen Nutzung. Im Extremfall ist der Wert mit null anzusetzen.
- Falls das Bauwerk aus wirtschaftlichen Gründen sofort abgerissen werden muß, können die Kosten der Baureifmachung mit dem Bodenwert verrechnet werden.
- Falls das Bauwerk aus wirtschaftlichen Gründen bis zum Ablauf seiner Restnutzungsdauer verwendet werden kann, richtet sich der Wert des Grundstücks nach der Verzinsung des Bodenwerts aus der tatsächlichen Nutzung während der Restnutzungsdauer. Hinzu kommt der heutige Wert der Bodenwertverzinsung in der zukünftigen neuen, besseren Nutzung.

Zum obigen dritten Fall nun ein Beispiel, das jedoch schon einige finanzmathematische Kenntnisse voraussetzt. Vielleicht überlesen Sie es, bis Sie das letzte Kapitel studiert haben, und kommen später dann noch einmal darauf zurück.

Ein Grundstück ist mit einer Restnutzungsdauer von 20 Jahren lediglich eingeschossig bebaut, obwohl zweigeschossige Bebauung zulässig wäre. Der Wert beträgt bei eingeschossiger Bebauung 20.000 DM und bei zweigeschossiger 30.000 DM. Man kalkuliert mit einem Liegenschaftszinssatz von 5 Prozent. Dann errechnet sich:

Die tatsächliche Bodenwertverzinsung ist: 20.000 DM x 0,05 = 1.000 DM jährlich. Dieser Ertrag besteht noch 20 Jahre; sein heutiger Wert ist demnach: 1.000 DM x 12,46 = 12.460 DM. Danach entsteht ein jährlicher Ertrag von 30.000 DM x 0,05 = 1.500 DM unbefristet. Diese "ewige Rente" hat rechnerisch denselben Wert wie die ursprünglichen 30.000 DM, nämlich: 1.500 DM / 0,05 = 30.000 DM, allerdings erst in 21 Jahren. Er wird deswegen auf heute abgezinst: 30.000 DM x 0,3589 = 10.767 DM. Es ergibt sich also ein Bodenwert von 12.460 DM + 10.767 DM = 23.227 DM.

2.8 Umgebungsinfrastruktur

Neben der direkt für das Grundstück notwendigen Erschließung gibt es eine weitere für die bestimmungsgemäße quantitative und qualitative Nutzung erforderliche Infrastruktur, die wir mit Umgebungsinfrastruktur bezeichnen.

Es handelt sich um Maßnahmen vor allem auf dem Gebiet der kommunalen Infrastruktur, die nicht durch Erschließungsbeiträge oder sonstige Abgaben von Grundstückseigentümern mitfinanziert werden. Diese Maßnahmen werden von der öffentlichen Hand sowie von gemeinnützigen Institutionen wie Kirchen etc. im Rahmen ihrer Aufgaben und im Rahmen der zur Verfügung stehenden Haushaltsmittel aus Steuer-, Gebühren- oder Spendenaufkommen bezahlt.

Dies sind aber nicht nur Baumaßnahmen der Verkehrswege (Straßen, Kanäle, Bahnen, Flughäfen etc.) und die Zurverfügungstellung ausreichender Kommunikationsmöglichkeiten, sondern auch die Errichtung und Unterhaltung von öffentlichen Interessen dienenden Einrichtungen (Schulen, Krankenhäuser, Sozialstationen, Polizeikapazität etc.). Darüber hinaus sind darunter auch Maßnahmen zu verstehen, die allgemein in die Kategorie "Erhalt und stetige Verbesserung der Lebensqualität" fallen (Luftreinhaltung, Gewässerschutz, Landschaftspflege, Stadtbildpflege etc.). Zusammenfassend handelt es sich also im wesentlichen um die Infrastrukturen von *Verkehr, Kommunikation, Verwaltung, Versorgung, Sicherheit, Bildung und Gesundheit*.

Diese Umgebungsinfrastruktur ist ein Vergleichsaspekt, der in den alten Bundesländern kaum Berücksichtigung findet. Stammt das Vergleichsgrundstück jedoch aus einer Gegend, die sich hinsichtlich der Umgebungsinfrastruktur wesentlich von der Gegend des zu begutachtenden Grundstücks unterscheidet, muß eine entsprechende Anpassung vorgenommen werden.

Wertkorrekturen wegen unterschiedlicher Umgebungsinfrastrukturen

Man findet heraus, *wann* die Umgebungsinfrastruktur im Vergleichsgebiet den gleichen Zustand wie im zu begutachtenden Gebiet hatte. Das indexbereinigte Verhältnis von damaligem Bodenrichtwert und dem heutigen ist dann der Anpassungsfaktor.

Ein Beispiel: Goslar ist ein geeignetes Vergleichsgebiet für ein zu begutachtendes Grundstück in Wernigerode. Sie untersuchen in Goslar anhand vergangener Aufzeichnungen, wann dort die Umgebungsinfrastruktur so war, wie sie heute in Wernigerode ist (Ergebnis: 1962). Dann lassen Sie sich den entsprechenden Bodenrichtwert von damals geben (Ergebnis: 28 DM/qm). So können Sie das indexbereinigte Verhältnis (28 DM von 1962 sind heute – bankübliche Verzinsung unterstellt – rund 115 DM wert) der unterschiedlichen Umgebungsinfrastrukturen ermitteln. Sie erfragen den heutigen Bodenrichtwert für dasselbe Grundstück in Goslar (Ergebnis: 200 DM/qm). Das Verhältnis vom damaligen bereinigten Wert und dem heutigen in Goslar (115 DM/qm : 200 DM/qm = 57,5 Prozent) ist dann der Anpassungsfaktor für das zu begutachtende Objekt in Wernigerode.

2.9 Der Bodenwert im Gesamtbeispiel

Wir beginnen hier mit einem einfachen Beispiel, das wir später bei der Sach- und Ertragswertermittlung fortsetzen und zum Verkehrswert führen werden. Zuschnitt und Größe eines erschließungsbeitragsfreien bebauten Grundstücks sind wie folgt:

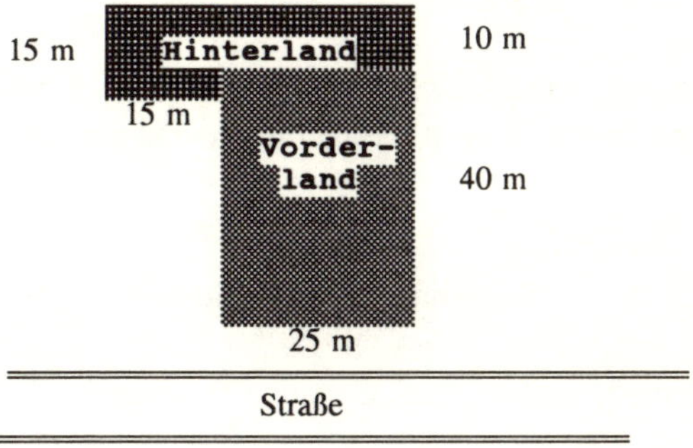

Sie haben einen bereits aktuellen Bodenrichtwert von 120 DM/qm für erschließungsbeitragspflichtiges Bauland ermittelt. Es ist jedoch bei dem Vergleichsgrundstück mit Erschließungsbeiträgen von durchschnittlich 40 DM/qm unmittelbar nach Erwerb zu rechnen.

Wegen Übergröße müssen Sie das Grundstück in Vorder- und Hinterland trennen, wobei Sie das Hinterland mit 40 Prozent des ermittelten Bodenrichtwerts bewerten. Dann ergibt sich:

40 m x 25 m x 120 DM/qm = 120.000 DM
(10 m x 25 m + 15 m x 15 m) x 48 DM/qm = 22.800 DM

Zusätzlich sind für (40 m x 25 m + 10 m x 25 m + 15 m x 15 m) = 1.475 qm Erschließungsbeiträge von 40 DM/qm, also insgesamt 59.000 DM anzusetzen. So ergibt sich als Bodenwert:

120.000 DM + 22.800 DM + 59.000 DM = 201.800 DM

3. Sachwert

3.1 Grundlagen

Der Sachwert orientiert sich ausschließlich an den Kosten einer Immobilie und deren Zeitwert. Dabei unterscheidet man:

Kostenarten im Sachwert

- Herstellungskosten für das Gebäude, bezogen auf den Stichtag der Bewertung; wir nennen dies den Gebäudewert
- Kosten der Außenanlagen und der inneren Erschließung als heutigen Zeitwert
- pauschalierte Baunebenkosten
- Bodenwert, den wir bereits in Kapitel 2 ermittelt hatten

Zunächst muß uns klar sein, daß es unmöglich ist, den Sachwert exakt zu ermitteln, denn er ist nichts anderes als die Antwort auf die Frage: "Was würde das Objekt heute kosten, wenn es im heutigen Zustand heute an diesem Ort gebaut würde?"

Der Gesetzgeber hat uns dazu ein Verfahren an die Hand gegeben, das diesen rein fiktiven Wert einigermaßen sinnvoll und korrekt ermitteln läßt. In der Praxis gibt es darauf aufbauend unterschiedliche Vorgehensweisen. Wir stellen Ihnen das überwiegend gebräuchliche Verfahren Schritt für Schritt vor. Vorab jedoch die zugrundeliegende Idee, damit Sie die dahinterstehende Philosophie sofort erkennen:

Wir kennen die Baupreise zu bestimmten Stichjahren für jeden Gebäudetyp. Diese Preise beziehen sich auf den Kubikmeter umbauten Raums. Wir bezeichnen diese Werte mit Raummeterpreise oder Kubuspreise. Wir geben Ihnen diese Werte später mit einer Übersicht für die am häufigsten gebrauchten Stichjahre 1913 und 1980 an. Mit den Raummeterpreisen und dem bekannten umbauten Raum des Gebäudes erhält man auf diese Weise den *Neubauwert zum Indexstichjahr*.

Wir kennen die Preisentwicklung für den Hausbau von diesem Stichjahr bis heute. Mit dem Stichjahr 1913 liegt beispielsweise ein Index für August 1992 in Höhe von 1.988,8 vor. Dies bedeutet, daß eine für den Hausbau ausgegebene Reichsmark des Jahres 1913 im August 1992 19,89 DM wert war. Indem Sie nun den Neubauwert zum Indexstichjahr mit Hilfe des aktuellen Index auf den heutigen Zeitpunkt umrechnen, erhalten Sie den *heutigen Neubauwert*.

Dieser heutige Neubauwert ist zunächst um Baumängel und um Bauschäden mit dem Zeitwert der entsprechenden Beseitigung zu kürzen.

Unter *Baumangel* versteht man einen Mangel an Gebäuden, der auf fehlerhafte Bauweise oder Planung zurückgeführt werden kann. Es handelt sich also grundsätzlich um einen Fehler, der *vor oder während* der Bauzeit entstanden ist. Ein *Bauschaden* ist ein Schaden als Folge eines Baumangels, Ergebnis äußerer Einwirkungen oder mangelhafter Instandhaltung. Es handelt sich also grundsätzlich um einen Fehler, der erst *nach* der Fertigstellung auftrat.

Dann schauen Sie sich das Baujahr und die Nutzungsdauer des Gebäudes an und schreiben es ab. Als Ergebnis erhalten Sie den heutigen Zeitwert, den wir mit *Gebäudesachwert* bezeichnen.

Dieser Gebäudesachwert ist Basis aller weiteren Kalkulationen bis hin zum eigentlichen Sachwert, bei dem dann noch die anderen Kostenarten wie Außenanlagen, innere Erschließung und Baunebenkosten sowie besondere Wertkorrekturen und der Bodenwert berücksichtigt sind.

Die grundsätzliche Vorgehensweise zur Ermittlung des Gebäudesachwerts wollen wir Ihnen noch einmal zusammenfassend illustrieren:

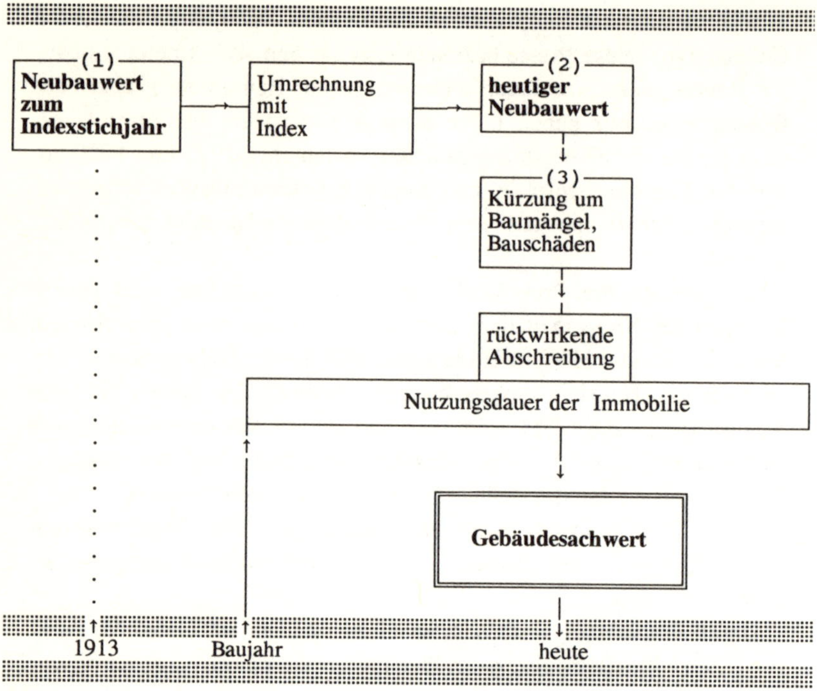

Der Weg bis zum Gebäudesachwert

3.2 Das Sachwertverfahren in Einzelschritten

1. Schritt: Neubauwert zum Indexstichjahr

Sie brauchen den *umbauten Raum* und den *Raummeterpreis*. Der umbaute Raum (Kubus) ist relativ einfach zu errechnen. Sie ermitteln zunächst die bebaute Fläche; dies ist diejenige Grundstücksfläche, welche von den äußersten Teilen des Gebäudes bedeckt wird. Diesen Wert multiplizieren Sie mit den Geschoßhöhen, wobei eine

Geschoßhöhe als Distanz zwischen den Zimmerböden definiert ist. Besonders zu berücksichtigen sind allerdings Dachgeschosse: Nach derzeit gültiger DIN 276 ermitteln Sie das Volumen unabhängig vom Ausbaugrad. In der Regel: Grundfläche x halbe Höhe.

Den Raummeterpreis entnehmen Sie der Übersicht unten im Abschnitt 3.4 für die Basis 1913 oder im Abschnitt 3.7 für die Basis 1980. Der Neubauwert zum Indexstichjahr entsteht nun einfach aus der Multiplikation des umbauten Raums mit dem Raummeterpreis.

2. Schritt: Heutiger Neubauwert

Sie brauchen nun den *Preisindex für Wohngebäude*. Die Umrechnung von Indexstichjahr zum heutigen Zeitpunkt geschieht dann mit diesem Index, der von den statistischen Ämtern veröffentlicht wird.

$$\text{Neubauwert zum Indexstichjahr} \times \frac{\text{Index}}{100} = \text{heutiger Neubauwert}$$

3. Schritt: Gebäudesachwert

Sie brauchen nun Informationen über *Baumängel* und *Bauschäden* sowie das *Baujahr* und die *Nutzungsdauer* des Gebäudes. Schauen Sie sich das Gebäude genau an und schätzen Sie die Kosten für die Beseitigung eventueller Baumängel und Bauschäden ab. Kürzen Sie zunächst den heutigen Neubauwert um diesen Betrag.

Das Baujahr müßte Ihnen bekannt sein. Die Nutzungsdauer müssen Sie schätzen. Anhaltspunkte geben wir Ihnen ebenfalls in den Übersichten über die Raummeterpreise. Nach erheblicher substanzverbessernder Sanierung oder wenigstens umfassender Renovierung können Sie die Nutzungsdauern durchaus bedeutend höher ansetzen. Bei erheblicher jahrzehntelanger Vernachlässigung in der laufenden Instandhaltung können Sie die Nutzungsdauern auch kürzer ansetzen. Dies ist in den meisten Fällen bei Liegenschaften in den neuen Bundesländern durchzuführen.

Sie schreiben das Gebäude der Einfachheit halber linear (jedes Jahr in gleichbleibender Höhe) ab. So erhalten Sie die Wertminderung mit Hilfe der Restnutzungsdauer. Diese Restnutzungsdauer berechnet sich vergleichsweise einfach wie folgt und läßt sich auch grafisch leicht veranschaulichen:

	Baujahr
+	Nutzungsdauer
+	Nutzungsdauerverlängerung
−	Nutzungsdauerverkürzung
−	Jahr der Bewertung
=	Restnutzungsdauer

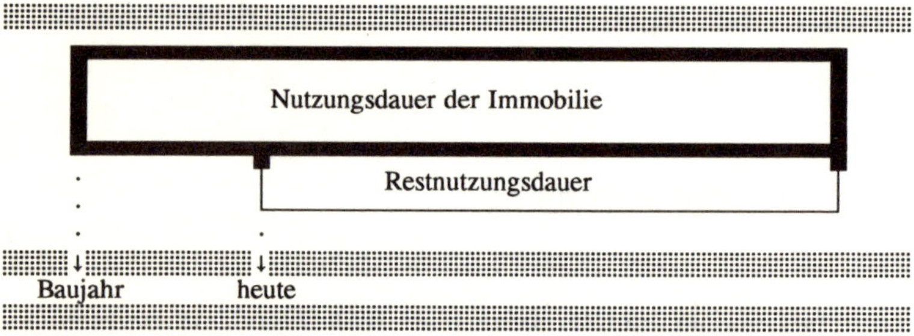

Nutzungsdauer und Restnutzungsdauer

Dann berücksichtigen Sie die Abschreibung nach der Formel:

$$\text{heutiger Neubauwert} \times \frac{\text{Restnutzungsdauer}}{\text{Nutzungsdauer}} = \textbf{Gebäudesachwert}$$

Häufig wird in der Literatur von der "Lebensdauer" einer Liegenschaft gesprochen, obwohl bewertungsrelevant nur die Dauer einer *wirtschaftlichen Nutzung* ist. Wir sprechen daher grundsätzlich von einer "Nutzungsdauer".

4. Schritt: Gebäudewert

Der Gebäudesachwert, der sich an den rein technischen Merkmalen des Gebäudes orientiert, wird oftmals wegen besonderer wertbeeinflussender Umstände zusätzlich korrigiert. Solche Wertkorrekturen können vielfältig sein, zum Beispiel die Lage (Nähe eines Flughafens, Nähe eines Erholungsgebiets), Überalterung (hoher Instandhaltungsaufwand), Raumhöhe und -zuschnitt (hohe Heizkosten wegen unwirtschaftlicher Zimmerhöhe) etc.

Es ist umstritten, ob derartige Wertkorrekturen Bestandteil des Sachwerts sein dürfen oder nicht. Nach unserer Auffassung haben sie dort keine Berechtigung, es handelt sich nämlich nicht um Herstellungskosten der Immobilie. Derartige Korrekturen sind allerdings durchaus als Bestandteile des Ertragswerts anzusehen. Dort drücken sie sich dann in erster Linie durch die Schätzung der Miethöhe aus. Wir kommen darauf im nachfolgenden Kapitel 4 über den Ertragswert zurück.

5. Schritt: Außenanlagen und innere Erschließung

Innerhalb der Grundstücksgrenzen kann viel gebaut worden sein, was ebenfalls erhebliche Kosten verursacht hat, zum Beispiel: Einfriedungen, Mauern, Tore etc.; Wege, Straßen, Terrassen etc.; Stützmauern, Brücken, Tunnels etc.; Schwimmbecken, Sport- und Kinderspielanlagen, Teiche, Bäche, Wäschespinnen und -pfähle, Teppichstangen, freistehende Außenbeleuchtungen, Ver- und Entsorgungsanlagen (Kanäle, Gräben, Rohre, Kabel etc.). Aber auch Bäume, Sträucher, Kunstwerke etc. auf dem Grundstück haben einmal etwas gekostet.

Diese Außenanlagen und innere Erschließung werden entweder im einzelnen als Zeitwerte geschätzt, oder es werden die Herstellungskosten ermittelt und – wie beim Gebäudesachwert – auf den heutigen Zeitpunkt abgeschrieben. Im Zweifel läßt sich der Wert der Außenanlagen und der inneren Erschließung auch wie nachstehend abschätzen:

Kosten der Außenanlagen und inneren Erschließung

- bis 1 Prozent des Gebäudewerts bei einfacher Anlage (Wege mit Kies, Einfriedungen aus Holz oder Draht etc.)
- 1 bis 2 Prozent des Gebäudewerts bei durchschnittlicher Anlage (Wege plattiert, Einfriedungen gemauert oder Eisen etc.)
- 2 bis 4 Prozent des Gebäudewerts bei besonderer Anlage (breite winterfeste Gehwege und Plätze, Natursteine, parkähnlicher Garten)
- bis 5 Prozent des Gebäudewerts bei Parks mit altem Baumbestand, bester Bepflanzung, kleineren Baulichkeiten

Diese Prozentsätze sind auf Grundstücksgrößen von 400 bis 600 qm anzuwenden. Bei größeren Grundstücken erhöhen sie sich entsprechend. Bei Gebäuden mit drei bis fünf Vollgeschossen sind diese Prozentsätze um die Hälfte zu kürzen, bei mehr als fünf Vollgeschossen um 75 Prozent.

6. Schritt: Baunebenkosten

Beim Bau sind möglicherweise Honorare für Architekten, Statiker, Makler und Sondergutachter, öffentliche Gebühren, Notar- und

Gerichtsgebühren sowie Kosten der Zwischenfinanzierung und sonstige Nebenkosten angefallen.

Diese Baunebenkosten lassen sich im einzelnen nach längst erfolgter Fertigstellung des Gebäudes kaum noch im Detail ermitteln. Sie sind im übrigen in ihrer Höhe auch im wesentlichen nur von dem Ausmaß der Herstellungskosten (Gebäudewert und Außenanlagen) abhängig. Aus diesen Gründen werden die Baunebenkosten meistens pauschaliert angesetzt:

Baunebenkosten

- 12 bis 17 Prozent des Gebäudewerts und der Außenanlagen mit Kosten der inneren Erschließung bei Gebäudewerten bis zu 300.000 DM
- 11 bis 16 Prozent des Gebäudewerts und der Außenanlagen mit Kosten der inneren Erschließung bei Gebäudewerten bis zu 500.000 DM
- 10 bis 15 Prozent des Gebäudewerts und der Außenanlagen mit Kosten der inneren Erschließung bei Gebäudewerten bis zu 1 Million DM
- 6 bis 11 Prozent des Gebäudewerts und der Außenanlagen mit Kosten der inneren Erschließung bei Gebäudewerten über 1 Million DM

7. Schritt: abschließender Sachwert

	Gebäudewert	(aus 4. Schritt)
+	**Außenanlagen und innere Erschließung**	(aus 5. Schritt)
+	**Baunebenkosten**	(aus 6. Schritt)
+	**Bodenwert**	(aus Kapitel 2)
=	**Sachwert**	

3.3 Übersicht: Das Sachwertverfahren

Abschließend geben wir Ihnen noch eine zusammenfassende Übersicht über das Sachwertverfahren:

notwendige Informationen:	Schritt	Ergebnisse:
bebaute Fläche Geschoßhöhen Raummeterpreis	1. Schritt	**Neubauwert zum Indexstichjahr**
Preisindex	2. Schritt	**heutiger Neubauwert**
Baumängel Bauschäden Baujahr Nutzungsdauer	3. Schritt	**Gebäudesachwert**
Wertkorrekturen	4. Schritt	**Gebäudewert**
Außenanlagen und Kosten der inneren Erschließung Baunebenkosten Bodenwert	5.-7. Schritt	**Sachwert**

3.4 Raummeterpreise und Nutzungsdauern

Basis 1913

Wir geben Ihnen noch einige Raummeterpreise auf der Basis von 1913 an. Innerhalb der genannten Bandbreiten orientieren Sie sich an der Güte der Ausstattung des Gebäudes. Diese richtet sich in erster Linie nach der Qualität der Baumaterialien.

	Ausführung und Bauart		
	mittelmäßig	gut	sehr gut
einfache Einfamilienhäuser massive Bauart mit ca. 2,70 m hohen Geschossen, 1 1/2- bis 2-geschossig, teilunterkellert, Holzgeschoßdecken *Nutzungsdauer ca. 80 Jahre*	12-14	14-17	18-22
bessere Einfamilienhäuser, Bungalows sehr gute massive Bauart mit ca. 2,85 m hohen Geschossen, 1- bis 1 1/2-geschossig, vollunterkellert, massive Geschoßdecken, Verblendungen, Einbauschränke *Nutzungsdauer 80-100 Jahre*	20-24	24-28	28-32
ältere Mehrfamilienhäuser massive Bauweise, mehrgeschossig, Geschoßhöhen 3,00 bis 3,50 m, voll unterkellert, Holzbalkendecken, einfache Sanitäranlagen *Nutzungsdauer ca. 100 Jahre*	14-16	16-18	18-22
neuere Mehrfamilienhäuser massive Bauweise, mehrgeschossig, Geschoßhöhe ca. 2,75 m, voll unterkellert, massive Decken, moderne Sanitäranlagen *Nutzungsdauer ca. 100 Jahre*	16-18	18-20	20-24
Wohnhäuser mit Läden im Erdgeschoß massive Bauweise, mehrgeschossig, Geschoßhöhe EG und Laden ca. 3,20 m, Wohngeschosse ca. 2,75 m, voll unterkellert, Holz- oder Massivdecken *Nutzungsdauer 90-100 Jahre*	17-19	18-22	20-26

3.5 Preisindex und Indexfortschreibung

Erfragen Sie den jeweils aktuellen Preisindex bei den statistischen Landesämtern. Lassen Sie sich den Preisindex für Wohngebäude – Bauleistungen am Bauwerk – (Basis 1913) geben. Oft ist der jeweils aktuelle Index allerdings noch nicht verfügbar. Dann muß aus den vergangenen ein Index "hochgerechnet" werden.

Ein hilfreiches und gleichzeitig einfaches Verfahren bietet sich an: Man bildet die Differenzen aus vergangenen Indizes und addiert dann den Durchschnitt dieser Differenzen zum letzten Index, wobei jedoch die jüngeren Indizes stärker gewichtet werden als die älteren, zum Beispiel:

(1)	(2)	(3)	(4)
1. Index: 1.737,1			
2. Index: 1.762,5	25,4	0,2	5,08
3. Index: 1.816,4	53,9	0,3	16,17
4. Index: 1.837,3	20,9	0,5	10,45

Spalte (1) enthält die letzten verfügbaren Indizes; Spalte (2) deren Differenzen. In Spalte (3) sind die subjektiv festgelegten Gewichte aufgeführt, deren Summe natürlich 1 ergeben muß. Mit diesen Gewichten werden die Differenzen multipliziert. Die Ergebnisse dieser Multiplikationen stehen in Spalte (4). Deren Summe ergibt eine gewichtete Differenz von 31,7. Diese wird zum letzten verfügbaren Index addiert, was dann zu einem hochgerechneten Index von 1.869,0 führt.

Zu beachten ist der Zeitpunkt dieser Hochrechnung. Sind die letzten Indizes beispielsweise aus den vergangenen Quartalen, so ist der hochgerechnete auch genau ein Quartal weiter.

3.6 Sachwertermittlung bei Nachkriegsbauten

Es mag unverständlich sein, daß insbesondere Banken und Versicherungen immer noch mit den Raummeterpreisen von 1913 rechnen und damit zwangsläufig auch mit dem auf 1913 basierenden Index. Der Grund dafür liegt einfach in der für sie besseren Vergleichbarkeit von bewerteten Objekten.

Ein objektive Einzelbewertung muß jedoch stets mit möglichst realistischen Raummeterpreisen durchgeführt werden. Insbesondere für Bauten nach 1945 ist jedoch eine realistische Bewertung auf der Basis 1913 kaum möglich, vor allem aus folgenden Gründen:

Kostenarten im Sachwert

- Der Baukostenindex von 1913 bezieht sich auf eine ganz andere Art von Gewerken als ein neuerer Index.
- Die behördlichen Anforderungen an Bauten sind erheblich gestiegen, was die Baukosten deutlich verändert hat.
- Es gibt heute ganz andere und teilweise sogar vergleichsweise kostengünstigere Baumaterialien als 1913.
- Es gibt heute Haustypen, die 1913 kaum realistisch erfaßt wurden (zum Beispiel Fertighäuser und Garagen).

Aus diesen Gründen folgt auch, daß die Baubeschreibungen von 1913 kaum auf heute für Nachkriegsbauten übertragen werden können. Eine hinreichend exakte Bewertung müßte daher auf Baubeschreibungen und zugehörige Raummeterpreise des jeweiligen Baujahrs zurückgreifen. Dies ist jedoch leider kaum möglich.

Um diesem Ziel wenigstens einen guten Schritt näher zu kommen, sollten jedoch für Bauten ab 1945 modernere Baubeschreibungen und zugehörige Raummeterpreise sowie Nutzungsdauern zugrunde gelegt werden. Nachstehend finden Sie eine derartige Übersicht.

3.7 Raummeterpreise und Nutzungsdauern

Basis 1980

Nachstehend einige in der Praxis bewährte Raummeterpreise in DM auf der Basis von 1980.

Innerhalb der genannten Bandbreiten orientieren Sie sich an der Güte der Ausstattung des Gebäudes. Diese richtet sich in erster Linie nach der Qualität der Baumaterialien.

	frei- stehend	Reihen- eckhaus	Reihen- haus
Einfache Einfamilienhäuser massive Bauart mit Außenputz, 1- bis 1 1/2-geschossig, teilunterkellert, Holzgeschoßdecken, Böden in PVC o. ä., Naßräume teilweise gefliest, dezentrale Beheizung, kein besonderer Wärme- und Schallschutz *Nutzungsdauer 80 - 90 Jahre*	250-290	240-280	235-275
Durchschnittliche Einfamilienhäuser sehr gute massive Bauart mit Außenputz, 1 1/2- bis 2-geschossig, vollunterkellert, massive Geschoßdecken, Teppichböden, teils Kleinparkett oder Bodenfliesen, Naßräume überwiegend gefliest, zentrale Beheizung, kein besonderer Wärme- und Schallschutz *Nutzungsdauer 80-100 Jahre*	290-370	280-360	275-355
Gehobene Einfamilienhäuser sehr gute massive Bauart mit Außenputz oder Klinker, 1 1/2- bis 2 1/2-geschossig, vollunterkellert, massive Geschoßdecken, Keller und Dachgeschoß teilweise ausgebaut, überwiegend Parkett oder Steinböden, Naßräume türhoch gefliest, Balkone, Rolläden, beste haustechnische Anlagen, Zweit-WC, Sondereinrichtungen wie Kamin, Sauna o. ä., besonderer Wärme- und Schallschutz *Nutzungsdauer 90 - 100 Jahre*	370-440	360-420	355-410

Fertighäuser überwiegende Holzkonstruktion *Nutzungsdauer 70 - 80 Jahre* Gemäß einer Untersuchung der TU Braunschweig beträgt die Nutzungsdauer sogar über 100 Jahre (Mitteilung des "Bundesverbandes Deutscher Fertigbau e.V." vom 7.5.1992, BDF-Kl/a).	310-350
Fertighäuser überwiegende Massivbauweise *Nutzungsdauer 70 - 80 Jahre*	330-370
Mietwohnhäuser bis 1960 *Nutzungsdauer 80 - 90 Jahre*	250-290
Mietwohnhäuser ab 1961 *Nutzungsdauer 80 - 100 Jahre*	270-340

Zwei- und Mehrfamilienhäuser werden entsprechend als mehrere Reihenhäuser angesehen.

Bungalows werden entsprechend wie Einfamilienhäuser, jedoch mit 4 Prozent Abschlag bewertet.

Wohnhäuser mit Läden: Die besonderen Ladeneinrichtungen werden mit dem jeweiligen Zeitwert angesetzt.

Garagen: in massiver Bauweise (ohne Entwässerung)
6.500 DM bis 7.000 DM
in massiver Bauweise (mit Entwässerung)
7.000 DM bis 8.000 DM
Fertiggarage mit Bodenplatte (ohne Entwässerung)
4.500 DM bis 5.000 DM
Fertiggarage mit Bodenplatte (mit Entwässerung)
5.000 DM bis 6.000 DM

Die beiden Bauwerttabellen von 1913 und 1980, die wir Ihnen auszugsweise angegeben haben, sind nur ein verschwindend geringer Teil dessen, was es darüber gibt. In vielen Spezialfällen brauchen Sie besondere Tabellen.

Besorgen Sie sich diese Tabellenwerke, zum Beispiel die Bücher von Ross/Brachmann/Holzner oder Rössler/Langner/Simon/Kleiber, die Sie in jeder gut sortierten Buchhandlung bekommen.

3.8 Der Sachwert im Gesamtbeispiel

1. Schritt: Neubauwert zum Indexstichjahr

Bebaute Fläche:

8 m x 14 m + 2 m x 8 m =
128 qm

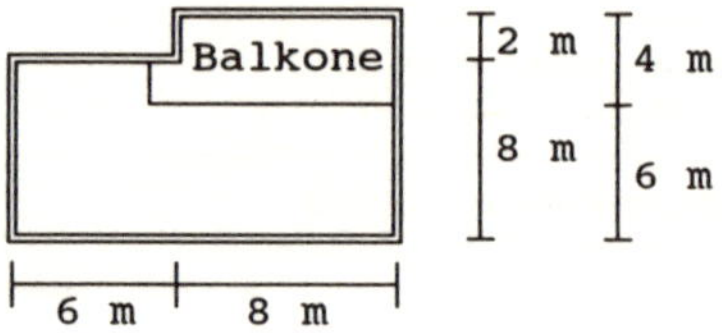

Geschoßhöhen:

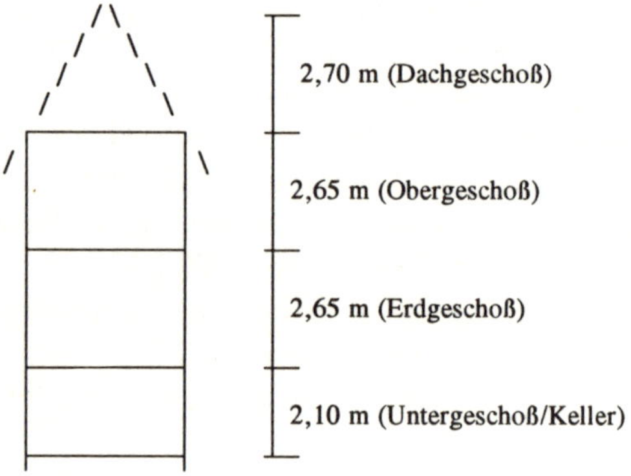

Ergebnis: 2,10 m + 2,65 m + 2,65 m + 2,70 m x 1/2 = 8,75 m

Umbauter Raum (Kubus): 128 qm x 8,75 m = 1.120 cbm

Raummeterpreis: Es handelt sich um ein älteres Mehrfamilienhaus in sehr guter Bauart, jedoch mit mittlerer Ausstattung. Sie entnehmen der Übersicht in Abschnitt 3.4 einen Raummeterpreis von 20 RM/cbm. Sie erhalten dann den **Neubauwert zum Indexstichjahr** von: 1.120 cbm x 20 RM/cbm = 22.400 RM

2. Schritt: Heutiger Neubauwert

Wir befinden uns im August 1992 mit dem Index von 1.988,8 und erhalten dann den heutigen Neubauwert von:

$$22.400 \text{ RM} \quad x \quad \frac{1.988,8}{100} \quad = \quad 445.491 \text{ DM}$$

3. Schritt: Gebäudesachwert

Bauschaden: Aufgrund einer Holzerkrankung im Dachstuhl ist das Auswechseln diverser Balken notwendig. Wir veranschlagen diese notwendige umfangreiche Reparatur auf 20.000 DM. Dies kürzt den heutigen Neubauwert auf DM 425.491 DM.

Wir kennen das Baujahr 1939 und schätzen zunächst die Nutzungsdauer mit 100 Jahren. Wegen einer substanzverbessernden Sanierung der Fundamente erhöhen wir die Nutzungsdauer um 10 Jahre. Dann ergibt sich als **Restnutzungsdauer**:

	1939	Baujahr
+	100	Nutzungsdauer
+	10	Nutzungsdauerverlängerung
−	1992	Jahr der Bewertung
=	57	Jahre Restnutzungsdauer

Nach Abschreibung erhalten wir als **Gebäudesachwert**:

$$425.491 \text{ DM} \quad x \quad \frac{57 \text{ Jahre}}{110 \text{ Jahre}} \quad = \quad 220.482 \text{ DM}$$

4. Schritt: Gebäudewert

Es werden keine Wertkorrekturen vorgenommen. Der Gebäudewert beträgt demnach unverändert 220.482 DM.

5. Schritt: Außenanlagen und innere Erschließung

Es werden durchschnittliche Anlagen festgestellt. Wir orientieren uns daher an 1,5 Prozent des Gebäudewerts. Da das Grundstück verhältnismäßig groß ist, erhöhen wir jedoch diesen Satz auf 4 Prozent. Es ergibt sich dann 220.482 DM x 0,04 = 8.819 DM.

6. Schritt: Baunebenkosten

Der Gebäudewert übersteigt nicht 300.000 DM. Es wird also ein mittlerer Satz von 14,5 Prozent angewendet. Die Baunebenkosten sind dann (220.482 DM + 8.819 DM) x 0,145 = 33.249 DM.

7. Schritt: abschließender Sachwert

	Gebäudewert	220.482 DM
+	**Außenanlagen und innere Erschließung**	8.819 DM
+	**Baunebenkosten**	33.249 DM
+	**Bodenwert**	201.800 DM
=	**Sachwert**	464.350 DM

4. Ertragswert

4.1 Grundlagen

Der Ertragswert orientiert sich ausschließlich an den Renditeerwartungen, die mit dem Objekt verbunden werden. Dabei werden im wesentlichen die folgenden Aspekte berücksichtigt:

Aspekte im Ertragswert

- die dauerhaft erzielbaren Einnahmen
- die dauerhaft anfallenden Kosten
- der Liegenschaftszinssatz
- die begrenzte Nutzungsdauer des Gebäudes
- die unbegrenzte Nutzungsdauer des Bodens

Der Ertragswert läßt sich, wie Sie sehen werden, vergleichsweise einfach ermitteln. Es wird eine finanzmathematische Methode zugrunde gelegt, die zunächst schwierig zu sein scheint. Sie brauchen diese aber nicht zu beherrschen, es genügt, wenn Sie die Vorgehensweise einmal prinzipiell verstanden haben und dann so verfahren, wie es im folgenden beschrieben ist.

Der Ertragswert ist nämlich nichts anderes als die Antwort auf die Frage: "Für welchen Preis lohnt sich der Erwerb der Immobilie, verglichen mit einer anderen Anlage?" Die Herstellungskosten sind demnach uninteressant!

Der Gesetzgeber hat uns auch hierfür ein Verfahren an die Hand gegeben, das diesen Wert ermitteln läßt. Wir stellen es Ihnen ebenfalls Schritt für Schritt vor. Vorab jedoch wieder die zugrundeliegende Idee, damit Sie wissen, worauf das Verfahren basiert.

Zunächst wird der jährliche Überschuß der Einnahmen über die Ausgaben ermittelt. Wir nennen dies den *Jahresreinertrag des gesamten Objekts*.

Dieser gesamte Jahresreinertrag wird auf einen *Bodenanteil* und einen *Gebäudeanteil* aufgeteilt. Den Bodenwert haben wir vorab schon ermittelt. Da der Boden aus den gesamten Erträgen des Objekts ebenfalls finanziert werden muß, bewerten wir diesen Bodenwert mit dem Liegenschaftszinssatz und erhalten auf diese Weise den Bodenanteil an dem gesamten Jahresreinertrag. Der Rest ist dann der Gebäudeanteil. Diese Teilung ist wegen der unterschiedlichen Nutzungsdauern von Boden und Gebäude notwendig.

Die Ermittlung des *Liegenschaftszinssatzes* ist nicht unproblematisch; er beeinflußt den Ertragswert ganz erheblich. Wir greifen deshalb dieses Thema im anschließenden Abschnitt 4.4 detaillierter auf.

Der Gebäudeanteil, mit *Jahresreinertrag des Gebäudes* bezeichnet, wird dann als Rente zugunsten des Eigentümers innerhalb der Restnutzungsdauer des Gebäudes aufgefaßt. Der heutige Wert dieser Rente, finanzmathematisch nennt man ihn *Barwert*, ist dann der Ertragswert des Gebäudes. Das Gebäude ist also die Summe aller seiner Einnahmeüberschüsse, bezogen auf heute, wert.

Zu diesem Ertragswert des Gebäudes kommen dann noch der Wert des Bodens sowie mögliche Wertkorrekturen.

Der Ertragswert ist in den weitaus meisten Fällen Grundlage einer Wertermittlung. Oftmals wird er auch benutzt, um eine Prognose über die zukünftige Rendite abzugeben, wenn das Objekt im derzeitigen Zustand nicht optimal genutzt wird.

Auf der Basis eines Investitionskonzepts wird dann ermittelt, welche Kosten gegenwärtig anfallen würden, um eine bessere Nutzung zu erreichen. Zinsen und Tilgung, also der sogenannte Kapitaldienst für diese Investitionssumme, müssen dann natürlich an geeigneter Stelle bei der Ertragswertermittlung in Ansatz gebracht werden. Auf diese sogenannte "Renditeprognose" gehen wir später in einem gesonderten Abschnitt 11.2 ein.

4.2 Übersicht: Das Ertragswertverfahren

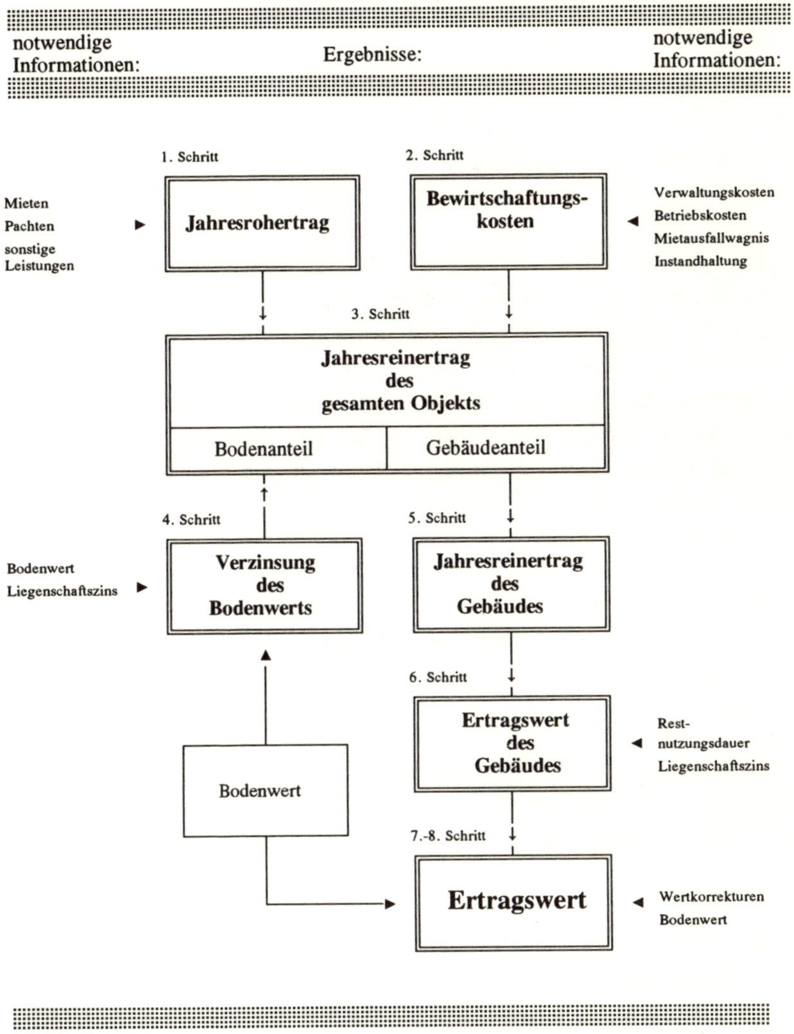

Steigender Liegenschaftszins reduziert Ertragswert!
(z. B. 1/2 %) (bis 20%)

4.3 Das Ertragswertverfahren in Einzelschritten

1. Schritt: Jahresrohertrag

Sie brauchen die *Mieten* und die *Pachten* sowie sonstige geldwerte Leistungen, die dem Eigentümer zustehen. Der Jahresrohertrag umfaßt alle Einnahmen, die bei ordnungsgemäßer Bewirtschaftung nachhaltig erzielt werden. Dies sind in erster Linie Mieten und Pachten, aber auch sonstige Leistungen des Mieters bzw. Pächters wie Kosten für Um- und Anbauten, die vom Vermieter nicht erstattet werden, oder für Instandhaltungsleistungen, die über die Leistungen des Vermieters bzw. Verpächters hinausgehen.

Achten sie darauf, daß diese Einnahmen nachhaltig zu erwarten sind! Eine kurzfristig günstige Vermietung sagt nichts über die Nachhaltigkeit aus!

Da der korrekte Ansatz von Mieten in der Ertragswertermittlung besonders wichtig ist, gehen wir in Kapitel 8 in Grundzügen besonders darauf ein.

2. Schritt: Bewirtschaftungskosten

Sie brauchen nun die Verwaltungskosten, die Betriebskosten, das Mietausfallwagnis und die Instandhaltungskosten.

Die *Verwaltungskosten* umfassen alle Leistungen, die bei ordnungsgemäßer Verwaltung durch den Eigentümer selbst oder durch einen anderen anfallen.

Diese Kosten sind im wesentlichen abhängig von der Art des Objekts, von der Sozialstruktur der Mieter und von der Größe der Gemeinde. Sie können in der Regel nicht exakt ermittelt werden; aus diesem Grunde wird meist nach folgenden Pauschsätzen verfahren:

Verwaltungskosten-Pauschsätze

- bis 2,5 Prozent des Jahresrohertrags bei Ein- und Zweifamilienhäusern
- 2,5 bis 3,5 Prozent des Jahresrohertrags bei Häusern mit mehr als zwei Parteien oder bei gewerblicher Nutzung des Objekts

Diese Prozentsätze erhöhen sich um 0,5 bis 1 Prozentpunkte bei Objekten in Orten über 50.000 Einwohner.

Die *Betriebskosten* umfassen alle Leistungen, die aufgrund des Eigentums laufend entstehen und nicht vom Mieter oder Pächter getragen werden. Solche Kosten können beispielsweise sein:

- öffentliche Lasten
- Versorgung mit allen Energiearten
- Entsorgung (Kanal, Müllabfuhr, Straßenreinigung etc.)
- Reinigung, Wartung, Pflege
- Hausmeister
- Versicherungen
- nicht jedoch Zinsen und Tilgung für aufgenommene Darlehen

Achten Sie aber darauf, daß diese Kosten von den Zahlungen der Mieter nicht gedeckt sind! Kalkulieren Sie bei den Roherträgen möglichst ausschließlich mit den Nettoeinnahmen, dann brauchen Sie nur solche Bewirtschaftungskosten ansetzen, die dem Eigentümer selbst entstehen, die er also von den Mietern nicht durch Umlagen oder Zuschüsse wieder erstattet bekommt.

Diese Kosten lassen sich in der Regel gut erfassen. Dennoch wird auch hier oft mit nachstehenden Pauschsätzen verfahren:

Betriebskosten-Pauschsätze

- 5 bis 7 Prozent des Jahresrohertrags in Orten bis 5.000 Einwohner
- 7 bis 9 Prozent des Jahresrohertrags in Orten bis 50.000 Einwohner
- 8 bis 12 Prozent des Jahresrohertrags in Orten über 50.000 Einwohnern

Bei Häusern mit mehr als 3 Mietparteien orientieren Sie sich an der oberen Grenze, bei Geschäftsgrundstücken an der unteren Grenze und bei Ein- und Zweifamilienhäusern etwa an der Mitte.

Das *Mietausfallwagnis* wird als Kostenart oft vergessen. Der mögliche Einnahmeausfall aufgrund einer leerstehenden Wohnung (sei es, daß eine Neuvermietung längere Zeit dauert oder daß bei einem Mieterwechsel notwendige Reparaturen oder Modernisierungen durchgeführt werden) oder gar wegen uneinbringlicher Forderung ist jedoch ebenfalls regelmäßig bei den Bewirtschaftungskosten anzusetzen. Erfahrungswerte dafür sind:

Mietausfallwagnis

- 1 bis 2 Prozent des Jahresrohertrags bei Wohnräumen
- 2 bis 4 Prozent des Jahresrohertrags bei gewerblicher Nutzung

Der Ansatz von *Instandhaltungskosten* ist nicht ganz unproblematisch. Zunächst muß klar sein, daß diese nicht die sogenannten Schönheitsreparaturen umfassen. Solche Kosten werden in der Regel vom Mieter direkt getragen und bleiben daher bei den Bewirtschaftungskosten außer Betracht.

Beim Ertragswertverfahren wird davon ausgegangen, daß nach Ablauf der Restnutzungsdauer das Gebäude abgebrochen wird und nur noch der Boden als Wertbestandteil übrigbleibt. Instandhaltungskosten sind aber definiert als "Kosten, die während der Restnutzungsdauer zur Erhaltung des bestimmungsgemäßen Gebrauchs aufzuwenden sind". Eine Hilfe bei der Lösung dieses Problems ist es, die Kosten vom Alter abhängig anzusetzen. Auch dafür geben wir Ihnen einige geeignete Pauschsätze an:

Instandhaltungskosten-Pauschsätze

- 14 bis 19 Prozent des Jahresrohertrags bei Baujahren älter als 1924
- 9 bis 16 Prozent des Jahresrohertrags bei Baujahren zwischen 1924 und 1948
- 6 bis 10 Prozent des Jahresrohertrags bei Baujahren jünger als 1948

Orientieren Sie sich im Rahmen dieser Bandbreiten daran, daß Wohnhäuser einen höheren Instandhaltungsaufwand haben als Häuser in gewerblicher Nutzung.

3. Schritt: Jahresreinertrag des gesamten Objekts

Es wird nun der Überschuß des Jahresrohertrags über die Bewirtschaftungskosten ermittelt:

	Jahresrohertrag
–	Bewirtschaftungskosten
=	Jahresreinertrag des gesamten Objekts

4. Schritt: Verzinsung des Bodenwerts

Durch die Verzinsung des Bodenwerts mit dem Liegenschaftszinssatz erhält man den sogenannten Bodenanteil:

$$\text{Bodenwert} \times \frac{\text{Zins}}{100} = \text{Bodenanteil}$$

5. Schritt: Jahresreinertrag des Gebäudes

Es wird nun der Überschuß des gesamten Jahresreinertrags über den Bodenanteil ermittelt, um den Gebäudeanteil zu erhalten:

	Jahresreinertrag des gesamten Objekts
–	Bodenanteil
=	Jahresreinertrag des Gebäudes

6. Schritt: Ertragswert des Gebäudes

Sie brauchen nun die *Restnutzungsdauer* und den *Liegenschaftszinssatz*. Der Jahresreinertrag des Gebäudes ist nun der regelmäßige jährliche Überschuß, den der Eigentümer für das Gebäude während der Restnutzungsdauer erwirtschaftet. Diese Überschüsse werden auf den heutigen Zeitpunkt abgezinst, finanzmathematisch gesprochen: man ermittelt den *Barwert* dieser Zahlungen.

Zur Veranschaulichung: Erwirtschaften Sie 25 Jahre lang jährlich 1.500 DM Überschuß, so ist dieser – einen Zinssatz von 6,5 Prozent unterstellt – heute 18.300 DM wert. Im Tabellenanhang am Schluß dieses Buchs finden Sie eine Tabelle der sogenannten Ertragsvervielfältiger. In der Zeile "25 Jahre" und der Spalte "6,5 Prozent" sehen Sie den Wert "12,20". Dies ist der Wert, mit dem wir die 1.500 DM multipliziert haben.

Durch die Multiplikation des regelmäßigen Ertragsüberschusses mit dem entsprechenden Ertragsvervielfältiger erhalten Sie den heutigen Wert aller dieser zukünftigen Ertragsüberschüsse. In der Finanzmathematik wird dieser Ertragsvervielfältiger auch Rentenbarwertfaktor oder Kapitalisator genannt.

Jahresreinertrag des Gebäudes	x	Ertrags-vervielfältiger	=	Ertragswert des Gebäudes

7. Schritt: Wertkorrekturen

Sie erinnern sich an den Schritt 4 bei der Ermittlung des Sachwerts. Dort haben wir Wertkorrekturen aufgeführt, die beim Sachwert umstritten sind. Beim Ertragswert können Sie diese jedoch ansetzen. Achten Sie aber darauf, daß diese Wertkorrekturen nicht schon bereits bei der Festsetzung der Einnahmen und Ausgaben oder bei der Restnutzungsdauer zum Ausdruck gekommen sind!

8. Schritt: Abschließender Ertragswert

	Ertragswert des Gebäudes	(aus 6. Schritt)
+	**Wertkorrekturen**	(aus 7. Schritt)
+	**Bodenwert**	(aus Kapitel 2)
=	**Ertragswert**	

4.4 Liegenschaftszinsen

Bei Berechnungen zum Ertragswert geht der Liegenschaftszinssatz zweifach in die Kalkulationen ein und beeinflußt ihn in entscheidender Weise: Zum einen bei der Berechnung des Bodenanteils der Gesamterträge einer Immobilie und zum anderen bei der Berechnung des Barwerts der Überschüsse während ihrer Restnutzungsdauer. Die folgenden Beispiele illustrieren diese eklatanten Auswirkungen des Liegenschaftszinssatzes auf den Ertragswert.

Im Beispiel eines Einfamilienhauses mit Büro und Einliegerwohnung ließ schon ein halber Prozentpunkt Differenz im zugrundeliegenden Liegenschaftszinssatz den Ertragswert um rund 30.000 bis 60.000 DM variieren.

Bei einem Reiterhof mit Kasino zeigten sich schon Differenzen von mehreren hunderttausend DM pro halben Prozentpunkt im Liegenschaftszinssatz.

Der Liegenschaftszinssatz ist demnach mit größter Sorgfalt und eindeutiger Begründung auszuwählen. Es zeigt sich, daß sich Liegenschaften anders als sonstige Kapitalien verzinsen. Der wesentliche Grund hierfür liegt in der höheren Wertbeständigkeit des Bodens gegenüber Geldvermögen. Deshalb ist der Liegenschaftszinssatz immer geringer als der langfristige Kapitalmarktzinssatz. Man spricht auch von ...italerhaltungskomponente" im ...ftszinssatz.

Zins	Ertragswert (1.000 DM)
4,0	629
4,5	570
5,0	520
5,5	477
6,0	440
6,5	408
7,0	380

Einfamilienhaus mit Büro und Einliegerwohnung

4,0	5190
4,5	4675
5,0	4245
5,5	3882
6,0	3572
6,5	3306
7,0	3075

Reiterhof mit Kasino

Es zeigt sich, wie wichtig es ist, den korrekten Liegenschaftszinssatz sorgfältig begründet in die eigenen Kalkulationen eingehen zu lassen. Kernpunkte enthält die Definition des Liegenschaftszinses in § 11 der Wertermittlungsverordnung:

(1) Der Liegenschaftszinssatz ist der Zinssatz, mit dem der Verkehrswert von Liegenschaften im Durchschnitt marktüblich verzinst wird.

(2) Der Liegenschaftszinssatz ist auf der Grundlage geeigneter Kaufpreise und der ihnen entsprechenden Reinerträge für gleichartig bebaute und genutzte Grundstücke unter Berücksichtigung der Restnutzungsdauer der Gebäude nach den Grundsätzen des Ertragswertverfahrens zu ermitteln.

Kernpunkte des Liegenschaftszinses

- Es handelt sich um die Verzinsung eines Preises. Herstellungskosten sind dabei uninteressant.
- Die Höhe des Zinssatzes unterliegt den Marktgesetzen. Demnach ist er abhängig von Angebot und Nachfrage, Ort und Zeit.
- Die Ermittlung des Zinssatzes erfolgt mit Hilfe des Ertragswertverfahrens.

Der korrekte Liegenschaftszinssatz für ein bestimmtes Objekt läßt sich also nach dessen Verkauf prinzipiell mit folgender Überlegung ermitteln:

Ein Ertragswert wird bekanntlich außer durch den Liegenschaftszinssatz noch durch Größen wie Erträge, Kosten, Bodenwert, Nutzungsdauer und eventuelle Wertkorrekturen bestimmt.

Da ein Verkauf bereits stattgefunden hat, liegt nun ein Preis vor. In einer Rückwärtsrechnung ist lediglich der Ertragswert durch den tatsächlich erzielten Preis zu ersetzen. Dann ist der Liegenschaftszinssatz die zu berechnende Größe. Unter Beibehaltung aller anderen Einflußgrößen rechnet man dabei so lange mit alternativen Liegenschaftszinssätzen, bis der resultierende Ertragswert dem erzielten Preis entspricht. Dann ist für den jeweiligen Einzelfall der korrekte Liegenschaftszinssatz ermittelt. Diese Vorgehensweise ist mit Hilfe eines Computers und eines entsprechenden Programms relativ einfach, läßt sich jedoch genauso "per Hand" durchführen. Die Liegenschaftszinssätze von gleichartigen Objekten werden dann mit dem geometrischen Mittel zusammengefaßt.

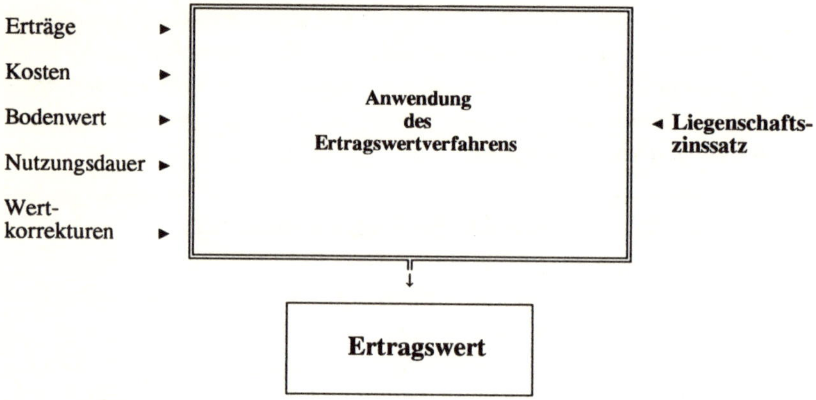

Ermittlung des Ertragswerts

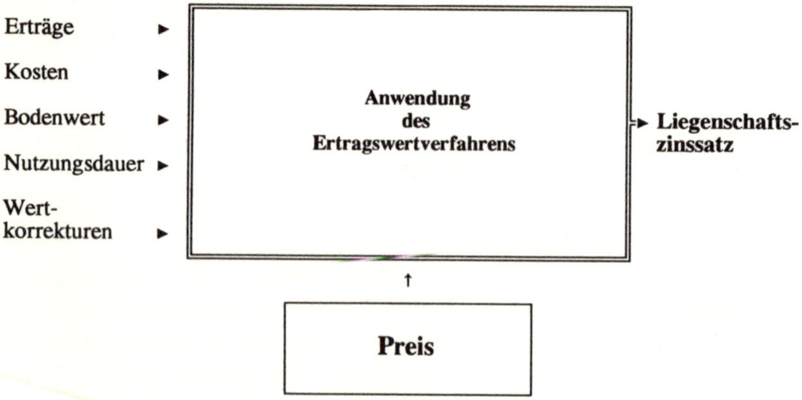

Ermittlung des Liegenschaftszinses

Die Gutachterausschüsse der Kommunen haben heute unter anderem auch die Aufgabe, aus Kaufverträgen aktuelle Liegenschaftszinssätze zu ermitteln, zu sammeln, zu ordnen und zu veröffentlichen. Als Anhaltspunkte seien nachstehende Liegenschaftszinssätze in Anlehnung an die Veröffentlichungen der Gutachterausschüsse der Städte Bonn und Köln von 1992 sowie nach Recherche in der einschlägigen Literatur gegeben:

Liegenschaftszinssätze

- 2,5 bis 3,5 Prozent bei selbstgenutzten Ein- und Zweifamilienhäusern
- 3,5 bis 4,5 Prozent bei vermieteten Ein- und Zweifamilienhäusern
- 4,0 bis 5,0 Prozent bei vermieteten Mehrfamilienhäusern (Baujahr bis 1930)
- 4,5 bis 5,5 Prozent bei vermieteten Mehrfamilienhäusern (Baujahr ab 1931)
- 5,0 bis 6,0 Prozent bei gemischtgenutzten Objekten mit überwiegendem Wohnanteil
- 5,5 bis 6,5 Prozent bei gemischtgenutzten Objekten mit überwiegendem gewerblichen Anteil
- 6,0 bis 7,0 Prozent bei ausschließlich gewerblich genutzten Objekten

Bei Objekten mit risikobehafteter Kosten- und Erlössituation orientieren Sie sich an den oberen Grenzen der Bandbreiten, umgekehrt bei risikoloser Situation an den unteren Grenzen. Werte dazwischen werden entsprechend geschätzt.
Bei einer Restnutzungsdauer von weniger als 30 Jahren vermindern Sie obige Sätze um 0,5 Prozentpunkte.

Untersuchungen haben ergeben, daß sich die Liegenschaftszinssätze regional kaum unterscheiden. Bei Bewertungen in den neuen Bundesländern kann man demnach bis auf weiteres auch diese Werte ansetzen.

4.5 Der Ertragswert im Gesamtbeispiel

1. Schritt: Jahresrohertrag

Wir setzen unser Beispiel fort: Das Objekt ist mit einem Dreifamilienhaus bebaut und risikolos vermietet.

Sie ermitteln Nettomieteinnahmen für alle drei Wohnungen zusammen von 2.150 DM monatlich. Das hintere Gartenland ist zum Teil für 50 DM monatlich verpachtet. Sie können davon ausgehen, daß diese gesamten Einnahmen von 2.200 DM monatlich nachhaltig erzielbar sind. Weitere Einnahmen aus der Nutzung des Objekts bestehen nicht.

Der Jahresrohertrag ist demnach 26.400 DM.

2. Schritt: Bewirtschaftungskosten

Sie ermitteln bzw. schätzen folgende Bewirtschaftungskosten in Prozent des Rohertrags:

Verwaltungskosten:	3,5% des Rohertrags	924 DM
Betriebskosten:	9,0% des Rohertrags	2.376 DM
Mietausfallwagnis:	2,0% des Rohertrags	528 DM
Instandhaltungskosten:	10,0% des Rohertrags	2.640 DM
Bewirtschaftungskosten insgesamt:		6.468 DM

3. Schritt: Jahresreinertrag des gesamten Objekts

Sie berechnen den Überschuß:

	Jahresrohertrag	26.400 DM
–	Bewirtschaftungskosten	6.468 DM
=	Jahresreinertrag des gesamten Objekts	19.932 DM

4. Schritt: Verzinsung des Bodenwerts

Wir setzen einen Liegenschaftszinssatz von 4,5 Prozent an. Dann verzinst sich der Boden mit:

$$201.800 \text{ DM} \quad x \quad \frac{4{,}5}{100} = 9.081 \text{ DM}$$

5. Schritt: Jahresreinertrag des Gebäudes

Sie ermitteln nun den Überschuß des gesamten Jahresreinertrags über den Bodenanteil:

	Jahresreinertrag des gesamten Objekts	19.932 DM
–	Bodenanteil	9.081 DM
=	Jahresreinertrag des Gebäudes	10.851 DM

6. Schritt: Ertragswert des Gebäudes

Dieser Jahresreinertrag des Gebäudes wird mit dem Ertragsvervielfältiger aus der Zeile "57 Jahre" und der Spalte "4,5 Prozent" multipliziert: 10.851 DM x 20,41 = 221.469 DM.

7. Schritt: Wertkorrekturen

Sie stellen keine besonderen Merkmale fest, die noch Wertkorrekturen begründen lassen.

8. Schritt: abschließender Ertragswert

	Ertragswert des Gebäudes	221.469 DM
+	**Wertkorrekturen**	0 DM
+	**Bodenwert**	201.800 DM
=	**Ertragswert**	423.269 DM

5. Verkehrswert

5.1 Vergleichswerte zur Orientierung

Vergleichswerte sind die beste Basis zur Verkehrswertermittlung, sofern sie vorliegen. Sie haben aber bereits in der Abbildung auf Seite 17 deutlich das grundlegende Problem erkannt: die Begutachtung der Vergleichbarkeit. Bei der Heranziehung von Vergleichswerten kann jedoch – ebenso wie beim Sachwert und beim Ertragswert – auch eine Trennung des Bodens vom Gebäude vorgenommen werden. Dies erleichtert dann die ohnehin schwierige Vergleichbarkeit. Darüber hinaus ist die Marktsituation zu beachten, so daß es insgesamt drei Vergleichsebenen gibt:

Die *Vergleichbarkeit des Bodens* ist mit den genannten Bodenrichtwertsammlungen nicht mehr so schwierig. Vergleichsmerkmale für Grundstücke stehen auch bereits in Abschnitt 2.1.

Die *Vergleichbarkeit des Gebäudes* ist dagegen nur in Ausnahmefällen möglich, wie folgende Aufstellung zeigt:

Wesentliche Vergleichsmerkmale für Gebäude

- Gebäudeart und Bauweise
- Baujahr und Zustand, Grundrißlösung
- Ausstattung und Außenanlagen

Die *Vergleichbarkeit der Marktsituation* ist ebenfalls nur in Ausnahmefällen gegeben. Da es sich beim Vergleichsobjekt um einen bereits vollzogenen Interessensausgleich handelt, muß ermittelt werden, ob die unterschiedlichen Zeitpunkte des Marktgeschehens überhaupt miteinander vergleichbar sind. Darüber hinaus ist festzustellen, ob die seinerzeitigen Marktteilnehmer als Anbieter und Nachfrager heute ebenfalls erwartet werden können.

In der Wertermittlungsverordnung hat sich auch der Gesetzgeber mit diesem Problem beschäftigt, insbesondere in § 13:

(1) Bei Anwendung des Vergleichswertverfahrens sind Kaufpreise solcher Grundstücke heranzuziehen, die hinsichtlich der ihren Wert bestimmenden Merkmale mit dem zu bewertenden Grundstück hinreichend übereinstimmen. Finden sich in dem Gebiet, in dem das Grundstück gelegen ist, nicht genügend Kaufpreise, können auch Vergleichsgrundstücke aus vergleichbaren Gebieten herangezogen werden.

Interessant ist an dieser Vorschrift, daß auch Bodenwerte aus anderen Gebieten herangezogen werden können. Es stellt sich nur die Frage nach der "Vergleichbarkeit von Gebieten". In Absatz 2 derselben Vorschrift wird darauf hingewiesen, daß auch die von den Gutachterausschüssen herausgegebenen Bodenrichtwertsammlungen herangezogen werden können. Dies dürfte immer der einfachste Weg sein. Übrigens eine schicksalhafte Vorschrift: Als 1988 die Wertermittlungsverordnung erarbeitet wurde, hat sicherlich niemand an eine alsbaldige Wiedervereinigung Deutschlands gedacht. Gerade dieser Paragraph ist jedoch die "Rettung" zur korrekten Bodenwertermittlung in den neuen Bundesländern. Auf seiner Basis wurde auch das "Bonner Verfahren" entwickelt, das wir im folgenden Kapitel 6 darstellen. Für die alten Bundesländer kommt diese Vorschrift wegen der weitgehend vorhandenen Bodenrichtwerte kaum in Betracht. In Absatz 3 wird darauf hingewiesen, daß durchaus auch Vergleichswerte für bebaute Grundstücke herangezogen werden können, wenn der Kaufpreis des Vergleichsobjekts in einen Boden- und in einen Gebäudeanteil getrennt werden kann. Diese Vorgehensweise eignet sich jedoch nur dann, wenn die Gebäude nahezu identisch sind, jedoch auf unterschiedlich wertvollem Boden errichtet wurden.

In § 14 findet sich schließlich die Forderung, daß immer dann, wenn die Objekte hinsichtlich ihrer Vergleichsmerkmale nicht völlig übereinstimmen, entsprechende Zu- oder Abschläge zu machen sind.

Diese Zu- oder Abschläge sind jedoch stets zu begründen! Darüber hinaus ist mit einer geeigneten Indexumrechnung die Wertermittlung zu aktualisieren, wenn die ermittelten Werte nicht auf den Ermittlungsstichtag bezogen sind.

Vergleichswerte für Gebäude sind demnach in der Regel nur sinnvoll, wenn wirklich gleichartige Gebäude innerhalb kürzester Zeit veräußert werden sowie Nachfrage und Angebot ausgeglichen sind. Derartige Fälle treten jedoch selten auf.

5.2 Objektivitätskriterien

Angesichts der Ermessensspielräume des Sachverständigen insbesondere bei der Begutachtung von Vergleichbarkeiten liegt eine große Gefahr in seinen subjektiven Einschätzungen. Hinzu kommt, daß es eine Reihe von Beeinflussungen gibt, die mit dem normalen Marktgeschehen nichts zu tun haben. Der Gesetzgeber hat deswegen in § 6 der Wertermittlungsverordnung darauf hingewiesen, daß derartige Verhältnisse nicht ungeprüft bleiben dürfen. Daraus lassen sich dann auch entsprechende Kriterien ableiten:

(1) Zur Wertermittlung und zur Ableitung erforderlicher Daten für die Wertermittlung sind Kaufpreise und andere Daten wie Mieten und Bewirtschaftungskosten heranzuziehen, bei denen anzunehmen ist, daß sie nicht durch ungewöhnliche oder persönliche Verhältnisse beeinflußt worden sind. Die Kaufpreise und die anderen Daten, die durch ungewöhnliche oder persönliche Verhältnisse beeinflußt worden sind, dürfen nur herangezogen werden, wenn deren Auswirkungen auf die Kaufpreise und die anderen Daten sicher erfaßt werden können.

(2) Kaufpreise und andere Daten können durch ungewöhnliche oder persönliche Verhältnisse beeinflußt werden, wenn 1. sie erheblich von den Kaufpreisen in vergleichbaren Fällen abweichen, 2. ein außergewöhnliches Interesse des Veräußerers oder des Erwerbers an dem Verkauf oder dem Erwerb des Grundstücks bestan-

den hat, 3. besondere Bindungen verwandtschaftlicher, wirtschaftlicher oder sonstiger Art zwischen den Vertragsparteien bestanden haben oder 4. Erträge, Bewirtschaftungs- und Herstellungskosten erheblich von denen in vergleichbaren Fällen abweichen.

(3) Eine Beeinflussung der Kaufpreise und der anderen Daten kann auch vorliegen, wenn diese durch Aufwendungen mitbestimmt worden sind, die aus Anlaß des Erwerbs und der Veräußerung entstehen, wenn diese nicht zu den üblicherweise vertraglich vereinbarten Entgelten gehören, namentlich besondere Zahlungsbedingungen sowie die Kosten der bisherigen Vorhaltung, Abstandszahlungen, Ersatzleistungen, Zinsen, Steuern und Gebühren.

Objektivitätskriterien

- Für eine Wertermittlung müssen die Kaufpreise und die anderen Daten (Erträge, Kosten, Zinssätze etc.) *frei von ungewöhnlichen oder persönlichen Verhältnissen* entstanden sein.
- Ungewöhnliche oder persönliche Verhältnisse liegen immer dann vor, wenn *vermutet* werden kann, daß Kaufpreise oder auch die anderen Daten nicht frei durch den Markt oder durch wissenschaftlich einwandfreie Erhebung objektiv entstanden sind.
- Liegt eine derartige Vermutung vor, muß die Verwendung dieser Daten besonders geprüft werden (*Prüfungspflicht*).
- Man kann jedoch Kaufpreise und sonstige Daten, die nicht frei von ungewöhnlichen oder persönlichen Verhältnissen entstanden sind, zur Bewertung heranziehen, wenn deren Auswirkungen erfaßt werden können und diese dann entsprechend korrigiert in die Bewertung eingehen (*nachträgliche Objektivierung*).
- Im Falle der Verwendung derartiger Kaufpreise und sonstiger Daten, die nicht frei von ungewöhnlichen oder persönlichen Verhältnissen entstanden sind, muß jedoch diese nachträgliche Objektivierung besonders begründet werden *(besondere Begründungspflicht*).

5.3 Verkehrswertmerkmale und Entscheidungskriterien

Eingangs wurde eine vergleichsweise einfache Definition des Begriffs Verkehrswert genannt: *Preisprognose für den Interessensausgleich.* Zum besseren Verständnis ist ein Blick auf die Definition des Verkehrswerts in § 194 des Baugesetzbuchs hilfreich:

Der Verkehrswert wird durch den Preis bestimmt, der in dem Zeitpunkt, auf den sich die Ermittlung bezieht, im gewöhnlichen Geschäftsverkehr nach den rechtlichen Gegebenheiten und tatsächlichen Eigenschaften, der sonstigen Beschaffenheit und der Lage des Grundstücks oder des sonstigen Gegenstands der Wertermittlung ohne Rücksicht auf ungewöhnliche oder persönliche Verhältnisse zu erzielen wäre.

Es lohnt sich, diese Definition einmal genauer anzusehen. Sie beinhaltet folgende Hinweise, die wir als Verkehrswertmerkmale bezeichnen. Kern der Definition:

Verkehrswertmerkmale

- Der Verkehrswert ist ein Preis. Da der Gesetzestext im Konjunktiv abgefaßt ist ("... zu erzielen wäre"), wurde eine Preisprognose definiert.
- Die Prognose bezieht sich auf einen Bewertungsstichtag.
- Es wird eine Marktsituation unter Konkurrenzbedingungen (gewöhnlicher Geschäftsverkehr) unterstellt.

Zu berücksichtigen sind dabei: 1. rechtliche Belastungen (besondere Vertragsinhalte und Dienstleistungen zugunsten Dritter wie Wohnrecht, Wegerecht etc.), 2. tatsächliche Eigenschaften (Grundstücksqualität, bauliche Nutzungsmöglichkeiten etc.), 3. Bau- und Unterhaltungszustand, 4. Lagemerkmale des Grundstücks (wie in Abschnitt 2.1 über den Bodenwert als "wesentliche Vergleichsmerkmale für Grundstücke" beschrieben), 5. Grundstückszubehör (Gegenstände, die zur bestimmungsgemäßen Nutzung des Grundstücks erforderlich sind) sowie 6. Freiheit von ungewöhnlichen und persönlichen Verhältnissen.

Die Wertermittlungsverordnung geht hingegen in § 7 über die Ermittlung des Verkehrswerts mehr ins Detail:

(1) Zur Ermittlung des Verkehrswerts sind das Vergleichswertverfahren, das Ertragswertverfahren, das Sachwertverfahren oder mehrere dieser Verfahren heranzuziehen. Der Verkehrswert ist aus dem Ergebnis des herangezogenen Verfahrens unter Berücksichtigung der Lage auf dem Grundstücksmarkt zu bemessen. Sind mehrere Verfahren herangezogen worden, ist der Verkehrswert aus den Ergebnissen der angewandten Verfahren unter Würdigung ihrer Aussagefähigkeit zu bemessen.

(2) Die Verfahren sind nach der Art des Gegenstands der Wertermittlung unter Berücksichtigung der im gewöhnlichen Geschäftsverkehr bestehenden Gepflogenheiten und den sonstigen Umständen des Einzelfalls zu wählen; die Wahl ist zu begründen.

Dies beinhaltet wesentliche Entscheidungshilfen zur abschließenden Verkehrswertermittlung:

Entscheidungskriterien

- Zur Verkehrswertermittlung muß mindestens eines der genannten drei Verfahren herangezogen werden (*Verfahrenszwang*).
- Alle wertbeeinflussenden Daten (Kaufpreise, Kosten, Erträge, Bodenrichtwerte, Zinssätze, Nutzungsdauern etc.) müssen marktgerecht ermittelt sein (*Marktnähe*).
- Sind mehrere Verfahren herangezogen worden und weichen die Ergebnisse voneinander ab, so ist einem Ergebnis der begründete Vorzug zu geben. Eine einfache Mittelung von Ergebnissen verschiedener Verfahren ist nicht marktgerecht (*Aggregationsverbot*).

Die genannten Verkehrswertkriterien und die mit "Verfahrenszwang", "Marktnähe" und "Aggregationsverbot" bezeichneten Entscheidungskriterien sind nun die wesentlichen Ermittlungsgrößen für den abschließenden Verkehrswert. Orientieren Sie sich also bei der abschließenden Ermittlung des Verkehrswerts an den genannten Kriterien. Versetzen Sie sich aber auch in die Lage von Anbieter und Nachfrager. Denken Sie immer daran, daß Sie einen Preis zum Interessensausgleich prognostizieren.

Denken Sie bei der Einschätzung der Marktsituation an die Nutzungsart: Bei Gewerbe- oder reinen Mietobjekten ist der Ertragswert, bei von Eigentümern selbst genutzten Einfamilienhäusern der Sachwert dem Markt am nächsten.

5.4 Aggregationsverbot

Insbesondere gegen das in den Entscheidungskriterien genannte Aggregationsverbots wird häufig verstoßen. Schon in § 7 der Amtlichen Begründungen zur Wertermittlungsverordnung findet sich jedoch die eindeutige Vorschrift:

Eine "Bestimmung" des Verkehrswerts aus dem arithmetischen Mittel der angewandten Verfahren (Mittelung) ist nicht geeignet, dem Geschehen auf dem Grundstücksmarkt gerecht zu werden.

Auch die Wertermittlungsrichtlinien von 1991 knüpfen in der Ziffer 3.7 daran an; man findet dort die Klarstellung:

Der Verkehrswert ist nicht aus dem einfachen arithmetischen Mittel (Mittelwert) zu bilden. Eine solche schematische Berechnungsweise wäre keine sachgerechte Ermittlung des Verkehrswerts im Sinne des § 7 WertV.

Auch diese Vorschrift läßt aber offen, ob ein gewichtetes (gewogenes) Mittel aus Ertragswert und Sachwert zulässig ist. Zur Klärung dieser Frage ist es hilfreich, zusammenfassend noch einmal die grundsätzliche Aussagefähigkeit des Sachwerts und des Ertragswerts zu nennen:

Verfahrenswahl

Der Sachwert begründet in erster Linie den Standpunkt des Anbieters. Er orientiert sich ausschließlich an den Herstellungskosten. Er ist in erster Linie bei vom Eigentümer selbst zu Wohnzwecken genutzten Objekten anzusetzen und damit vergangenheitsorientiert.
Der Ertragswert ist meist Verhandlungsgrundlage für den Nachfrager. Er orientiert sich ausschließlich an der Renditeerwartung. Er ist in erster Linie bei Gewerbeobjekten anzusetzen und damit zukunftsorientiert.

Der Verkehrswert ist nach § 7, Abs. 1 der Wertermittlungsverordnung "... aus den Ergebnissen der angewandten Verfahren unter Würdigung ihrer Aussagefähigkeit zu bemessen". Dies bedeutet, daß dann, wenn sowohl der Sachwert als auch der Ertragswert bei jeweils Teilen des Objekts aussagefähig sind, auch die Ergebnisse beider Verfahren herangezogen werden können. Dies wäre zum Beispiel bei einem Einfamilienhaus mit einliegendem Laden oder bei einem Handwerksbetrieb mit zugehörigem Wohnhaus des Eigentümers der Fall. In solchen Fällen kann dann der Verkehrswert aus einem gewichteten (gewogenen) Mittel berechnet werden.

Für eine Bäckerei mit einliegenden Wohnräumen, die von der Familie des Bäckers genutzt werden, erhalten Sie einen Ertragswert von 450.000 DM und einen Sachwert von 320.000 DM. Das Verhältnis von Bäckerei zu Wohnung ermitteln Sie nach dem Kubus: Die Bäckerei mit 600 cbm (=40%) und die Wohnung mit 900 cbm (=60%). Die Nutzung als Bäckerei ist eindeutig als gewerblich anzusehen, während die Wohnung eine private Nutzung des Eigentümers darstellt. Sie orientieren sich demnach bei der Bäckerei am Ertragswert und bei der Wohnung am Sachwert. Sie erhalten dann 450.000 DM x 0,4 + 320.000 DM x 0,6 = 372.000 DM als gewichtetes (gewogenes) Mittel für das gesamt Objekt.

Das Aggregationsverbot bezieht sich demnach nur auf die einfache (ungewichtete) Mittelwertbildung.

5.5 Der Verkehrswert im Gesamtbeispiel

In unserem Beispiel hatten wir als Sachwert rund 464.000 DM ermittelt und als Ertragswert rund 423.000 DM. Da es sich unzweifelhaft um ein Mietobjekt handelt, orientieren wir uns ausschließlich am Ertragswert. Unter der Voraussetzung, daß keine aktuellen Marktanpassungen vorzunehmen sind, könnte dann der Verkehrswert für unser Beispielsobjekt guten Gewissens mit gerundeten 425.000 DM festgesetzt werden.

Bei einer Grundstücksbeschaffung ist jedoch in der Regel vom Erwerber eine Reihe von Kosten zu tragen; die wesentlichen sind:

Erwerbsnebenkosten

- Grunderwerbsteuer (2 Prozent des Kaufpreises)
- Kosten des Notars und des Sachverständigen
- Kosten der Zwischenfinanzierung und des Maklers
- öffentliche Gebühren (Grundbucheintrag, Flurkarte etc.)

Diese Kosten können insgesamt bis zu 10 Prozent des ermittelten Verkehrswerts betragen und schlagen natürlich in der Kalkulation des Erwerbers zu Buch. Er ist dann möglicherweise nicht mehr bereit, den geforderten Verkehrswert zu bezahlen.

Manchmal kommt es auch vor, daß gar kein Markt für ein Objekt existiert: Es gibt nur einen einzigen Nachfrager. Hier muß der Verkehrswert als Prognose des Preises nach unten korrigiert werden. Dies ist im Einzelfall zu prüfen. In solch einem Fall läge die Preisobergrenze des Nachfragers bei 423.269 DM : 1,1 = 384.790 DM, wenn man wie oben 10 Prozent Erwerbsnebenkosten ansetzt.

Sollte also der Anbieter auf jeden Fall verkaufen müssen und gibt es nur einen einzigen Nachfrager, läge der Verkehrswert deutlich niedriger: bei rund 385.000 DM.

6. Bodenwertermittlung in den neuen Bundesländern

6.1 Die besondere Problematik

In der ehemaligen DDR wurden Preise – auch für den Boden – festgesetzt; einen Immobilienmarkt, so wie er im Westen Tradition ist, gab es nicht. Es ist also ein großer Nachholbedarf an korrekter, marktwirtschaftlich orientierter Bewertung zu verzeichnen.

Qualifizierte Sachverständigengutachten müssen sich an der Wertermittlungsverordnung orientieren. Dies bedeutet, daß Bodenwerte im Vergleichswertverfahren abgeleitet werden müssen, indem die von den Gutachterausschüssen der Kommunen gesammelten und veröffentlichten Bodenrichtwerte zugrunde gelegt werden. Darauf baut das Bonner Verfahren auf.

Die Bodenrichtwerte sind jedoch nur in den alten Bundesländern aussagefähig. Es existiert noch kein von Angebot und Nachfrage ausgeglichener Immobilienmarkt in den neuen Bundesländern. Hinzu kommt die völlige Intransparenz dieses Marktes. Allein schon aus diesen Gründen sind noch für längere Zeit Bodenrichtwerte abzulehnen, die dem Sachverständigen bisweilen von den ab Mitte 1991 eingerichteten Gutachterausschüssen in den neuen Bundesländern genannt werden. Trotzdem sollte man sich örtliche Werte nennen lassen und sich dann zu Kontrollzwecken damit auseinandersetzen.

Das Verfahren ist daher zunächst einmal zweistufig aufgebaut: *Auswahl* von vergleichbaren Bodenrichtwerten aus den alten Bundesländern und Ermittlung eines Zwischenwerts sowie *Anpassung* dieses Werts auf die örtlichen Verhältnisse des Grundstücks in den neuen Bundesländern.

In einer dritten Stufe werden dann der Vollständigkeit halber individuelle Anpassungen vorgenommen, die unabhängig davon sind, ob das zu begutachtende Grundstück in einem neuen Bundesland liegt.

Es gibt eine Reihe von Gründen, der Situation auf dem Grundstücksmarkt in den neuen Bundesländern durch Anpassungen gerecht zu werden. Die Kriterien lassen sich dabei im wesentlichen in drei Kategorien zusammenfassen:

Zunächst einmal sind es die unterschiedlichen Einkommens- und Vermögensverhältnisse sowie die Investitions- und Finanzkraft im zu begutachtenden Gebiet hinsichtlich des Vergleichsgebiets in einem alten Bundesland. Derartige *volkswirtschaftliche Merkmale* waren bisher bei Bewertungen in den alten Bundesländern irrelevant. Man ermittelte den Bodenrichtwert in der Regel aus dem Gebiet, in dem das zu begutachtende Grundstück lag. Es ist aber zu beobachten, daß Regionen in der Nähe der ehemaligen Grenze (zum Beispiel Eisenach oder Potsdam), aber auch Regionen, die zum Westen gut angebunden sind (zum Beispiel Gera, Chemnitz, Magdeburg an den Ost-West-Magistralen), eine höhere Wirtschaftskraft entwickeln als Regionen, die eine Anbindung in diesem Maße nicht haben (zum Beispiel Schwerin, Cottbus, Bautzen).

Erschließungstechnische Merkmale sind in den neuen Bundesländern ebenfalls besonders zu berücksichtigen. Zwar ist so gut wie jedes Grundstück "erschlossen", dies jedoch oft nur in quantitativer Hinsicht. Die *Qualität* der feststellbaren Erschließung weist hingegen erhebliche Unterschiede zu den alten Bundesländern auf. Es ist also immer damit zu rechnen, daß auf die jeweiligen Eigentümer relativ kurzfristig erhebliche Erschließungsbeiträge zukommen, was den Bodenwert deutlich mindert. Dies muß mit entsprechender Anpassung berücksichtigt werden.

Das gleiche gilt auch für die *Umgebungsinfrastruktur*, die bereits bei der Bodenwertermittlung im Abschnitt 2.8 definiert wurde. Diesen Aspekt hat es in den alten Bundesländern bislang nicht gegeben. Sie müssen jedoch bei einer Begutachtung in den neuen Bundesländern unbedingt berücksichtigt werden, denn dort sind insofern erhebliche Unterschiede feststellbar.

Hinzu kommen noch besondere Rechtsprobleme, die in den neuen Bundesländern berücksichtigt werden müssen. Zum einen gibt es das unterschiedliche Eigentum am Boden und an dem darauf errichteten Gebäude. Zum anderen können Nutzungsrechte festgestellt werden, die sogar oft unbefristet und unentgeltlich sind.

6.2 Das Bonner Verfahren in Einzelschritten

1. Schritt: Vergleichswertermittlung

Mit regionbezogenen Merkmalen wie Bevölkerungsstruktur, Verkehrserschließung und Wirtschaftsstruktur werden zunächst die Orte aus den alten Bundesländern ausgesucht, aus denen bei den zuständigen Gutachterausschüssen Bodenrichtwerte abgefragt werden. Mit den wesentlichen grundstücksbezogenen Merkmalen Baulandart, Ortslage und Gemeindegröße wird dann das zu begutachtende Grundstück bei der Abfrage der Bodenrichtwerte gekennzeichnet.

Die im ersten Schritt ermittelten Bodenrichtwerte werden sodann mit dem Bodenpreisindex auf den Bewertungsstichtag hochgerechnet. Dieser Index kann regional verschieden sein; er muß ebenfalls bei den Gutachterausschüssen abgefragt werden. Man faßt dann diese aktualisierten Werte zusammen, indem man (mangels besserer Methoden) das arithmetische Mittel anwendet.

2. Schritt: Vergleichswertanpassung

Die *volkswirtschaftlichen* Merkmale führen zu Abschlägen von bis zu 50 Prozent, je nach Entfernung zum "Westen". Als grobe Orientierungen haben sich zum Beispiel herauskristallisiert: Greifswald, Görlitz oder Bautzen bis zu 40%; Gera, Jena, Rostock oder Stralsund bis zu 30%; Dresden oder Chemnitz bis zu 20%; Leipzig oder Magdeburg bis zu 10%. Bei Orten, die "faktisch im Westen" liegen, werden hinsichtlich dieses Merkmals keine Abschläge vorgenommen, zum Beispiel bei Eisenach oder Potsdam.

Bei den *erschließungstechnischen Merkmalen* vollzieht sich die Anpassung nach der Höhe und dem Zeitpunkt der zu erwartenden oder bereits abgegoltenen Beitragsleistung. Die sogenannte *abgegoltene* Beitragsleistung ist der geschätzte Wert der qualitativen und quantitativen Erschließung zum Bewertungsstichtag. Dies ist bei der örtlich zuständigen Planungsbehörde zu erfragen. Es kann auch nicht schaden, entsprechende Vergleichswerte den Vergleichsgebieten im Westen zu entnehmen.

Ein derartige Recherche ist oftmals nicht ganz unproblematisch. Bekanntlich sind die *vollen Beiträge* die Differenz zwischen dem beitrags*freien* und dem beitrags*pflichtigen* Vergleichswert. Man erhält dann aus einem beitrags*freien* Vergleichswert durch Abzug der *zu erwartenden* Beiträge den *tatsächlichen* Vergleichswert. Dies ist die übliche Vorgehensweise. Ist der Vergleichswert jedoch beitrags*pflichtig*, was bei Recherchen in den neuen Bundesländern häufig vorkommt, so müssen die *abgegoltenen* Beiträge dazu addiert werden. Diese Zusammenhänge soll folgende Übersicht illustrieren:

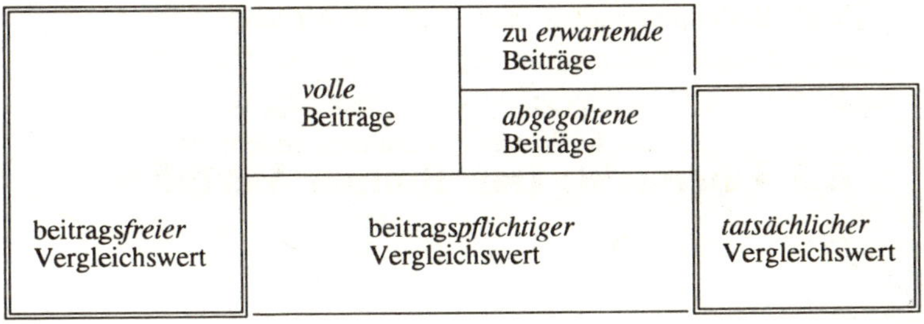

Terminologie der Erschließungsbeiträge

Eine Anpassung an die *Umgebungsinfrastruktur* verlangt im Einzelfall eine besonders aufwendige Recherche. Wie diese aussehen kann, hatten wir bereits im Abschnitt 2.8 dargestellt.

Man erhält als Ergebnis einen für das Grundstück angepaßten Wert, allerdings sind Bodenqualität, tatsächliche Bebauung und rechtliche Besonderheiten noch nicht berücksichtigt. Als Plausibilitätsnachweis sollten Kontrollrechnungen durchgeführt werden, auf die wir noch besonders eingehen.

3. Schritt: Individuelle Anpassungen

Bodenbezogene Merkmale sind im wesentlichen Fragen der Größe und des Zuschnitts sowie der Bodenbeschaffenheit hinsichtlich Verfüllungen, Altlasten etc. Man läßt sich Kostenanschläge von einschlägigen Unternehmen zur Beseitigung dieser Mängel anfertigen. Diese werden dann wertmindernd angesetzt.

Bebauungsbezogene Merkmale sind im wesentlichen Fragen nach der Zweckmäßigkeit der tatsächlichen Bebauung und der eventuellen Baureifmachung. Auch hier läßt man sich zweckmäßigerweise geeignete Kostenanschläge geben.

Rechtliche Belastungen sind im wesentlichen Nutzungsrechte Dritter. Man untersucht die Frage, was wäre einem Interessenten das Grundstück wert, wenn er es nicht nutzen kann? Was ist das Nutzungsrecht ohne Eigentum am Grundstück wert?

6.3 Übersicht: Das Bonner Verfahren

Nachstehend finden Sie eine Übersicht mit einigen hilfreichen Hinweisen. Betrachtet man diese Zusammenfassung genauer, so stellt man fest, daß es sich im Grunde um die Darstellung einer allgemeingültigen Vorgehensweise zur Bodenwertermittlung handelt. Einige Aspekte, insbesondere die regionbezogenen und die volkswirtschaftliche Merkmale sowie die Umgebungsinfrastruktur, können wegen vorliegender Bodenrichtwerte entfallen.

Auswahlmerkmale in der ersten Stufe
Ergebnis: ein Zwischenwert auf der Basis von Bodenrichtwerten aus den **alten Bundesländern**

Regionbezogene

- Bevölkerungsstruktur
- Wirtschaftsstruktur
- Verkehrserschließung (Quantität der Verkehrswege)

dienen zur Auswahl der Vergleichs**region**

Grundstücksbezogene

- Baulandart
- Ortslage
- Gemeindegröße
- Nutzungsausweisung

dienen zur Auswahl des Vergleichs**grundstücks**

↓

Stichtagsumrechnung
Ergebnis: ein aktualisierter Zwischenwert zur Anpassung in den **neuen Bundesländern**

↓

Anpassungsmerkmale in der zweiten Stufe
Ergebnis: ein Vergleichswert, der auf die besonderen Verhältnisse in den **neuen Bundesländern** angepaßt ist

Volkswirtschaftliche

- Investitions- und Finanzkraft
- Einkommens- und Vermögensniveau

Abschläge bis zu 50 Prozent je nach Lage in der Region

Erschließungstechnische

- Verkehrserschließung (unmittelbare Anbindung)
- Ver- und Entsorgungserschließung

Abschläge nach zu erwartender Beitragsleistung

Umgebungsinfrastruktur

- öffentliche Einrichtungen
- Qualität der Verkehrswege
- Standard der Telekommunikation
- Freizeitwert und Lebensqualität
- Standard des Umweltschutzes

Abschläge bis zu 60 Prozent je nach Situation vor Ort

↓

Kontrollrechnungen
Ergebnis: argumentative Untermauerung des Zwischenwerts

↓

Individuelle Anpassungen in der dritten Stufe
Ergebnis: ein individueller Wert für das zu begutachtende Grundstück

Bodenbezogene

- Größe und Zuschnitt
- Topographie
- Bodenbeschaffenheit

Hinterland-Abschläge, höhere Fundamentierungskosten, Kosten der Dekontamination

Bebauungsbezogene

- unzweckmäßige Bebauung
- Baureifmachung

Einschränkungen der Wirtschaftlichkeit, Kosten der Baureifmachung

Besondere **rechtliche Belastungen**

- Rückübereignungsansprüche
- Nutzungseinschränkungen

Das Bonner Verfahren in grafischer Übersicht

6.4 Kontrollrechnungen

Es gibt eine Reihe von Verfahren, die zur Kontrolle des ermittelten Bodenwerts eingesetzt werden können. Am besten eignen sich die sogenannte "Zielbaummethode" und das "Schematisierte Verfahren". Die recherchierten örtlichen Vergleichswerte sollten aber auf jeden Fall auch herangezogen werden.

Zielbaummethode

Dieses Verfahren gibt es in vielerlei Varianten; nachstehend eine davon in besonderer Anwendung auf die einschlägige Bewertung in den neuen Bundesländern. Es kennt drei wesentliche Anpassungskategorien mit jeweils drei Kriterien:

- *regionale Lage* hinsichtlich der Kriterien Verkehrsanbindung, Umgebung, Freiheit von Umweltbelastungen
- *Infrastruktur* mit den Kriterien Grundstück, Gemeinde, Region
- *subjektive Beurteilung* nach den Kriterien Renditeerwartung bis zwei Jahre, Renditeerwartung bis 15 Jahre, Akzeptanz und Beleihungsmöglichkeit

Zunächst werden diese Kategorien *gewichtet*. Dann werden die Kriterien einzeln im Hinblick auf das Vergleichsgrundstück mit Punkten von 1 bis 5 bewertet. Dabei entspricht 3 völliger Gleichheit. Weniger Punkte kennzeichnen eine schlechtere Situation als beim Vergleichsgrundstück, mehr Punkte eine bessere.

Danach werden diese Gewichte und die Punkte wie im Beispiel des nächsten Abschnitts zu einem sogenannten *Wertanteil* zusammengerechnet. Dieser Wertanteil ist dann der Abschlagsfaktor auf den Vergleichswert der Vergleichsregion. Der auf diese Weise ermittelte Kontrollwert wird dann zur Plausibilitätsprüfung dem Zwischenergebnis aus der zweiten Stufe des Bonner Verfahrens gegenübergestellt.

Schematisiertes Verfahren

Ähnlich zum Bonner Verfahren haben Hüttenrauch, Jacobs und Kehlen ein Verfahren entwickelt, das ebenfalls Vergleichswerte aus den alten Bundesländern zur Anpassung auf ein zu bewertendes Grundstück in einem neuen Bundesland zugrunde legt.

In einem ersten Schritt wird schematisiert ein erschließungsbeitrags*pflichtiger* sogenannter Grundwert genommen, der lediglich von der Siedlungsstruktur und der Gemeindegröße abhängig ist.

Regionale, örtliche und nutzungstypische Anpassungen können nun für das zu bewertende Grundstück nach folgenden Kategorien vorgenommen werden, wobei die Autoren gewisse Anpassungsfaktoren empfehlen. In der Praxis kommen folgende Faktoren vor:

▸ Einzugsbereich zu Großstädten:	+10 bis +30 %
▸ Badeort an der Ostseeküste:	+20 bis +40 %
▸ herausragendes Erholungsgebiet:	+10 bis +30 %
▸ Lage innerhalb der Gemeinde:	– 40 bis +50 %
▸ kleingewerbliche Nutzbarkeit:	bis +50 %
▸ Abweichung in GFZ-Nutzung:	– 20 bis +10 %

Insofern ist dieses Verfahren eine Verfeinerung der aus Mitte 1990 stammenden "Treuhandmethode". Man stützt sich dabei auf umfangreiche empirische Studien.

Dazu ein Beispiel: Für das zu begutachtende Grundstück ergibt sich ein sogenannter siedlungsstruktureller Kreistyp der Kategorie 2 in einer Gemeindegröße von etwa 17.000 Einwohnern. Dafür geben die Autoren einen von uns interpolierten erschließungsbeitragspflichtigen Grundwert für Wohnbauland von 68,47 DM/qm an. Dies ergibt, aktualisiert auf den Stichtag der Bewertung, 75,17 DM/qm. Dieser Wert kann nach maximal sieben Kategorien angepaßt werden. Bewertungsrelevant sind im vorliegenden Fall jedoch nur die Lage innerhalb der Gemeinde und der Einzugsbereich zur Großstadt Dresden. Wir passen mit einem Faktor von 60 Prozent für die Lage innerhalb der Gemeinde und mit einem Faktor von 130 Prozent für die Lage im Einzugsbereich zu Dresden an, was zu einem Zwischenwert von 58,63 DM/qm als erschließungsbeitragspflichtigem Bodenwert führen würde.

Schließlich müssen noch abgegoltene oder bereits entrichtete Erschließungsbeiträge berücksichtigt werden, was wir mit 30 DM/qm ansetzen. So erhält man in Schrittfolge und nach Maßgabe der von den Autoren vorgegebenen Faktoren den abschließenden tatsächlichen Bodenwert von 88,63 DM/qm.

6.5 Ein Beispiel

1. Schritt: Vergleichswertermittlung

Wir ermitteln den Bodenwert eines Industriegrundstücks mit 5.600 qm in einer kleinen Stadt in der Nähe von Erfurt und haben als Vergleichsgebiete aus den alten Bundesländern die in folgender Tabelle aufgeführten Orte aus dem "Thüringer Balkon" herangezogen.

Die Spalten (1) und (2) zeigen die ermittelten erschließungsbeitrags*freien* Bodenrichtwerte mitsamt ihren Stichtagen, die uns von den örtlich zuständigen Gutachterausschüssen der Städte bzw. Landkreise mitgeteilt wurden. Spalte (3) zeigt den jeweiligen Anpassungsfaktor für die Stichtagsumrechnung, wobei wir von einer Bodenwertsteigerung von 9 Prozent pro Jahr ausgehen. Spalte (4) zeigt die daraus resultierenden aktuellen Werte zum Bewertungsstichtag 1.7.1993. Als Mittelwert ergibt dies 48,05 DM/qm.

	(1)	(2)	(3)	(4)
Bad Sooden	41,30	31.12.92	1,044	43,12
Eschwege	38,00	31.12.91	1,138	43,24
Bebra	48,00	31.12.92	1,044	50,11
Alsfeld	44,00	31.12.91	1,138	50,07
Bad Neustadt	47,20	31.12.91	1,138	53,71

2. Schritt: Vergleichswertanpassung

Volkswirtschaftliche Merkmale: Das Grundstück liegt dem "Westen" (Bundesland Hessen) vergleichsweise nah. Wir passen daher mit 90 Prozent an und erhalten als Zwischenwert 43,25 DM/qm.

Erschließung: Das Grundstück liegt an einer durchaus guten Straße, ist jedoch ansonsten nur mangelhaft erschlossen. Ähnlich wie bei den Bodenrichtwerten haben wir auch die Erschließungsbeiträge für vergleichbare Grundstücke bei den Gutachterausschüssen abgefragt und daraus 23,50 DM/qm als repräsentativen Wert ermittelt, den wir jedoch nur zu 60 Prozent ansetzen. Dies ergibt dann als weiteren Zwischenwert 43,25 – (0,6 x 23,50) = 29,15 DM/qm. Wir gehen also davon aus, daß noch Erschließungsbeiträge in Höhe von 0,6 x 23,50 = 14,10 DM/qm zu erwarten sind.

Umgebungsinfrastruktur: Die Umgebungsinfrastruktur dieser Stadt im Raum Erfurt ist sehr schlecht. Diese Situation war vor etwa 25 Jahren im Vergleichsgebiet ähnlich; dort lagen die Bodenrichtwerte damals auf einem indexbereinigten Niveau von rund 80 Prozent der heutigen. Wir passen daher mit 80 Prozent an und erhalten abschließend 23,32 DM/qm.

3. Schritt: Individuelle Anpassungen und Ergebnis

Bodenbezogene Merkmale: Das Grundstück ist derart ungünstig geschnitten, daß es zu 60 Prozent aus Hinterland besteht. Wir bewerten dieses Hinterland zu 40 Prozent des bisher ermittelten Wertes und erhalten dafür 9,33 DM/qm.

Bebauungsbezogene Merkmale: Das Grundstück ist mit einem nicht mehr wirtschaftlich verwendbaren Schuppen bebaut. Für die Baureifmachung werden gemäß vorliegender Kostenschätzung eines Abbruchunternehmens 20.000 DM veranschlagt.

Besondere rechtliche Belastungen: Besondere rechtliche Belastungen können nicht festgestellt werden, und man kann davon ausgehen, daß sich auch keine mehr zeigen werden.

	qm	DM/qm	DM
Vorderland Hinterland	2.240 2.360	23,32 9,33	52.236,80 31.342,08
Summen Baureifmachung	5.600		3.578,88 20.000,00
Ergebnis			63.578,88

Kontrollrechnung mit der Zielbaummethode

Mit nachstehend geschätzten Gewichten und Punkten ergibt sich als Kontrollwert: (48,89 x 48,05 =) 23,49 DM/qm, was unser erstes Ergebnis von 23,32 DM/qm bestätigt.

regionale Lage (30)				
Verkehrsanbindung	3	2		
Umgebung	3	2	5/9 x 30 = 16,67	
Umweltbelastung	3	1		
	9	5		
Infrastruktur (30)				
Grundstück	3	1		
Gemeinde	3	1	3/9 x 30 =10,00	48,89
Region	3	1		
	9	3		
subj. Beurteilung (40)				
Erw. bis 2 Jahre	3	1		
Erw. bis 15 Jahre	3	3	5/9 x 40 = 22,22	
Akzeptanz, Beleih.	3	1		
	9	5		

7. Wertermittlung von Rechten und Belastungen

7.1 Bewertungsgrundsätze

Wertermittlungen werden nicht nur auf der Basis von fundiertem Sachverstand und breitem Erfahrungsschatz durchgeführt; es gibt die verbindliche Wertermittlungsverordnung (WertV), die schon in § 1 klar vorschreibt:

(1) Bei der Ermittlung der Verkehrswerte von Grundstücken und bei der Ableitung der für die Wertermittlung erforderlichen Daten sind die Vorschriften dieser Verordnung anzuwenden.

(2) Absatz 1 ist auf die Wertermittlung von grundstücksgleichen Rechten, Rechten an diesen und Rechten an Grundstücken entsprechend anzuwenden.

Die Wertermittlungsverordnung muß jedoch zwingend nur von den Gutachterausschüssen angewendet werden. Eine verbindliche Pflicht zur Anwendung besteht nicht für freie Sachverständige, Gerichte und Behörden, soweit keine entsprechenden Verwaltungsanweisungen erlassen wurden. Da jedoch die Wertermittlungsverordnung bei Wertermittlungen auf Antrag von Gerichten angewandt werden soll und neben den steuerrechtlichen Vorschriften die gesetzliche Wertermittlungsgrundlage darstellt, muß sie weitestgehend als *allgemein anerkannte Regel* angesehen werden. Die Wertermittlungsverordnung ist demnach Basis für den Sachverständigen, auch wenn er in besonderen Fällen weitergehende Betrachtungen anstellen muß. Sie steht also immer im Hintergrund der gutachterlichen Überlegungen, auch bei allen besonderen Fragestellungen, die in den folgenden Kapiteln erörtert werden.

Im oben genannten Absatz 2 wird die Anwendung der Wertermittlungsverordnung auch auf die Bewertung von Rechten und Belastungen an Grundstücken vorgeschrieben, was nachfolgend auch strikt befolgt wird.

Im Bürgerlichen Gesetzbuch sind Grundstücksrechte als Regelungen über das Eigentum an Grundstücken und über Rechte und Belastungen an Grundstücken enthalten. Grundstücksrechte sind sogenannte "dingliche Rechte", sie sind unabhängig vom jeweiligen Eigentümer mit dem Grundstück verbunden.

Eigentum an einem Grundstück nennt man das "volle dingliche Recht am Grundstück". Die anderen Grundstücksrechte sind sogenannte "grundstücksgleiche Rechte", "beschränkt dingliche Rechte" oder "Rechte Dritter". Es handelt sich dabei um Belastungen des Eigentums durch Nutzungs- oder Verwertungsrechte.

Der Sachverständige muß sich mit der Wertermittlung von Belastungen befassen, wenn solche an Grundstücken bestehen. Er muß aber auch den Wertzuwachs eines Grundstücks feststellen können, wenn es durch ein Recht begünstigt wird. Dabei ist zu prüfen:

Grundsätzliche Feststellungen

- Gibt es eine Befristung der Rechts oder der Belastung?
- Ist eine Bewertung des Rechts oder der Belastung in Geld überhaupt möglich?
- Wird für die Belastung eine Entschädigung gezahlt?

Wird ein Recht, das ein Grundstück begünstigt, zu Lasten eines anderen Grundstücks ausgeübt, so bezeichnet man dieses Grundstück als das *dienende Grundstück*. Das begünstigte Grundstück nennt man dann *herrschendes Grundstück*. Der Wertnachteil des dienenden Grundstücks muß aber nicht der Wertvorteil des herrschenden sein!

Rechte und Belastungen können ganz erhebliche Auswirkungen auf den Grundstückswert haben und aus zahlreichen, sehr unterschiedlichen Gründen entstehen.

Es gibt einige hilfreiche Grundsätze zur Wertermittlung von Rechten oder Belastungen an Grundstücken:

Grundsätze der Wertermittlung

- Die Werte für das dienende und das herrschende Grundstück sind primär nach wirtschaftlichen Auswirkungen zu ermitteln.
- Wird für das Recht eine angemessene Gegenleistung erbracht, wirkt sich demnach die Belastung nicht unbedingt wertmindernd aus.
- Zunächst ist immer der Verkehrswert im unbelasteten Zustand festzustellen. Anschließend ist dann die Wertkorrektur, die durch das Recht begründet wird, vorzunehmen.

7.2 Das Erbbaurecht

Das Erbbaurecht belastet ein Grundstück mit dem Recht eines Dritten, auf oder unter der Oberfläche dieses Grundstücks ein Gebäude zu haben. Das Erbbaurecht ist belastbar, vererbbar und veräußerbar. Belastungen und Verkäufe des Rechts bedürfen jedoch der Zustimmung des Grundstückseigentümers.

Ein Erbbaurecht kann über einen längeren Zeitraum bis zu 99 Jahren vereinbart werden. Bei Ablauf des Rechts fällt das aufstehende Gebäude in das Eigentum des Grundstückseigentümers (Heimfall), wobei es angemessen zu entschädigen ist.

Der Erbbauzins als Entgelt für die Ausübung des Erbbaurechts wird für die Gesamtdauer des Rechts im voraus bestimmt, dabei sind Zinsgleitklauseln zur Anpassung der Zahlungen an die sich ändernden Wertverhältnisse zulässig, jedoch keine Anpassung an einen Bodenpreisindex. Eine Anpassung des Erbbauzinses ist im allgemeinen auf die Entwicklung der allgemeinen wirtschaftlichen Verhältnisse begrenzt. Bei alten Erbbaurechtsverträgen ohne Gleitklausel kann im Einzelfall eine nachträgliche Veränderung in Frage kommen.

Das grundsätzliche Bewertungsproblem

Die Bewertung eines Erbbaurechts ist in der Praxis und im Schrifttum nicht unumstritten. Hinweise geben die Wertermittlungsrichtlinien, an denen wir uns im folgenden orientieren, sowie Berichte aus der Praxis und aus der Forschung.

Das Erbbaurecht und das mit einem Erbbaurecht belastete Grundstück sind jeweils für sich selbständige Gegenstände der Wertermittlung. Demnach hat das Erbbaurecht (bebaut oder nicht bebaut) einen eigenen Wert und das damit belastete Grundstück ebenfalls. *Es können also mehrere Verkehrswerte ermittelt werden:*

Verkehrswertbegriffe beim Erbbaurecht

- Der sogenannte *Verkehrswert des Erbbaurechts* berücksichtigt den Wert der Gebäude und Außenanlagen (sofern vorhanden) sowie das Recht, diese auf fremdem Grundstück zu haben.
- Der sogenannte *Bodenwertanteil des Erbbaurechts* ist der sich ohne Berücksichtigung der Gebäude und Außenanlagen ergebende Wert des Erbbaurechts.
- Dagegen steht der *Verkehrswert des* (mit dem Erbbaurecht) *belasteten Grundstücks*.

Zunächst ist immer der *unbelastete Bodenwert* (also ohne Berücksichtigung der Belastung mit dem Erbbaurecht) festzustellen. Der Verkehrswert des Erbbaurechts und der Verkehrswert des belasteten Grundstücks sind dann unter Berücksichtigung der vertraglichen Vereinbarungen, insbesondere über die Höhe des Erbbauzinses, die Dauer des Erbbaurechts sowie sonstiger wertbeeinflussender Merkmale zu ermitteln.

Wenn nun der im Erbbaurechtsvertrag vereinbarte oder durch "Anpassungsklausel" gesetzlich zulässig anpaßbare Erbbauzins der *nachhaltig marktgerechten Verzinsung* des Bodenwerts entspricht, ergibt sich regelmäßig kein Bodenwertanteil des Erbbaurechts. Das Grundstück ist sozusagen "marktüblich" verpachtet, also weder besonders ungünstig noch günstig. Der Bodenwertanteil des Erbbaurechts hätte dann den Wert null.

Liegt der Erbbauzins jedoch unter der marktüblichen Verzinsung des Bodenwerts des unbelasteten Grundstücks, so ist hierdurch ein positiver Bodenwertanteil des Erbbaurechts und eine Wertminderung des belasteten Grundstücks gegenüber einem unbelasteten Grundstück begründet. Das Grundstück ist demnach nicht "marktüblich", sondern für den Erbbauberechtigten besonders günstig verpachtet, was natürlich den Wert seines Erbbaurechts erhöht und gleichzeitig den Wert des belasteten Grundstücks vermindert. Analog dazu stellt sich der umgekehrte Fall dar.

Dazu ein Beispiel: Man geht im einfachsten Fall davon aus, daß "der Vorteil des einen der Nachteil des anderen" ist. Die Restlaufzeit des Erbbaurechts ist größer oder gleich der Restnutzungsdauer der Gebäude; bei Ablauf des Erbbaurechts ist also insofern kein Gebäudewert zu berücksichtigen.

Der heutige unbelastete Bodenwert ist 60.000 DM, und eine angemessene Bodenverzinsung liegt bei 5 Prozent. Der Erbbauzins ist mit 1.800 DM ohne Anpassungsklausel jährlich vereinbart, und die Restlaufzeit des Erbbaurechtsvertrags beträgt 40 Jahre. Dann ergibt sich folgende Rechnung für den Bodenwertanteil des Erbbaurechts:

Angemessener Zins (5 Prozent von 60.000 DM)	3.000 DM
– Tatsächlicher Zins	– 1.800 DM
= Zinsvorteil des Erbbauberechtigten pro Jahr	= 1.200 DM
Barwert dieses Zinsvorteils (Bodenwertanteil des Erbbaurechts) in 40 Jahren bei 5 Prozent (1.200 DM x 17,16)	20.592 DM

Dieser Zinsvorteil vermindert genau in seiner Höhe den unbelasteten Bodenwert, wenn man den Verkehrswert des belasteten Grundstücks ermittelt: 60.000 DM – 20.592 DM = 39.408 DM.

Diese einfache Vorgehensweise berücksichtigt jedoch nur die Höhe des Erbbauzinses und die Dauer des Erbbaurechts und noch nicht die besonderen wertbeeinflussenden Merkmale.

Besondere wertbeeinflussende Merkmale

Bei einer Wertermittlung sind Einwirkungen, insbesondere Bindungen des Erbbauberechtigten bei einer Veräußerung oder Beleihung des Erbbaurechts sowie bei einer wesentlichen Veränderung der Gebäude, Außenanlagen und sonstigen Einrichtungen zu beachten. Zu den wertbeeinflussenden Merkmalen gehören unter anderem Vereinbarungen über

- Errichtung, Instandhaltung und Verwendung des Bauwerks
- besondere Nutzungen oder Nutzungsbeschränkungen (zum Beispiel Ausschluß einer bestimmten Gewerbeausübung)
- die Versicherung des Bauwerks und dessen Wiederaufbau im Falle der Zerstörung
- das Tragen der öffentlichen und privatrechtlichen Lasten und Abgaben (zum Beispiel ist der Erbbauberechtigte anstelle des Eigentümers erschließungsbeitragspflichtig)
- eine Verpflichtung des Erbbauberechtigten zur Zahlung von Vertragsstrafen oder die Verpflichtung zum Heimfall
- eine Verpflichtung des Eigentümers, das Grundstück an den jeweiligen Erbbauberechtigten zu veräußern
- die Einräumung eines Vorrechts für den Erbbauberechtigten auf Erneuerung des Erbbaurechts nach dessen Ablauf
- die Höhe der Entschädigung für das errichtete Bauwerk bei Beendigung des Erbbaurechts nach Zeitablauf
- Anpassungsklauseln etc.
- Beleihungsgrenzen

Vergleichswerte

Es ist sehr schwierig, diese besonderen wertbeeinflussenden Merkmale im Einzelfall korrekt zu berücksichtigen. Es sind Vergleiche zu bereits vollzogenen Käufen bzw. Verkäufen von Erbbaurechten und mit Erbbaurechten belasteten Grundstücken heranzuziehen. Dazu einige Hinweise aus den Wertermittlungsrichtlinien, die im Einzelfall durchaus hilfreich sein können:

"Soweit ein unmittelbarer Preisvergleich nicht möglich ist, kann auch ein mittelbarer Preisvergleich durchgeführt werden. Bei einer ausreichenden Anzahl geeigneter Kaufpreise läßt sich grundsätzlich der Einfluß von Merkmalen des Grundstücks und des Erbbaurechtsvertrages auf den Verkehrswert des Erbbaurechts bzw. des mit einem Erbbaurecht belasteten Grundstücks durch eine Analyse feststellen. Werden derartige Untersuchungen durchgeführt oder liegen sie vor, können die Ergebnisse zur Wertermittlung unmittelbar verwendet werden, wenn die sich aus der Gesamtheit der untersuchten Kaufpreise ergebenden sachlichen und regionalen Beschränkungen beachtet werden.

Über ihren sachlichen und räumlichen Geltungsbereich hinaus können die jeweiligen Untersuchungsergebnisse dann verwendet werden, wenn zuvor ihre Gültigkeit an mehreren geeigneten Kaufpreisen von Objekten, die sachlich und räumlich dem zu bewertenden Objekt entsprechen, überprüft wurde."

Wertfaktoren

Es wurden viele Untersuchungen auf der Basis von Vergleichen durchgeführt, die als Ergebnisse Wertfaktoren zur Berücksichtigung der besonderen Merkmale lieferten. In den Wertermittlungsrichtlinien finden sich dazu im 2. Teil unter Ziffer 5.2.2.3 folgende Hinweise:

Bei Ermittlung des Bodenwertanteils des Erbbaurechts: Dieser Wertfaktor ist abhängig von der Gewichtung der wertbeeinflussenden Merkmale; er liegt regelmäßig zwischen 0,3 und 0,8, in Einzelfällen bis 0,9, bei Verträgen ohne Anpassungsklausel im Durchschnitt bei 0,5. Der Wertfaktor ist um so größer, je geringer die Einschränkungen für den Erbbauberechtigten sind, er ist um so kleiner, je größer sie sind.

Bei Ermittlung des Werts des mit dem Erbbaurecht belasteten Grundstücks: Dieser Wertfaktor ist abhängig von dem Gewicht der Beeinträchtigungen des Grundstücks durch das Erbbaurecht. Er liegt regelmäßig zwischen 0,3 (bei geringeren Beeinträchtigungen des Grundstücks) und 0,8 (bei überdurchschnittlichen Beeinträchtigungen des Grundstücks), in Einzelfällen bei 0,9, bei Verträgen ohne Anpassungsklausel in der Regel bei 0,5. Der Wertfaktor und damit die Wertminderung ist um so größer, je größer die Einschränkungen für den Eigentümer sind, er ist um so kleiner, je geringer sie sind.

Der bei der Ermittlung des Werts des belasteten Grundstücks anzusetzende Wertfaktor, der die Wertminderung betrifft, darf für dasselbe Grundstück in der Regel den bei der Ermittlung des Bodenwertanteils des Erbbaurechts anzusetzenden Wertfaktor nicht unterschreiten.

Wertfaktoren für den Bodenwertanteil des Erbbaurechts

▸ nicht vertretbare Einschränkungen	0,3
▸ erhebliche Einschränkungen	0,4
▸ vertretbare Einschränkungen	0,5
▸ geringe Einschränkungen	0,6 bis 0,8
▸ keinerlei Einschränkungen	0,9

Wertfaktoren für den Verkehrswert des belasteten Grundstücks

▸ keinerlei oder geringe Einschränkungen	0,3 bis 0,4
▸ vertretbare Einschränkungen	0,5
▸ erhebliche Einschränkungen	0,6 bis 0,8
▸ nicht vertretbare Einschränkungen	0,9

Dieser Wertfaktor darf nicht kleiner sein als der Wertfaktor aus vorheriger Tabelle!

Die Wertfaktoren müssen bei der Ermittlung beider Verkehrswerte nicht unbedingt gleich groß sein. Ihre Wahl hängt allein von der Stärke der jeweiligen Beschränkungen ab. Die Wahl des Wertfaktors ist in jedem Einzelfall hinsichtlich der wertbeeinflussenden Merkmale zu begründen. Ergeben Marktuntersuchungen abweichende Faktoren, so sind diese zugrunde zu legen.

Vorgehensweise bei unbebauten Grundstücken

1. Zur Ermittlung des Bodenwertanteils des Erbbaurechts ist zunächst von der Differenz zwischen dem vertraglich und gesetzlich erzielbaren Erbbauzins und dem am Stichtag angemessenen Verzinsungsbetrag des Bodenwerts des nicht mit einem Erbbaurecht belasteten Grundstücks auszugehen.
2. Der Zinssatz ist nach der Art des Grundstücks (zum Beispiel Einfamilienhausgrundstück, Mietwohngrundstück) und/oder nach der Lage auf dem Grundstücksmarkt zu ermitteln. Es handelt sich dabei um den Liegenschaftszinssatz.
3. Die Differenz ist mit Hilfe des Vervielfältigers (Rentenbarwertfaktor, Kapitalisator) auf die Restlaufzeit des Erbbauvertrages zu kapitalisieren und im Hinblick auf die oben genannten Einflüsse mit einem Wertfaktor zu multiplizieren.
4. Zur Ermittlung des Werts des mit dem Erbbaurecht belasteten Grundstücks ist zunächst von dem Bodenwert des unbelasteten Grundstücks auszugehen.
5. Zur Berücksichtigung der Wertminderung infolge der Belastung des Grundstücks durch das Erbbaurecht ist der Minderertrag (Differenz zwischen der am Stichtag angemessenen Verzinsung des Bodenwertes des unbelasteten Grundstücks und dem vertraglich und gesetzlich erzielbaren Erbbauzins) auf die Restlaufzeit mit Hilfe des Vervielfältigers wie oben im 3. Schritt zu kapitalisieren und wegen der neben dem Erbbauzins dem Grundstückseigentümer zustehenden sonstigen vertraglichen und gesetzlichen Rechte mit einem Wertfaktor zu multiplizieren.
6. Das soeben im 5. Schritt ermittelte Zwischenergebnis ist vom Bodenwert des unbelasteten Grundstücks abzuziehen.

Dazu ein Beispiel: Wir berücksichtigen nun mit dem Ansatz von Wertfaktoren die Vertragssituation: Der Erbbauberechtigte hat nach Ablauf des Erbbaurechts ein Vorkaufsrecht, allerdings hat er sich Nutzungsbeschränkungen unterworfen. Insgesamt gesehen sind für ihn aber seine Einschränkungen vertretbar.

Der heutige (unbelastete) Bodenwert ist 40.000 DM, und eine angemessene Bodenverzinsung liegt bei 6 Prozent. Der Erbbauzins ist mit 220 DM jährlich vereinbart, und die Restlaufzeit des Erbbaurechtsvertrags beträgt 25 Jahre. Dann ergibt sich folgende Rechnung:

Angemessener Zins (6 Prozent von 40.000 DM)	2.400 DM
− Tatsächlicher Erbbauzins	− 220 DM
= Zinsvorteil des Erbbauberechtigten pro Jahr	= 2.180 DM
Barwert dieses Zinsvorteils in 25 Jahren bei 6 Prozent (2.180 DM x 12,78)	27.860 DM
Bodenwertanteil des Erbbaurechts mit Wertanteil von 0,5 (27.860 DM x 0,5)	13.930 DM

Bodenwert	40.000 DM
Barwert des Zinsvorteils (siehe oben): 27.860 DM Wertminderung mit Wertanteil von 0,6 wegen Belastung durch das Vorkaufsrecht − (27.860 DM x 0,6)	− 16.716 DM
= Verkehrswert des belasteten Grundstücks	= 23.284 DM

Es ist interessant festzustellen, daß beide Verkehrswerte dieses Grundstücks zusammen, nämlich 13.930 DM für den Bodenwertanteil des Erbbaurechts und 23.284 DM für den Wert des belasteten Grundstücks, geringer sind als der Bodenwert des Grundstücks von 40.000 DM, wenn er nicht belastet wäre. Das Erbbaurecht ist demnach eine Belastung für das gesamte Grundstück.

Vorgehensweise bei bebauten Grundstücken

1. Hat der Erbbauberechtigte aufgrund des Erbbaurechts das Grundstück bebaut, so ist neben dem oben ermittelten Bodenwertanteil des Erbbaurechts der Wert der Gebäude, Außenanlagen und sonstigen Einrichtungen zu berücksichtigen.
2. Übersteigt die Restnutzungsdauer der Gebäude, Außenanlagen und sonstigen Einrichtungen die Restlaufzeit des Erbbaurechts nicht oder sind diese voll zu entschädigen, so ist eine Minderung des hierfür ermittelten Werts nicht begründet.
3. Übersteigt die Restnutzungsdauer der Gebäude, Außenanlagen und sonstigen Einrichtungen die Restlaufzeit des Erbbaurechts und sind diese nicht zu entschädigen, so ist zur Ermittlung des sich hieraus ergebenden Werteinflusses der im Zeitpunkt der Beendigung des Erbbaurechts verbleibende Wert der Gebäude, Außenanlagen und sonstigen Einrichtungen, die dann entsprechend älter sind, nach den allgemeinen Wertverhältnissen des Wertermittlungsstichtages zu ermitteln und auf diesen Zeitpunkt abzuzinsen.
   Der abgezinste Wert ist bei der Ermittlung des Werts des Erbbaurechts wertmindernd und bei der Ermittlung des Werts des mit einem Erbbaurecht belasteten Grundstücks werterhöhend zu berücksichtigen. Ist im Erbbaurechtsvertrag eine Teilentschädigung vereinbart, so ist entsprechend zu verfahren.
4. Sind Gebäude, Außenanlagen und sonstige Einrichtungen dem Erbbauberechtigten mit dem Erbbaurecht überlassen, so ist zu unterscheiden, ob der Erbbauberechtigte dem Grundstückseigentümer den Wert dieser Anlagen vergütet hat oder ob dieser Wert bei der Bemessung des Erbbauzinses in Ansatz gebracht worden ist.

Dazu ein Beispiel: Der heutige (unbelastete) Bodenwert ist 30.000 DM, und eine angemessene Bodenverzinsung liegt bei 7 Prozent. Der Erbbauzins beträgt 800 DM jährlich, und die Restlaufzeit des Erbbaurechtsvertrags ist 20 Jahre. Es handelt sich um ein Gewerbegrundstück mit einem Reinertrag von 9.000 DM.

Der Erbbauberechtigte hat erhebliche Einschränkungen wegen einer Verpflichtung zur Instandhaltung des Gebäudes, verbunden mit entsprechender Vertragsstrafe und einer bereits vereinbarten vergleichsweise geringen Entschädigung beim Heimfall. Für den Grundstückseigentümer sind die Einschränkungen als vertretbar anzusehen.

	Angemessener Zins		
	(7 Prozent von 30.000 DM)	2.100 DM	
–	Tatsächlicher Erbbauzins	– 800 DM	
=	Zinsvorteil des Berechtigten	= 1.300 DM	
	Barwert dieses Zinsvorteils in 20 Jahren bei 7 Prozent (1.300 DM x 10,59)	13.767 DM	
	Bodenwertanteil des Erbbaurechts mit Wertanteil von 0,4 (13.767 DM x 0,4)		5.507 DM
	Reinertrag	9.000 DM	
–	Bodenwertverzinsung	– 2.100 DM	
=	Gebäudeanteil	= 6.900 DM	
+	Ertragswert des Gebäudes (6.900 DM x 10,59)		+ 73.071 DM
=	Verkehrswert des bebauten Erbbaurechts		= 78.578 DM

	Bodenwert		30.000 DM
	Barwert des Zinsvorteils	13.767 DM	
–	Wertminderung mit Wertanteil von 0,5 (13.767 DM x 0,5)		– 6.884 DM
=	Verkehrswert des belasteten Grundstücks		= 23.116 DM

Das Ertragswertverfahren wurde in bekannter Weise angewendet; es wurde lediglich der Bodenwertanteil des Erbbaurechts anstelle des

Bodenwerts genommen. Der Wert des bebauten Erbbaurechts wäre im Sachwertverfahren analog zu ermitteln.

Die Bewertung von Erbbaurechten und die Wertermittlung von mit Erbbaurechten belasteten Grundstücken ist nicht unproblematisch und auch in der einschlägigen Literatur heftig umstritten. An ausgefeilten mathematischen Modellen ist kein Mangel; es fragt sich nur, wie nahe diese im Ergebnis dem Marktgeschehen kommen. Empirische Untersuchungen haben – wie so oft – den Theoretikern den Wind aus den Segeln genommen.

Auch die oben vorgestellte Vorgehensweise muß nicht die beste sein, sie hat sich jedoch in der Praxis bewährt. Hier gilt ganz besonders, daß zur abschließenden Verkehrswertermittlung eine wohlbegründete Marktanpassung vorgenommen werden muß. Besonders in solchen schwierigen Fällen wie die Bewertung von Erbbaurechten und die Wertermittlung von mit Erbbaurechten belasteten Grundstücken muß oftmals auf den eingangs aufgestellten Grundsatz, daß der Verkehrswert eine *Preisprognose* ist, zurückgegriffen werden. Dabei stellt man wieder fest, daß es einen objektiven (für jeden zu jeder Zeit und an jedem Ort gleichen) Wert nicht geben kann.

Besondere Bedeutung hat die Bewertung von Erbbaurechten und damit belasteten Grundstücken in den neuen Bundesländern: Die genannten Nutzungsrechte können nämlich damit einer Wertermittlung zugänglich gemacht werden.

7.3 Der Überbau

Es kommt vor, daß beim Bau eines Hauses die Grundstücksgrenze überschritten wurde. Wenn der Bauherr jedoch im guten Glauben gehandelt hat, wäre das Verlangen einer Beseitigung dieses Überbaus eine außerordentliche Härte. Der Gesetzgeber geht deswegen davon aus, daß die Erhaltung eines bestehenden Gebäudes wichtiger als die strenge Durchsetzung des Eigentums ist.

Duldung

Ein Überbau ist gegen Zahlung einer angemessenen Entschädigung zu dulden. Statt dessen kann der Belastete jederzeit verlangen, daß ihm der Begünstigte den überbauten Teil seines Grundstücks abkauft.

Keine Duldungspflicht besteht bei vorsätzlichem oder grob fahrlässigem Überbau und wenn der Belastete sofort bei Beginn der Baumaßnahmen Widerspruch eingelegt hat. Der Nachbar muß den Überbau nur bei einem Gebäude von einer gewissen Dauerhaftigkeit, das auch mit dem Boden fest verbunden ist, dulden. Dabei ist es gleichgültig, ob der Überbau oberhalb oder unterhalb des Erdbodens errichtet ist. So ist auch ein Weinkeller aus festem Mauerwerk ein Gebäude in obigem Sinne.

Überbaute, leicht zu entfernende Gebäude wie Holzhütten oder Schuppen müssen in der Regel auf Verlangen des Belasteten abgetragen werden. Das Gebäude braucht noch nicht fertig errichtet zu sein; es genügt, daß die Beseitigung des unvollendeten Teils vom wirtschaftlichen Standpunkt aus nicht mehr verantwortet werden kann, zum Beispiel bei aufwendigen Fundamentierungsarbeiten. Ein Überbau liegt auch dann vor, wenn ein Teil des Gebäudes nur in den Luftraum des Nachbargrundstücks hineinragt. In der Regel muß der Überbau bei der Errichtung des Gebäudes erfolgt sein.

Der rechtmäßige Überbau bleibt im Eigentum des Überbauenden. Insofern liegt hier ein vom Boden getrenntes Gebäudeeigentum vor.

Der Überbau muß geduldet werden, solange er tatsächlich besteht. An dem Überbau dürfen sogar Veränderungen vorgenommen werden, ohne allerdings die überbaute Fläche zu vergrößern. Ist der Überbau jedoch tatsächlich nicht mehr vorhanden (Feuer, Erdbeben etc.), endet auch die Duldungspflicht.

Der Duldungspflichtige ist durch eine Geldrente zu entschädigen, wobei die vertragsmäßige Höhe der Rente nur die am Vertrag Beteiligten bindet, es sei denn, abweichendes ist im Grundbuch eingetragen. Die Höhe der Überbaurente orientiert sich in der Regel am wirtschaftlichen Nachteil des Belasteten, was meistens der angemessenen Verzinsung des überbauten Bodens entspricht.

Bewertung

Es gibt vielerlei Varianten der Bewertung eines Überbaus. Eine vergleichsweise einfache und einleuchtende Methode vollzieht sich wie folgt:

Bei der Bewertung des *überbauten Grundstücks* wird zunächst vom unbelasteten Bodenwert ausgegangen. Dieser wird dann um den Bodenwert des überbauten Teils vermindert. Dieser überbaute Teil fällt jedoch nach Ablauf der Restnutzungsdauer in die Nutzung des Grundstückseigentümers zurück. Daher ist der Barwert seines Bodenwerts zu ermitteln und zu addieren. Hinzu kommt weiterhin der Barwert der Überbaurente.

Bei der Bewertung des *überbauenden Grundstücks* wird zunächst von dessen Bodenwert ausgegangen. Dieser wird dann um den Barwert der Überbaurente vermindert. Hinzu kommt der wirtschaftliche Vorteil des Überbaus.

Dazu ein Beispiel: Der heutige Bodenwert beträgt 120 DM/qm, die Überbaurente 40 DM jährlich. Der Überbau hat eine Restnutzungsdauer von 70 Jahren; es wird mit einem Liegenschaftszinssatz von 4 Prozent gerechnet. Das Gebäude hat eine Fläche von insgesamt 14 m x 7 m = 98 qm. Es steht mit 2 m x 7 m = 14 qm im Überbau. Mit einem errechneten Gebäudeertragswert von 200.000 DM ergibt sich für das überbauende Grundstück ein Vorteil von insgesamt: 200.000 DM x (14/98) = 28.571 DM. Dann errechnet sich für die Grundstücke:

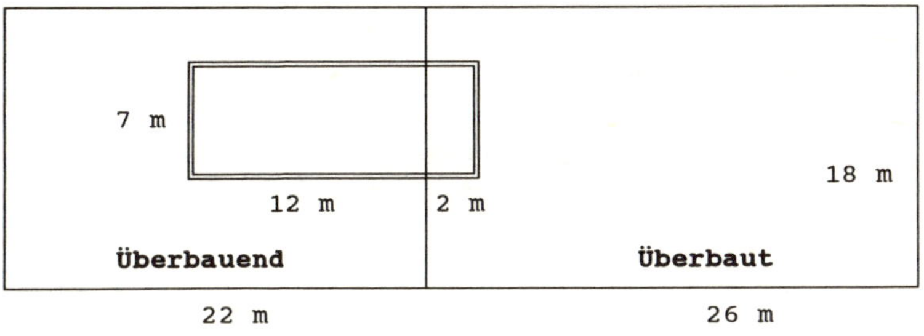

	Für das überbaute Grundstück:	
	Bodenwert ohne Belastung (18 m x 26 m x 120 DM/qm)	56.160 DM
–	Bodenwert, überbauter Teil (2 m x 7 m x 120 DM/qm)	– 1.680 DM
+	Barwert des Bodenwerts, überbauter Teil Restnutzungsdauer 70 Jahre und Liegenschaftszinssatz 4 Prozent: (0,0642 x 1.680 DM)	+ 108 DM
+	Barwert der Überbaurente von 40 DM jährlich Restnutzungsdauer 70 Jahre und Liegenschaftszinssatz 4 Prozent: (23,39 x 40 DM)	+ 936 DM
=	Wert des belasteten Grundstücks	= 55.524 DM

	Für das überbauende Grundstück:	
	Bodenwert (18 m x 22 m x 120 DM/qm)	47.520 DM
–	Barwert der Überbaurente von 40 DM jährlich Restnutzungsdauer 70 Jahre und Liegenschaftszinssatz 4 Prozent: (23,39 x 40 DM)	– 936 DM
+	Vorteil durch Überbau	+ 28.571 DM
=	Wert des begünstigten Grundstücks	= 75.155 DM

7.4 Der Nießbrauch

Ein Nießbrauch an einer Immobilien berechtigt, alle Nutzungen daraus zu ziehen. Es ist ein umfassendes Nutzungsrecht und unterscheidet sich vom Eigentum nur dadurch, daß kein Recht zur Einwirkung auf die Substanz besteht (insbesondere Verkauf oder Beleihung). Ein Nießbrauch ist unverkäuflich und nicht vererbbar.

Bewertung

Der Wert eines Nießbrauchs bestimmt sich nach seinem wirtschaftlichen Nachteil für den Grundstückseigentümer, meistens durch den dadurch entgangenen Reinertrag eines Gebäudes für die Dauer des Nießbrauchs. Durch die Eintragung im Grundbuch ist auch in aller Regel eine Beleihungsfähigkeit eingeschränkt, was sich auf die Wirtschaftlichkeit nachteilig auswirken kann.

Der Wert eines mit einem Nießbrauch belasteten Grundstücks ist dann der Verkehrswert des Grundstücks abzüglich des Werts des Nießbrauchs. Dazu ein Beispiel:

Der heutige Bodenwert ist 30.000 DM und eine angemessene Bodenverzinsung liegt bei 7 Prozent. Der Nießbraucher aus Hannover ist 78 Jahre alt. Der Reinertrag würde bei freier Vermietung 9.000 DM betragen. Die Bewirtschaftungskosten werden vom Nießbraucher getragen. Das Gebäude hat eine Restnutzungsdauer von 65 Jahren.

Aus den Tabellen der Lebenserwartung am Schluß dieses Buchs entnehmen wir, daß der Nießbraucher statistisch eine Lebenserwartung von noch 6,85 Jahren hat. Es gilt zunächst, den Ertragsvervielfältiger zu errechnen, wobei sich eine einfache Interpolationsmethode anbietet. Der Vervielfältiger ist 4,77 bei 6 Jahren und 5,39 bei 7 Jahren. Die Differenz ist 0,62. Davon werden 85 Prozent angesetzt, da der Ertragsvervielfältiger bei 6,85 Jahren gesucht ist. Das Ergebnis ist 4,77 + (0,62 x 0,85) = 5,30. Damit ergibt sich folgende Rechnung für das mit dem Nießbrauch belastete Grundstück:

	Bodenwert		30.000 DM
	Reinertrag	9.000 DM	
–	Bodenwertverzinsung (30.000 DM x 0,07)	– 2.100 DM	
=	Gebäudeanteil	= 6.900 DM	
+	Ertragswert des Gebäudes (6.900 DM x 14,11)		+ 97.359 DM
=	unbelasteter Verkehrswert		= 127.359 DM
–	Wert des Nießbrauchs (Lebenserwartung 6,85 Jahre) (5,30 x 9.000 DM)		– 47.700 DM
=	Verkehrswert des belasteten Grundstücks		= 79.659 DM

7.5 Das Wohnrecht

Das Wohnrecht ist eine beschränkt persönliche Dienstbarkeit, die im Grundbuch eingetragen wird. Der Berechtigte darf ein Gebäude oder einen Gebäudeteil als Wohnung nutzen. Im Gegensatz zum Nießbrauch ist dieses Recht in der Regel entgeltlich. Der Berechtigte hat dann praktisch einen unkündbaren Mietvertrag.

Bewertung

Der Wert eines Wohnrechts bestimmt sich nach seinem wirtschaftlichen Nachteil für den Grundstückseigentümer, prinzipiell wie beim Nießbrauch. Beim entgeltlichen Wohnrecht kann der Fall eintreten, daß sich dieses Entgelt mit der marktüblichen Miete deckt. Dann ist zunächst keine Minderung des Verkehrswerts festzustellen. Allerdings müßte berücksichtigt werden, daß eine anderweitige, möglicherweise wirtschaftlich günstigere Nutzung für den Eigentümer während der Dauer des Wohnrechts ausgeschlossen ist. Durch die Eintragung im Grundbuch ist auch in aller Regel die Beleihungsfähigkeit eingeschränkt, was sich auf die Wirtschaftlichkeit nachteilig auswirken kann.

Dazu ein Beispiel: Das jährliche Entgelt ist 10.800 DM; marktüblich wären 14.400 DM. Die Berechtigte ist 77 Jahre alt und lebt in Erfurt. Der Verkehrswert des Grundstücks ohne Wohnrechtsbelastung ist 650.000 DM. Eine Beleihung von 80 Prozent des Verkehrswerts erfolgt nur nachrangig mit einem um 1 Prozentpunkt höheren Darlehenszinssatz. Der Liegenschaftszinssatz beträgt 4,5 Prozent.

	Verkehrswert (ohne Belastung)		650.000 DM
	Jährliches Entgelt	10.800 DM	
–	Jährliche marktübliche Miete	– 14.400 DM	
–	Jährlicher Zinsnachteil (0,8 x 650.000 DM x 0,01)	– 5.200 DM	
=	Insgesamter jährlicher Nachteil	= 8.800 DM	
–	Barwert des Nachteils in 7,90 Jahren bei 4,5 Prozent (8.800 DM x 6,53)		– 57.464 DM
=	Wert des belasteten Grundstücks		= 592.536 DM

7.6 Das Notwegrecht

Ein Notwegrecht beschafft einem Grundstück über ein benachbartes die Verbindung zu einem öffentlichen Weg, wobei die Pflicht zur Duldung eine gesetzliche Einschränkung des Eigentums ist. Ein Notwegrecht muß demnach immer gewährt werden, sei es temporär (zum Beispiel bei Hochwasser) oder auf Dauer. Das Recht braucht jedoch dann nicht gewährt zu werden, wenn es der Berechtigte zu vertreten hat, daß die bisherige direkte Zuwegung nicht mehr nutzbar ist.

Das Notwegrecht beinhaltet nicht das Recht, auf dem Nachbargrundstück zu verweilen oder Handlungen vorzunehmen, die "ihrem Wesen nach über eine bloße Wegbenutzung hinausgehen" (zum Beispiel Fahrzeuge parken lassen). Es kann aber zum Inhalt haben, daß der Nachbar die Verlegung eines unterirdischen Abwasserkanals durch sein Grundstück dulden muß.

Es besteht gegenüber dem Eigentümer ein Anspruch auf Notwegrente, der allen anderen Rechten im Range vorgeht. Dabei orientiert sich die Höhe der Rente an dem Nachteil, den das vom Notweg betroffene Grundstück erleidet.

Bewertung

Bei der Bewertung eines mit dem Notwegrecht belasteten Grundstücks wird zunächst vom unbelasteten Bodenwert ausgegangen. Dieser wird dann um den Bodenwert der beanspruchten Fläche vermindert. Falls abzusehen ist, daß dieses Recht nach einer gewissen Zeit erlischt, ist der Barwert des Bodenwerts dieser Fläche zu addieren. Hinzu kommt der Barwert der Notwegrente.

Dazu ein Beispiel: Der heutige Bodenwert beträgt 140 DM/qm, die Notwegrente 80 DM jährlich. Man kann nicht absehen, daß eine an-

dere Zuwegung möglich sein wird. Es wird mit einem Liegenschaftszinssatz von 4 Prozent gerechnet. Dann errechnet sich für die Grundstücke:

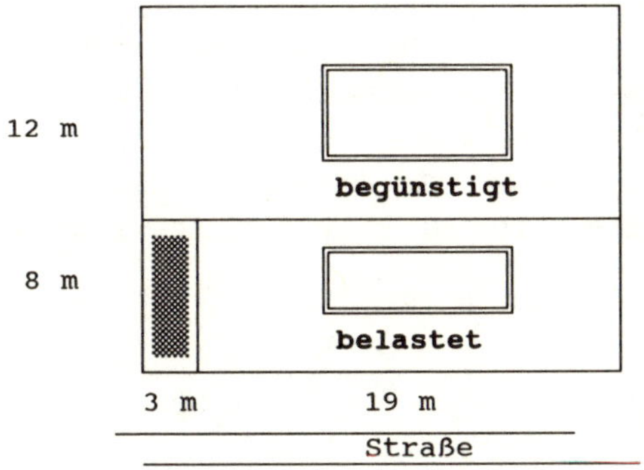

Für das belastete Grundstück:

Bodenwert, ohne Belastung (8 m x 22 m x 140 DM/qm)	24.640 DM
– Bodenwert, belasteter Teil (8 m x 3 m x 140 DM/qm)	– 3.360 DM
+ Barwert der Notwegrente von 80 DM jährlich (80 DM/0,04)	+ 2.000 DM
= Bodenwert	= 23.280 DM

Für das begünstigte Grundstück:

Bodenwert (12 m x 22 m x 140 DM/qm)	36.960 DM
– Barwert der Notwegrente von 80 DM jährlich (80 DM/0,04)	– 2.000 DM
= Bodenwert	= 34.960 DM

7.7 Das Wegerecht

Ein Wegerecht ist Bestandteil des herrschenden Grundstücks und basiert auf einer öffentlich-rechtlichen oder privatrechtlichen Vereinbarung, jederzeit das dienende Grundstück oder einen Teil davon überqueren zu dürfen. Das Notwegrecht hingegen ist gesetzlich begründet und besteht auch nur für die Dauer seiner Notwendigkeit.

Bewertung

Der Belastete erhält in der Regel vom Begünstigten eine Wegerente, deren Höhe sich zunächst nach der Bodenwertverzinsung der Fläche des Weges bemißt. Dabei ist eine Anpassung an sich ändernde wirtschaftliche Verhältnisse möglich, diese darf jedoch nicht mit dem Bodenwertsteigerungsindex verknüpft werden. Die Wegerente ist frei aushandelbar. Da oftmals von der Ausübung des Wegerechts diverse Unannehmlichkeiten wie Lärm, Erschütterungen, Gerüche etc. ausgehen, wird der Belastete dies bei der Festsetzung der Wegerente in Ansatz bringen. Das begünstigte Grundstück hat als Wertvorteil oft eine bessere bauliche oder sonstige Ausnutzung seines Grundstücks. Der Vorteil für das begünstigte Grundstück entspricht meistens nicht dem Nachteil, den das belastete erleidet.

Dazu ein Beispiel: Das belastete Grundstück hat einen Bodenrichtwert von 200 DM/qm, das unbelastete von 240 DM/qm. Die Wegerente ist 180 DM jährlich. Der Belastete trägt die Bewirtschaftungskosten mit jährlich 400 DM für den Weg. Wegen Belästigung erhöht er seinen insgesamten Nachteil um 50 Prozent. Der Begünstigte erhält durch den Weg Zugang zu Lagerfläche, die er woanders für 2 DM/qm monatlich pachten müßte. Der Liegenschaftszinssatz ist 5 Prozent.

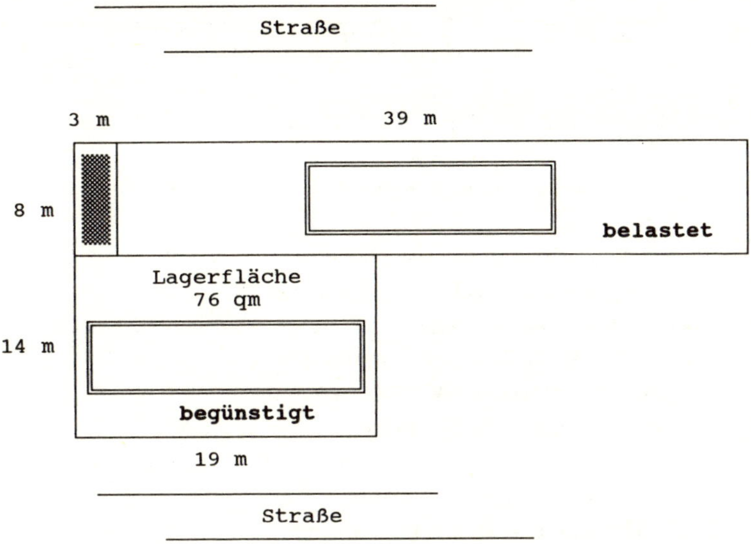

Für das begünstigte Grundstück:

Bodenwert (19 m x 14 m x 240 DM/qm)		63.840 DM
jährliche Pachtersparnis (76 qm x 2 DM/qm x 12)	1.824 DM	
− Jährliches Entgelt für den Berechtigten	− 180 DM	
= Rechnerischer jährlicher Vorteil	= 1.644 DM	
+ Barwert des Vorteils mit unbegrenzter Dauer bei 5 Prozent (1.644 DM/0,05)		+ 32.880 DM
= Wert des begünstigten Grundstücks		= 96.720 DM

Für das belastete Grundstück:

	Bodenwert (42 m x 8 m x 200 DM/qm)		67.200 DM
	Jährliches Entgelt vom Berechtigten	180 DM	
–	Verzicht auf Bodenwertverzinsung mit Liegenschaftszinssatz von 5 Prozent Wert des belasteten Bodens: 3 m x 8 m x 200 DM/qm = 4.800 DM (4.800 DM x 0,05 = 240 DM), davon wegen Mitbenutzung die Hälfte	– 120 DM	
–	Jährliche Bewirtschaftungskosten 400 DM, davon wegen Mitbenutzung die Hälfte	– 200 DM	
=	Rechnerischer jährlicher Nachteil	– 140 DM	
=	Erhöhung um 50 Prozent wegen Belästigung	– 210 DM	
–	Barwert des Nachteils mit unbegrenzter Dauer bei 5 Prozent (– 210 DM/0,05)		– 4.200 DM
=	Wert des belasteten Grundstücks		= 63.000 DM

Wie das Beispiel zeigt, sind auch bei der Ermittlung des Werts eines Wegerechts die individuellen Gegebenheiten des Einzelfalls ausschlaggebend. Eine generell anwendbare Berechnungsformel kann deshalb nicht aufgestellt werden.

7.8 Das Leitungsrecht

Das Leitungsrecht berechtigt den Begünstigten, über ein fremdes Grundstück eine Versorgungsleitung ober- oder unterirdisch zu verlegen und zu betreiben. Das Grundstück darf auch jederzeit zum Zwecke der Unterhaltung oder auch der Erweiterung der Leitung betreten werden. Dieses Recht ist als Grunddienstbarkeit im Grundbuch eingetragen und meistens mit Bau- oder Nutzungsbeschränkungen verbunden.

Die oberirdischen und unterirdischen Leitungen werden durch Streifen unterschiedlicher Größe geschützt, wobei dann im allgemeinen Baubeschränkungen bis hin zum Bauverbot innerhalb dieses Schutzstreifens bestehen. Dessen Breite beträgt bei unterirdischen Leitungen oft bis zu 10 Meter, bei oberirdischen bis zu 100 Meter.

Die Wertminderung richtet sich nach dem wirtschaftlichen Nachteil bei einer Bebauung und kann nur im Einzelfall genau ermittelt werden. Wenn durch besonders ungünstige Lage des Schutzstreifens die Bebaubarkeit praktisch unmöglich ist, so verliert das Grundstück seine Qualität als Bauland.

Nachfolgende Ergebnisse empirischer Untersuchungen können einen Anhaltspunkt für die mögliche Größenordnung der Wertminderung der vom Schutzstreifen bedeckten Grundstücksfläche in Prozent des örtlichen unbelasteten Bodenwertes sein:

	Wohn-grundstücke	Gewerbe-grundstücke
Unwesentliche Beeinträchtigung	10-30 %	10-20 %
Teilweise eingeschränkte Nutzungsmöglichkeit	30-70 %	20-55 %
Stark eingeschränkte Nutzungsmöglichkeit	70-80 %	55-80 %

7.9 Die Reallast

Eine Reallast ist eine Belastung des Grundstücks mit wiederkehrenden Leistungen, wobei der Berechtigte gegen jeden Grundstückseigentümer einen persönlichen Anspruch auf diese Leistungen hat. Wie bei den Grundpfandrechten (Hypotheken, Grundschulden, Rentenschulden) sind bei den Reallasten Leistungen "aus dem Grundstück" zu entrichten, und zwar Leistungen jeder Art. So sichern Hypotheken und Grundschulden Kapitalzahlungen (Tilgung, Zinsen und Nebenleistungen), Reallasten sichern regelmäßig wiederkehrende Leistungen (zum Beispiel: Rentenschulden). Gegenstand einer Reallast sind Leistungen oder Handlungen, nicht aber Unterlassungen. Diese Leistungen müssen ursächlich in Beziehung zum Grundstück stehen. Die Leistungen müssen in Geldforderungen umwandelbar sein; sie brauchen zwar *nicht fest bestimmt* sein, müssen *aber bestimmbar* sein. Dabei sind viele Arten von wiederkehrenden Sachleistungen denkbar, wie beispielsweise:

- Lieferung von Gütern oder Energie
- Erbringen von Dienstleistungen
- Erhalt eines bestimmten Zustands des Grundstücks
- Unterhalts- oder Rentenzahlungen

Da die Belastung in Geld umwandelbar ist, läßt sich relativ leicht der Barwert dieser Summe ermitteln, welcher dann vom (unbelasteten) Verkehrswert abgezogen wird.

7.10 Die Baulast

Baulasten sind öffentlich-rechtliche Verpflichtungen, die von einem Grundstückseigentümer oder einem Erbbauberechtigten gegenüber der Bauaufsichtsbehörde abgegeben werden. Oftmals wird die Übernahme einer Baulast bei der Genehmigung von Bauvorhaben oder von Grundstücksteilungen gefordert. Die Bauordnungen der Bundesländer (außer Bayern) beinhalten nahezu einheitliche Bestimmungen. In § 78 der Landesbauordnung Nordrhein-Westfalen ist beispielsweise geregelt:

(1) Durch Erklärung gegenüber der Bauaufsichtsbehörde kann der Grundstückseigentümer öffentlich-rechtliche Verpflichtungen zu einem sein Grundstück betreffenden Tun, Dulden oder Unterlassen übernehmen, die sich nicht schon aus öffentlich-rechtlichen Vorschriften ergeben (Baulast). Baulasten werden unbeschadet der Rechte Dritter mit der Eintragung in das Baulastverzeichnis wirksam und wirken auch gegenüber dem Rechtsnachfolger.

(2) Die Erklärung nach Absatz 1 bedarf der Schriftform; die Unterschrift muß öffentlich beglaubigt oder vor der Bauaufsichtsbehörde geleistet oder von ihr anerkannt werden.

(3) Die Baulast geht durch schriftlichen, im Baulastverzeichnis zu vermerkenden Verzicht der Bauaufsichtsbehörde unter. Auf Antrag des Grundstückseigentümers ist der Verzicht zu erklären, wenn ein öffentliches Interesse an der Baulast nicht mehr besteht.

(4) Das Baulastverzeichnis wird von der Bauaufsichtsbehörde geführt. In das Baulastverzeichnis können auch Auflagen, Bedingungen und Widerrufsvorbehalte eingetragen werden.

(5) Wer ein berechtigtes Interesse darlegt, kann in das Baulastverzeichnis Einsicht nehmen oder sich Abschriften erteilen lassen.

Die tatsächliche (durch die Baulast eingeschränkte) Nutzungsmöglichkeit muß im Einzelfall festgestellt werden. Schwerwiegende nutzungseinschränkende Baulasten können dabei sein:

- Übernahme von Abstandsflächen
- Übernahme von Zahlungsverpflichtungen
- Verpflichtung zur Erstellung von Anlagen
- Einräumung von Zuwegungsrechten und Grenzabständen

Mit einer Baulast kann also die Nutzungsmöglichkeit eines Grundstücks erheblich beeinträchtigt sein. Zur Bewertung kann nur die generelle Regel aufgestellt werden, daß der *wirtschaftliche Nachteil möglichst exakt ermittelt* werden muß.

8. Ermittlung von Mieten und Pachten

Das nebenstehende Beispiel veranschaulicht deutlich die immense Auswirkung der Miete auf den Ertragswert. Ein Einfamilienhaus, welches zu 7 DM/qm Wohnfläche monatlich vermietet ist, steht mit 276.000 DM im Ertragswert. Jede 0,50 DM/qm Mieterhöhung lassen den resultierenden Ertragswert um mehr als 20.000 DM steigen!

Miete (DM/qm)	Ertragswert (1.000 DM)
7,0	276
7,5	298
8,0	319
8,5	340
9,0	362
9,5	383
Einfamilienhaus	

8.1 Kernpunkte

Liegen bei der Ertragswertberechnung keine Miet- bzw. Pachtwerte vor oder zweifeln Sie die Ihnen angegebenen an, so müssen Sie diese selbst ermitteln. Im § 17 der Wertermittlungsverordnung sind wesentliche Kernpunkte zur Ermittlung des Rohertrags festgelegt:

(1) Der Rohertrag umfaßt alle bei ordnungsgemäßer Bewirtschaftung und zulässiger Nutzung nachhaltig erzielbaren Einnahmen aus dem Grundstück, insbesondere Mieten und Pachten einschließlich Vergütungen. Umlagen, die zur Deckung von Betriebskosten gezahlt werden, sind nicht zu berücksichtigen.

(2) Werden für die Nutzung von Grundstücken oder Teilen eines Grundstücks keine oder vom üblichen abweichende Entgelte erzielt, sind die bei einer Vermietung oder Verpachtung nachhaltig erzielbaren Einnahmen zugrunde zu legen.

Kernpunkte zur Ermittlung des Rohertrags

1. Es muß eine *zulässige* Nutzung gegeben sein.
2. Die Einnahmen müssen *nachhaltig* erzielbar sein.
3. Es wird von den um die Einnahmen zur Deckung von Betriebskosten *geminderten Roheinnahmen* ausgegangen.
4. Liegen keine Werte über die Einnahmen vor oder weichen die Einnahmen von den üblichen ab, so sind *Vergleichswerte* heranzuziehen.

Im ersten Kernpunkt wird auf die vertraglich vereinbarte Nutzung abgestellt. Diese ist daraufhin zu prüfen, ob sie auch rechtlich zulässig ist. Man geht davon aus, daß nur eine vertraglich vereinbarte, rechtlich zulässige Nutzung auf Dauer ausgeübt werden kann.

Der zweite Kernpunkt ist auch einleuchtend. Einnahmen sind beispielsweise nur unter Vorbehalt als nachhaltig erzielbar anzusehen, wenn befristet an Diplomaten oder an nahe Familienangehörige vermietet wird. Unter dem Aspekt der Nachhaltigkeit ist auch stets zu untersuchen, ob zum einen Mietminderungen oder Betriebskostenkürzungen wegen Mängeln bereits erfolgt oder zu erwarten sind und ob zum anderen insbesondere Einnahmensteigerungen durch Mieterhöhungen nach Vorschriften des Miethöhegesetzes zulässig und beabsichtigt sind.

Beachten Sie also bei der Überprüfung auf Nachhaltigkeit die Möglichkeiten einer Einnahmesteigerung durch Mieterhöhung. Auf diesen besonders wichtigen Aspekt gehen wir im folgenden Abschnitt zusammenfassend ein.

Der dritte Kernpunkt ist ebenfalls einleuchtend. Umlagen zur Deckung der in dem sogenannten Betriebskostenkatalog aufgeführten Betriebskosten (Anlage 3 zu § 27 der II. Berechnungsverordnung, identisch mit Anlage zu § 1 der Betriebskostenumlage-Änderungsverordnung in den neuen Bundesländern) sind als "durchlaufende Posten" ein Inkassodienst der Hausverwaltung. Derartige Zahlungen werden jährlich mit den angefallenen Kosten verrechnet. Sie beeinflussen deshalb die Ertragswertberechnung bei den Bewirtschaftungskosten nicht. Dies gilt jedoch nur, wenn tatsächlich eine Umlage dieser Kosten vereinbart ist oder aufgrund schlüssigen Verhaltens praktiziert wird. Vielfach sind nämlich Pauschalen für einzelne Betriebskostenarten oder gar für die gesamten Betriebskosten vereinbart. Dann muß der Vermieter die Kosten tragen und der Mieter nur die Pauschalsummen zahlen. Lediglich bei den Heizkosten ist, wenn die Voraussetzungen der Heizkostenverordnung vorliegen, eine Kostenumlage vorgeschrieben.

Der vierte Kernpunkt ist das eigentliche Problem. Es stellt sich die Frage, wie Vergleichsmieten ermittelt werden und daraus ein Mietwert für das zu begutachtende Objekt berechnet wird.

8.2 Mieterhöhung

Bei der Überprüfung der Nachhaltigkeit von Mieten muß also als erstes untersucht werden, ob eine Mieterhöhung zulässig und beabsichtigt ist. Als wesentliche Voraussetzungen für eine Erhöhung nach § 2 des Miethöhegesetzes sind dabei zu beachten:

- Es darf keine Vereinbarung bestehen, daß eine Erhöhung ausgeschlossen ist. Dies kann sich aus einem ausdrücklich vereinbarten Mieterhöhungsausschluß oder einem "konkludenten" Ausschluß (bestimmte Formen befristeter Mietverhältnisse oder sonstige Umstände) ergeben.
- Es darf in den vergangenen 12 Monaten keine Erhöhung durchgeführt worden sein. Ausgenommen sind dabei die nachstehend erläuterten Erhöhungen nach §§ 3 bis 5 des Miethöhegesetzes.

- Die sogenannte ortsübliche Vergleichsmiete darf nicht überschritten werden. Diese ist oft in einem Mietspiegel dokumentiert; darauf wird noch detaillierter eingegangen.
- Erhöhungen dürfen innerhalb von drei Jahren 30 Prozent insgesamt nicht überschreiten.

Eine besondere Form der Mieterhöhung liegt vor, wenn sie durch Modernisierungen nach § 3 des Miethöhegesetzes begründet wird. Dann ist eine Erhöhung um 11 Prozent des berücksichtigungsfähigen Modernisierungsaufwands möglich.

Die Erhöhungsmöglichkeit nach § 4 des Miethöhegesetzes hat allerdings bei der Ertragswertermittlung kaum Bedeutung, da es sich um eine Vorschrift zur Erhöhung von Betriebskostenumlagen handelt.

Dagegen kann die Vorschrift in § 5 des Miethöhegesetzes wichtig sein, wenn Kapitalkostenerhöhungen erfolgen, die den Vermieter berechtigen, den erhöhten Zinssatz auf den Mieter umzulegen. Sollte nach einer solchen Mieterhöhung der Kapitalzinssatz später sinken, besteht aber auch die Verpflichtung, die Erhöhung entsprechend, höchstens jedoch bis zum Ausgangsbetrag, zu senken.

Mieterhöhungen können auch schon bei Vertragsabschluß durch die sogenannte Staffelmiete nach § 10 des Miethöhegesetzes vereinbart worden sein. Liegt eine wirksame Staffelmietvereinbarung vor, so kann jedoch die Erhöhungsmöglichkeit auch begrenzt sein, wenn nämlich die Staffelmiete niedriger als die ortsübliche Vergleichsmiete ist.

8.3 Vergleichsverfahren

Grundprinzip einer Mietwertermittlung bei freifinanziertem Wohnraum ist der Vergleich des vorliegenden Objekts mit Objekten, für die Mietwerte bekannt sind. Um jedoch überhaupt eine Vergleichbarkeit herstellen zu können, müssen alle Objekte zunächst durch einheitliche Merkmale beschrieben sein, wie zum Beispiel:

Vergleichsmerkmale

- Art und Beschaffenheit
- Größe
- Ausstattung
- Lage
- Besonderheiten

Die möglichen Beschreibungen innerhalb eines jeden Merkmals müssen dabei für jedes Objekt zueinander passen. Es nützt zum Beispiel nichts, wenn Vergleichsobjekte bezüglich des Merkmals "Lage" nur in "normal" und "gehoben" eingestuft sind und das zu begutachtende Objekt eine Villa mit Park in bester Vorortlage ist. Ist Ihnen ein solcher Objektvergleich mangels vergleichbarer Merkmale nicht möglich, benötigen Sie fachkundige Hilfe. In diesem Fall sollten Sie sich an einen Sachverständigen wenden, der sich mit Gutachten auf dem Gebiet "Mieten für Grundstücke und Gebäude" beschäftigt. Er arbeitet für jedes Merkmal mit den Beschreibungen, die sich so oder in ähnlicher Form in einer Reihe von Mietspiegeln verschiedener deutscher Großstädte wiederfinden:

Art und Beschaffenheit: Diese beiden Merkmale lassen sich in der Praxis nicht trennen. Erfaßt wird, ob es sich um ein Einfamilienhaus, ein Einfamilienhaus mit Einliegerwohnung oder ein Mehrfamilienhaus handelt. Ferner, ob es ein reines Wohngebäude ist oder das Gebäude ganz oder teilweise gewerblich genutzt wird.

Hierzu zählt zum Beispiel auch, ob es sich um einen Altbau oder einen Neubau (errichtet nach dem 20.6.1948) handelt und welches Baujahr vorliegt. Zur Bewertung ist eine Eingruppierung in die jeweilige Baujahrsgruppe erforderlich. Ganz allgemein gilt, daß je jünger das Baujahr, desto höher die Miete pro Quadratmeter der Wohnfläche ist. Ist kein Mietspiegel vorhanden, werden unter diesen Merkmalen auch die Bauweise des Gebäudes (freistehendes Haus,

Doppelhaus, Reihenhaus), Anzahl, Aufteilung, Größe und Zuschnitt der einzelnen Räume der Wohnung, die Stellmöglichkeiten in den Zimmern sowie die funktionsgerechte Gestaltung des Wohnungsgrundrisses erfaßt. Hinzu kommen Aspekte wie Belichtung, Belüftung und Orientierung der Wohnung und der optische Eindruck, der Erhaltungszustand und die Sauberkeit des Hauses.

Größe: Wir betrachten zunächst eine Wohnfläche von etwa 80 bis 120 qm Wohnfläche als Vergleichsstandard. Übergrößen werden mit Abschlägen, Untergrößen mit Zuschlägen versehen. Dies geschieht deshalb, weil im allgemeinen die Miete pro Quadratmeter um so niedriger liegt, je größer die Fläche ist.

Bei Balkonen, sogenannten Freisitzen (Terrassen), Loggien, Veranden und Wintergärten gilt, daß diese Flächenanteile für Mieterhöhungen individuell je nach der Nutzbarkeit der Flächen errechnet werden müssen. Nach einem Rechtsentscheid ist bei einem Mieterhöhungsverlangen diese Fläche nicht schematisch, sondern nach den Umständen des Einzelfalls zu bewerten, wonach der Flächenanteil je nach seinem Wohnwert gar nicht oder in guten Lagen um bis zu einem Viertel und in Ausnahmefällen bis zur Hälfte als Höchstmaß angesetzt werden kann. Sicherheitshalber sollten Sie höchstens ein Viertel als Anteil der Fläche ansetzen.

Liegt Ihnen keine Wohnflächenberechnung vor, kann diese möglicherweise bei Neubauten oder bei nach dem Krieg umgebauten Gebäuden aus der beim örtlichen Bauamt eventuell noch vorhandenen Bauakte entnommen werden.

Ausstattung: Die Ausstattung einer Wohnung oder eines Hauses wird in der Regel durch die Art und den Umfang der sanitären Anlagen und der Heizungsanlagen gekennzeichnet. Eine besondere Ausstattung von Wohnungen liegt vor, wenn zum Beispiel:

- moderne Aluminium-, hochwertige Holz- oder Kunststoff-Fenster und -Türrahmen
- Spezialverglasung
- ein außergewöhnlich guter Fußboden
- ein separates WC oder ein Zweitbad oder eine separate Dusche
- ein Aufzug etc.

vorhanden sind. Je nach Feststellung dieser und verwandter Merkmale wird die Ausstattungsqualität ermittelt. In verschiedenen Mietspiegeln finden Sie die besonderen Ausstattungsmerkmale auch als Einzelzuschläge oder unter "Besonderheiten" aufgeführt.

Lage: Als einfache Wohnlage werden Wohnungen und Häuser an Straßen ohne Bepflanzung, mit starkem Verkehrsaufkommen, mit starken Beeinträchtigungen durch Geräusch-, Geruchs- und Staubbelästigungen, in abgelegener Wohngegend ohne nahegelegene öffentliche Verkehrsmittel und Einkaufsmöglichkeiten zur Deckung des täglichen Bedarfs eingestuft.

Die meisten Wohnungen liegen in mittleren Wohnlagen ohne besondere Vor- und Nachteile.

Als gute Wohnlagen sind Stadtgebiete anzusehen, die sich durch aufgelockerte Bebauung, Gärten, Bepflanzung an den Straßen, wenig Verkehrsaufkommen, gute Einkaufsmöglichkeiten und Verkehrsanbindungen und keine Beeinträchtigungen des Wohnens durch starke Immissionen auszeichnen.

Sehr gute Wohnlagen sind reine Wohngebiete, die in extremem Maße die Voraussetzungen der guten Wohnlagen erfüllen und sich durch weitläufige Grünflächen und Gärten sowie Bebauung im großen Umfang von anderen Wohngebieten abheben. Bei sogenannten Adressenlagen in Sinne von weit herausragenden, sehr guten Wohnlagen sind je nach Einzelfall weitere Zuschläge bis maximal 10 Prozent auf die Einstufung in die sehr gute Wohnlage möglich.

Besonderheiten: Inwieweit durch *Modernisierungen* die zu berücksichtigende Altersklasse eines Objektes anzupassen ist oder diese Maßnahmen über einen Modernisierungszuschlag erfaßt werden müssen, läßt sich nicht generell beantworten. Im Einzelfall ist zu ermitteln, in welchem Umfang durch die Modernisierungsmaßnahmen von dem jeweiligen baujahrsbezogenen Ausstattungsstandard abgewichen wurde. Bewertungssystematisch können diese Maßnahmen dann, insbesondere wenn sie nach und nach in mehreren Abschnitten erfolgten, im Vergleich zwischen Baualtersstandard und dem in einer jüngeren Altersklasse üblichen Ausstattungsstandard beurteilt werden. Liegt als Folge der Modernisierung ein deckungsgleicher Standard mit einer der höher zu bewertenden Baualtersklassen vor, kann die Einordnung in diese Klasse erfolgen. Ist dies nicht vollständig der Fall, sind (ausgehend vom Ursprungsstandard oder der zu berücksichtigenden Altersklasse) separate Zuschläge zu bilden, mit denen der Umfang der Modernisierungsmaßnahmen und deren Auswirkungen auf die Mietsache zu erfassen sind.

Eine weitere Besonderheit ist das sogenannte *Appartement*. Hierunter ist eine abgeschlossene Einzimmerwohnung zu verstehen, die Wohn-/Schlafzimmer mit Kochnische mit separatem Bad oder Dusche sowie WC aufweist. Derartige Wohnungen haben in der Regel eine vergleichsweise geringe Wohnfläche; Zuschläge aufgrund dieser geringen Wohnfläche sind deshalb vorzunehmen. Zu den Appartementwohnungen werden auch die 1 1/2-Zimmerwohnungen (Wohnzimmer mit Schlafnische), gelegentlich auch die Zweizimmer-Kleinwohnungen (Küche anstelle von Kochnische) gezählt. Als *mietvertraglich* vereinbarte Besonderheiten gelten Belastungen, Einschränkungen oder besondere Vorteile. Hinzu kommen *sonstige Besonderheiten*, die durch keine bisherige Beschreibung erfaßt wurden.

Da Mietwerte für freifinanzierten Wohnraum mit Hilfe von Mieten geeigneter Vergleichsobjekte zu ermitteln sind, hat der Gesetzgeber Städte und Gemeinden aufgefordert, derartige Vergleichsmieten zu erheben, aufzubereiten und als sogenannte "Mietspiegel" oder "Mietrichtwert-Tabellen" zu publizieren, wobei dies in der Regel im Konsens mit den örtlichen Interessengruppen (Mietervereine und Grundbesitzervereine) erfolgt. Auf den folgenden Seiten finden Sie eine derartige Mietrichtwert-Tabelle.

Ordnungsgemäß aufgestellte Mietspiegel beinhalten die ortsübliche Vergleichsmiete zum Zeitpunkt der Erfassung. Sie sind in den einzelnen Kommunen recht unterschiedlich aufgebaut; die wesentlichen Vergleichsmerkmale finden sich aber immer darin wieder.

Oft liegt jedoch kein Mietspiegel für den Ort des zu begutachtenden Objekts vor. Sie können dann die Mietspiegel vergleichbarer Orte anwenden. Ist dies nicht möglich, haben Sie hilfsweise auch die Möglichkeit, auf Mietspiegel anderer Nachbarorte auszuweichen, müssen jedoch die dortigen Mietspiegel entsprechend begründet anpassen.

Mietrichtwert-Tabelle

für die Landeshauptstadt Düsseldorf

erstellt von

Verein Düsseldorfer Haus-, Wohnungs- und Grundeigentümer e. V.

Mieterverein Düsseldorf e. V.

I. Allgemeines

Die Tabelle für Düsseldorf ist eine Orientierungshilfe nach § 2 des Gesetzes zur Regelung der Miethöhe, die den Vertragspartnern die Möglichkeit bieten soll, im Rahmen ortsüblicher Entgelte eigenverantwortlich die Miethöhe für **Altbau- und freifinanzierte Wohnungen** zu vereinbaren.

Die Tabellenwerte sind Grundlage für die Berechnung der Netto-Mieten bei Überlassung leeren Wohnraumes einschl. aller Kosten außer den Betriebskosten im Sinne des § 27 II. BV n. F.; ebenfalls nicht enthalten sind die Kosten für Schönheitsreparaturen.

Die Tabellenwerte verstehen sich in DM pro qm Wohnfläche monatlich. Die anrechenbare Wohnfläche ist nach den Bestimmungen der II. BV zu ermitteln. Für Appartements und Großwohnungen sind Zu- bzw. Abschläge vorzunehmen.

Für **Appartements,** das sind abgeschlossene Wohnungseinheiten, die innerhalb der Wohnung eine Küche oder Kochnische und ein Bad/Dusche sowie eine Toilette aufweisen, erfolgt bis zu einer Wohnfläche von 20 qm ein Zuschlag von 30%, der sich gleichmäßig pro qm bis zu einer Wohnfläche von max. 45 qm auf 5% verringert.

Bei **Großwohnungen** von 100 bis 106 qm erfolgt ein Abschlag von 3%, darüber hinaus je weitere angefangene 6 qm ein Abschlag von 1%, und zwar bis max. 20%.

Weitergehende Zuschläge kommen in Betracht für Wohnungen in bester Lage bzw. mit besonders aufwendiger Ausstattung; weitergehende Abschläge für Wohnungen in besonders ungünstiger Lage bzw. mit sehr einfacher Ausstattung (z. B. Toilette außerhalb der Wohnung).

II. Die Tabelle

In der senkrechten Gliederung ist das **Baujahr** und die **Lage der jeweiligen Wohnung** und in der waagerechten Gliederung die **Ausstattung und Beschaffenheit** erfaßt.

Die Beschaffenheit der Wohnung und des Hauses wird innerhalb der Bandbreiten bei den einzelnen Werten berücksichtigt.

Schutzgebühr **5,— DM**

1. Kriterien zur Bestimmung der Wohnlage

a) Einfache Wohnlage:
Wohnungen in Straßen ohne Bäume und Gärten, starker Verkehr, Beeinträchtigungen des Wohnens durch Handwerks- und Gewerbebetriebe (Mischgebiete) usw., Lärm-, Staub- und Geruchsbelästigungen, das Fehlen von Frei- und Grünflächen, abgelegene Wohngegend, keine öffentlichen Verkehrsmittel bzw. Einkaufsmöglichkeiten in der Nähe.

b) Mittlere Wohnlage:
Die meisten Wohnungen innerhalb des Stadtgebietes liegen in mittleren Wohnlagen, d. h. Normalwohnungen ohne besondere Vor- und Nachteile.

c) Gute Wohnlage:
Wohnungen in Gebieten mit aufgelockerter Bebauung, Baumbepflanzung an den Straßen bzw. Gärten, im wesentlichen nur Anliegerverkehr, gute Einkaufsmöglichkeiten, das Wohnen nicht beeinträchtigende Einrichtungen, günstige Verbindungen zur Innenstadt mit öffentlichen Verkehrsmitteln.

2. Ausstattung und Beschaffenheit, soweit vom Vermieter erbracht

a) Zentrale Beheizung
Darunter ist jede Heizungsart zu verstehen, bei der die Wärme oder Energieversorgung von einer zentralen Stelle erfolgt. Neben den üblichen Zentral- und Etagenheizungen gehören u. a. hierzu Ölöfen, die an eine zentrale Ölversorgung angeschlossen sind, desgleichen Gas-Etagenheizungen und Elektro-(Nacht-)Speicheröfen (keine Heizlüfter).

b) Bad/Dusche
Unter Bad ist ein besonderer Nebenraum der Wohnung zu verstehen, in dem sich eine Badewanne mit Warmwasserversorgung, ein Waschbecken und evtl. ein WC befindet. Der Badewanne gleichzusetzen ist eine Dusche normaler Größe, die fest installiert ist.

3. Wertermittlung

Das Baualter einer Wohnung kann nicht schematisch berücksichtigt werden. Eine durch Ausbau oder Erweiterung geschaffene oder umfassend erneuerte Wohnung kann u. U. der Baualtersgruppe zugeordnet werden, in der die Maßnahmen durchgeführt wurden. Bei der Zuordnung innerhalb der Bandbreiten sind u. a. folgende Punkte zu berücksichtigen:

a) Erhaltungszustand des Hauses und der Wohnung
b) Größe der Wohnung, Grundriß und Lage innerhalb des Hauses
c) Qualität der Beheizung, des Bades, der Sanitär- und Elektroinstallationen
d) Vorhandensein eines Personenaufzuges Zuschlag 0,30 DM/qm
e) Vorhandensein von Isolierglasfenstern in der gesamten Wohnung Zuschlag 0,55 DM/qm für die Baujahre bis einschl. 1976
f) Vorhandensein eines Kabelanschlusses Zuschlag 0,10 DM/qm

Bei Anwendung der Zuschläge kann auch der Höchstwert der Bandbreite überschritten werden.

Mietrichtwert-Tabelle Düsseldorf – Stand 1. März 1993 – (wird jährlich fortgeschrieben)

Baujahr	Wohnlage	Ausstattung und Beschaffenheit		
		ohne zentrale Beheizung ohne Bad/Dusche mit WC	**ohne zentrale Beheizung mit Bad/Dusche oder mit zentraler Beheizung ohne Bad/Dusche**	**mit zentraler Beheizung und mit Bad/Dusche**
bis 1948	einfache	3,90 - 4,80	5,15 - 6,35	6,35 - 8,15
	mittlere	4,55 - 5,55	5,90 - 7,20	7,40 - 9,40
	gute	5,10 - 6,20	6,65 - 8,15	8,45 - 10,65
1949 - 1960	einfache	4,25 - 5,25	5,30 - 6,50	6,60 - 8,40
	mittlere	4,85 - 5,95	6,05 - 7,35	7,65 - 9,65
	gute	5,20 - 6,40	6,85 - 8,35	8,65 - 10,95
1961 - 1969	einfache	—	5,65 - 6,95	7,25 - 9,25
	mittlere	—	6,40 - 7,80	8,30 - 10,50
	gute	—	7,15 - 8,75	9,35 - 11,75
1970 - 1976	einfache	—	—	8,35 - 10,55
	mittlere	—	—	9,30 - 11,70
	gute	—	—	10,25 - 12,85
1977 - 1985	einfache	—	—	9,90 - 12,40
	mittlere	—	—	10,85 - 13,55
	gute	—	—	11,75 - 14,75
1986 - 1989	einfache	—	—	12,00 - 15,00
	mittlere	—	—	12,90 - 16,10
	gute	—	—	14,25 - 17,75

Haben Sie mindestens drei passende Vergleichsobjekte selbst "in der Schublade", so können Sie auch diese verwenden, sogar vergleichbare Objekte, die Sie selbst vermieten! Achten Sie jedoch stets darauf, daß die Objekte grundsätzlich vergleichbar sind!

Diese geforderte *Grundvergleichbarkeit* der Objekte besteht darin, daß in jedem Merkmal die Beschreibungen nicht oder nur unwesentlich voneinander abweichen.

Dabei gilt es für Mietspiegel immer, folgendes zu beachten: Ein Mietspiegel für frei finanzierten Wohnraum soll als eine Art Richtlinie zur Ermittlung ortsüblicher Vergleichsmieten dienen. Er soll nicht älter als zwei Jahre sein. Er soll den Vertragspartnern eine Orientierungsmöglichkeit bieten, um in eigener Verantwortung die Miethöhe je nach Merkmalen der Wohnung oder des Gebäudes zu vereinbaren.

Die Angaben des Mietspiegels geben Mietpreise in bestimmten Wohnlagen zu einem bestimmten Stichtag wieder. Um die Zeit, die zwischen dem Zeitpunkt der Veröffentlichung und dem der Mietanpassung liegt, auszugleichen, sind sie mit einem geeigneten Index auf den Bewertungsstichtag umzurechnen.

Die tatsächliche örtliche Mietzinsentwicklung spiegelt die im Index veröffentlichte Entwicklung nicht zwangsläufig wider, da in dem Index auch die Mieten aus ländlichen Räumen, wo geringere Steigerungen vorliegen, erfaßt werden, während in städtischen Gebieten wesentlich stärkere, über dem Landesdurchschnitt liegende Erhöhungen zu verzeichnen sind.

Die Mietspiegel beinhalten in der Regel "Netto-Kalt-Mieten", dies bedeutet, daß sie keine Entgelte oder Teilentgelte für Betriebskosten, Schönheitsreparaturen oder Möblierungen enthalten. Das Leitbild bei der Ermittlung von Vergleichsmieten geht davon aus, daß diese Kosten bzw. Leistungen vom Mieter getragen und die Mieträume (ausgenommen Küchenspülen etc.) unmöbliert vermietet werden.

Die umlagefähigen Betriebskosten hatten wir bereits bei der Ertragswertermittlung im Kapitel 4 angesprochen.

Zahlungen für über die Betriebskostenumlage hinausgehende Nebenleistungen können nur unter ganz bestimmten Voraussetzungen erhoben werden, insbesondere nur dann, wenn der Mietvertrag dies ausdrücklich vorsieht. Soweit die vorgenannten Betriebskostenanteile in der vertraglich vereinbarten Miete enthalten sind, müssen die Kosten den im Mietspiegel ausgewiesenen Quadratmeter-Mieten zugeschlagen werden.

Bei Möblierungen ist so vorzugehen, daß ein pauschaler Zuschlag errechnet wird, der sich am Wert der Gegenstände und deren voraussichtlichen Nutzungsdauer bemißt. In diesem Zuschlagsbetrag kann auch die Kapitalverzinsung berücksichtigt werden. Bei einer zehnjährigen Nutzung gilt als "Faustregel", daß 25 Prozent des Neupreises als Möblierungszuschlag verlangt werden können.

Abschließend und zusammenfassend die grundsätzliche Vorgehensweise:

Mietwertermittlung in Einzelschritten

- Die Einordnung des zu begutachtenden Objekts mit gleichzeitiger Anpassung an die Beschaffenheit geschieht bezüglich der Merkmale und ihrer Beschreibungen aus dem Mietspiegel.
- Darauf folgt eine Anpassung auf Größe und Besonderheiten des Objekts.
- Nunmehr wird eine Anpassung auf den Bewertungsstichtag vorgenommen.
- Es kann sich dann noch eine Renditeanalyse anschließen, in der untersucht wird, ob wohnwertverbessernde Maßnahmen voraussichtlich zu einer Ertragssteigerung führen.
- Zieht man mehrere Mietspiegel zur Mietwertermittlung heran, so kann es hilfreich sein, die Anpassung an die Beschaffenheit erst am Schluß vorzunehmen.

Jede andere Vorgehensweise ist genauso korrekt unter der Voraussetzung, daß sie nachvollziehbar und entsprechend begründet ist.

9. Wertermittlung auf Umsatzbasis

9.1 Pachtwerte aus Umsätzen

Häufig kann eine Miete oder Pacht gut aus Umsätzen abgeleitet werden. Manchmal ist sie sogar daran gekoppelt. Dies gilt in der Regel für Gewerbeobjekte wie Hotels, Restaurants oder Kaufhäuser. Darauf gehen wir in den nächsten Abschnitten exemplarisch näher ein.

Die Differenzbetrag zwischen Pachtwert und Umsatz ist dann die Höhe der betriebsbezogenen Kosten einschließlich des Gewinns. Da die Unsicherheit bei einer derartigen Ermittlung des Jahresrohertrages hier jedoch sehr hoch ist, sollten Sie auf jeden Fall eine Plausibilitätsüberlegung mit Vergleichswerten auf der Quadratmeter-Basis anstellen. Solche Vergleichswerte kann man bei den einschlägigen Verbänden einzelner Branchen erhalten.

Eine derartige Rohertragsermittlung kommt einer Unternehmensbewertung nahe, in der neben den *harten* Daten (insbesondere bebaute und unbebaute Grundstücke) auch *weiche* Daten (Ertragskraft des Unternehmens zur Gewinnerzielung) eingehen. Man muß daher darauf achten, daß man den *weichen* Daten nur dann Bedeutung zumißt, wenn die Liegenschaft untrennbar mit der Ertragskraft verbunden ist.

Natürlich ist eine Unternehmensbewertung nicht Ziel der Gutachtertätigkeit. Verfährt man jedoch vorsichtig analog der Prinzipien einer Unternehmensbewertung, so liegen die ermittelten Werte nicht weit auseinander. Der Sachverständige muß demnach auch die Grundsätze einer Unternehmensbewertung kennen, insbesondere, um die Grenzen einer Liegenschaftsbewertung beurteilen zu können. Darauf gehen wir später noch näher ein.

9.2 Hotels und Restaurants

Bei Hotels und Gaststätten kann man den Pachtertrag aus dem Umsatz ableiten. Die Gesamterträge nach Umsätzen aus der Beherbergung und der Restauration werden getrennt erhoben. Die Pachtsätze werden dann in Prozent der Umsätze ermittelt, wobei folgende Erfahrungssätze zugrunde gelegt werden können:

Pachten in Prozent vom Umsatz

▸ für Einnahmen aus Beherbergung	16 – 20 Prozent
▸ für Einnahmen aus Restauration	6 – 10 Prozent

Bei Betrieben mit höherer Qualität orientiert man sich an der Obergrenze, bei geringerer an der Untergrenze.

Zur Ermittlung des Pachtertrags aufgrund der Beherbergung muß vorab ermittelt sein:

- Auslastungsgrad des Hotels: Wie groß ist die Anzahl der tatsächlichen Übernachtungen im Verhältnis zur Anzahl der möglichen Übernachtungen pro Jahr?
- Nutzungsgrad der Zimmer: Ausnutzung der Doppelzimmer als Einzelzimmer
- Betriebstage pro Jahr
- Zimmerpreise (mit Frühstücksanteil)

Den *Rohertrag aus Beherbergung* muß man nun je nach Einzelfall wie folgt ermitteln. Eine Rechnung könnte etwa so aussehen:

Ein Hotel hat 30 Einzelzimmer und 12 Doppelzimmer. Der durchschnittliche Zimmerpreis ist 150 DM für ein Einzelzimmer und 220 DM für ein Doppelzimmer pro Übernachtung mit Frühstück. Der Frühstücksanteil ist 10 DM pro Person; Mehrwertsteuer ist 15 Prozent. Die Doppelzimmer werden zu 45 Prozent als Einzelzimmer vermietet. Der Auslastungsgrad des Hotels liegt bei 65 Prozent. Es wird mit 360 Betriebstagen pro Jahr gerechnet. Dies ergibt dann folgende Rechnung:

	Einzelzimmerumsatz		
	aus 30 Einzelzimmern:		
	(30 x 150 DM x 360 x 0,65)		1.053.000 DM
+	aus 12 Doppelzimmern:		
	(12 x 150 DM x 360 x 0,65 x 0,45)	+	189.540 DM
+	Doppelzimmerumsatz		
	aus 12 Doppelzimmern:		
	(12 x 220 DM x 360 x 0,65 x 0,55)	+	339.768 DM
	Verpflegungsanteil		
–	aus 30 Einzelzimmern:		
	(30 x 10 DM x 360 x 0,65)	–	70.200 DM
–	aus 12 Doppelzimmern:		
	(12 x 10 DM x 360 x 0,65 x 0,45)	–	12.636 DM
–	aus 12 Doppelzimmern:		
	(12 x 20 DM x 360 x 0,65 x 0,55)	–	30.888 DM
=	Gesamtumsatz aus Beherbergung (mit Mehrwertsteuer)	=	1.468.584 DM
Bewertungsrelevanter Umsatz aus Beherbergung (1.468.584 DM/1,15)			1.277.030 DM

Dasselbe Ergebnis hätte man bekommen, wenn die Verpflegungskosten und die Mehrwertsteuer aus dem Zimmerpreis von Anfang an herausgenommen worden wären:

Einzelzimmerpreis netto:	(150 DM – 10 DM)/1,15 =	121,74 DM
Doppelzimmerpreis netto:	(220 DM – 20 DM)/1,15 =	173,91 DM
	(30 x 121,74 DM x 360 x 0,65)	854.614 DM
	+ (12 x 121,74 DM x 360 x 0,65 x 0,45)	+ 153.830 DM
	+ (12 x 173,91 DM x 360 x 0,65 x 0,55)	+ 268.586 DM
	= Bewertungsrelevanter Umsatz aus Beherbergung	= 1.277.030 DM

Für den *Rohertrag aus dem Restaurantbetrieb* ist vorab zu klären:

- Anteil der Hotelgäste am Umsatz (ohne Frühstück)
- durchschnittlicher Umsatz (ohne Frühstück) pro Gast pro Tag

In Fortführung des Beispiels könnte dann die weitere Rechnung etwa so aussehen: Der Anteil der Hotelgäste am Restaurantumsatz (ohne Frühstück) ist 80 Prozent. Der durchschnittliche Umsatz (ohne Frühstück) pro Gast und Tag beträgt 70 DM:

Durchschnittliche Anzahl der Hotelgäste pro Tag		
(30 x 1 x 0,65)	19,5	
+ (12 x 1 x 0,65 x 0,45)	+ 3,5	
+ (12 x 2 x 0,65 x 0,55)	+ 8,6	
= insgesamt	= 31,6	
Durchschnittliche Anzahl aller Gäste pro Tag (31,6/0,8)	39,5	
Umsatz (ohne Frühstück) aller Gäste pro Tag (39,5 x 70)	2.765 DM	
Umsatz (ohne Frühstück) aller Gäste pro Jahr (2.765 DM x 360)		995.400 DM

Umsatz (ohne Frühstück) aller Gäste pro Jahr (2.765 DM x 360)	995.400 DM
+ Frühstücksumsatz pro Jahr (siehe vorstehende Rechnung)	+ 113.724 DM
= Gesamtumsatz aus Restauration pro Jahr (inkl. Mehrwertsteuer)	= 1.109.124 DM
Bewertungsrelevanter Umsatz aus Restauration (1.109.124 DM/1,15)	964.456 DM

Abschließend werden getrennt fiktive Pachtsätze in Prozent von diesen bewertungsrelevanten Umsätzen ermittelt. So gelangt man zum Rohertrag, der in die Ertragswertberechnung gemäß Wertermittlungsverordnung eingeht.

In unserem Beispiel haben wir ein Hotel mit Restaurant mittlerer Qualität. Wir orientieren uns daher an Pachtsätzen von 18 Prozent vom Umsatz für Einnahmen aus Beherbergung und an 8 Prozent vom Umsatz für Einnahmen aus Restauration. Dies ergibt:

Rohertrag aus Beherbergung (0,18 x 1.277.030 DM)	229.865 DM
+ Rohertrag aus Restauration (0,08 x 964.456 DM)	+ 77.156 DM
= gesamter Rohertrag	= 307.021 DM

Wir würden nun mit diesem Rohertrag eine Ertragswertermittlung beginnen.

In der Literatur gibt es eine Reihe von anderen nützlichen Hinweisen zur Ermittlung eines Rohertrags für derartige Betriebe. Unsere Vorgehensweise ist aus der Praxis entstanden und hat sich dort auch bewährt.

9.3 Läden, Kaufhäuser, Märkte

Auch derartige Objekte lassen sich auf Umsatzbasis bewerten. Hier liegen jedoch die Pachtwerte anders:

Lebensmittel, Tabakwaren	1,4 – 2,0
Eisenwaren, Radio und Fernsehen, Foto, Buchhandel, Schreibwaren	2,0 – 3,0
Musikfachgeschäfte, Drogerien, Textileinzelhandel, Schuhe, Tapeten, Parfümerien, Uhren, Gold, Sportartikel, Reformhäuser, Spielwaren	3,0 – 4,0
Blumen, Lederwaren, Glas, Porzellan, Herrenausstatter, Möbel, Teppiche, Baby- und Kinderartikel	4,0 – 5,0

Pachtwerte in Prozent des Umsatzes für Einzelhandelsgeschäfte

Verbrauchermarkt (großflächiger Einzelhandelsbetrieb mit mindestens 1.000 qm Verkaufsfläche): Normalsortiment, das für die Selbstbedienung geeignet ist und rasch umgeschlagen werden kann	1,5 – 2,0
SB-Warenhaus (großflächiger Einzelhandelsbetrieb mit mindestens 3.000 qm Verkaufsfläche): umfassendes Sortiment, das für die Selbstbedienung geeignet ist	2,0 – 2,5
Kaufhaus (Einzelhandelsansammlung "unter einem Dach"): in der Regel gehobener Bedarf	
mit Lebensmittelabteilung	2,8 – 3,2
ohne Lebensmittelabteilung	3,0 – 3,5

Pachtwerte in Prozent des Umsatzes für größere Märke

10. Wertermittlung von Wohnungs- und Teileigentum

10.1 Die besondere Problematik

Es stellt sich – insbesondere in Ballungsräumen – oftmals die Frage nach einer korrekten Bewertung nur eines bestimmten Teils der Liegenschaft. In den meisten Fällen handelt es sich um eine Wohnung oder um ein Geschäft, verbunden mit irgendwelchen Nutzungsrechten an anderen Teilen des Objekts.

Die wesentlichen Besonderheiten sind juristischer, betriebswirtschaftlicher, aber auch technischer Art. Hier müssen besondere Überlegungen angestellt werden, die nachstehend beschrieben und an einem Beispiel illustriert werden.

Rechtsgrundlage

Grundlage ist das Wohnungseigentumsgesetz (WEG). Es unterscheidet *Wohnungseigentum* und *Teileigentum*.

Wohnungseigentum besteht aus zwei Komponenten: zum einen aus dem *Sondereigentum* an einer bestimmten Wohnung und zum anderen aus dem *Miteigentumanteil* an dem gemeinschaftlichen Eigentum. *Teileigentum* besteht aus denselben zwei Komponenten. Es bezieht sich jedoch auf gewerblich genutzte Räume wie Läden, Kanzleien, Arztpraxen etc.

Ein Sonderfall besteht bei gleichzeitigem Wohnungs- und Teileigentum, verbunden mit dem dazugehörenden Miteigentumanteil. In der Bewertungspraxis ist dies gar nicht selten, zum Beispiel bei einem Ladenlokal mit zugehöriger Wohnung, verbunden mit dem Nutzungsrecht an einer gemeinschaftlichen Garage.

Wohnungseigentum

Sondereigentum

- die überlassenen Räume mitsamt den dazugehörenden Bestandteilen
- nichttragende Wände, Wand- und Deckenputz, Bodenbeläge

ist im **alleinigen Eigentum**

Miteigentumanteil

- Teile des Gebäudes, die für Bestand und Sicherheit notwendig sind
- Teile, die gemeinschaftlich genutzt werden
- Boden

ist im **gemeinschaftlichen Eigentum**

sind untrennbar miteinander verbunden,
können nur zusammen beliehen, übertragen und auch *bewertet* werden

Wohnungs- und Teileigentum sind im Grundbuch aufgeführt. Das Sondereigentum und der Miteigentumanteil sind dort auch genau beschrieben.

Betriebswirtschaftliche Probleme

Das Hauptproblem liegt in der umfassenden Bewertung des Sondereigentums und des Miteigentumanteils. Dabei steht die Frage nach dem geeigneten Verfahren im Vordergrund.

Vergleichswertverfahren: Dieses Verfahren ist sicherlich auch bei der Bewertung von Wohnungs- oder Teileigentum das beste, vorausgesetzt, es kann eine hinreichende Vergleichbarkeit zu anderen Objekten hergestellt werden. Dies ist jedoch noch schwieriger als bei der Anwendung des Vergleichswertverfahrens für "ganzheitliche"

Objekte. Es müssen auch die Miteigentumanteile, insbesondere die Mitbenutzungsrechte am gemeinschaftlichen Eigentum, vergleichbar sein, und dies ist in der Praxis so gut wie nie feststellbar. Selten ist der Fall, daß eine Vergleichswohnung in demselben Haus ist und bei der dann auch noch die Vergleichbarkeit des Miteigentumanteils besteht. Wie bei einer Mietwertermittlung wird in der Regel der Wert eines Wohnungs- oder Teileigentums über den Preis pro Quadratmeter berechnet. So lassen sich verschieden große Objekte miteinander vergleichen. Zum Vergleich eignen sich dazu dieselben Merkmale, die wir bereits im Kapitel 8 bei einer Mietwertermittlung herangezogen haben.

Sachwertverfahren: Wie ist es möglich, die Substanz einer Wohnung im Sondereigentum genau von der übrigen Substanz des Hauses zu trennen? Nur in den seltensten Fällen wird dies gelingen.

Beispiel: Ein Haus mit drei Wohnungen in exakt gleicher Ausstattung. Das gemeinschaftliche Eigentum ist der Garten sowie Speicher und Keller. Wenn der eingetragene Miteigentumanteil auch je ein Drittel beträgt, ist der Sachwert einer Wohnung auch ein Drittel des Sachwerts des gesamten Grundstücks. Aber schon, wenn dieser Miteigentumanteil nicht bei allen drei Wohnungen gleich ist, müßten Sie den Sachwert des Hauses aufteilen in Keller, Speicher und Rest.

Das Sachwertverfahren wird daher in aller Regel bei der Bewertung von Wohnungs- und Teileigentum allein schon aus Gründen der mangelnden Praktikabilität ausscheiden.

Ertragswertverfahren: Die Wertigkeit des gesamten Wohnungs- oder Teileigentums – also des Sondereigentums mitsamt seinem untrennbar damit verbundenen Miteigentumanteil – wird am besten durch die Miete oder Pacht zum Ausdruck gebracht.

Da Eigentumswohnungen zum größten Teil als Anlageobjekte gehalten werden und damit auch vermietet sind, läßt sich in der Regel eine Miete unschwer feststellen oder als vergleichbar heranziehen. Es bietet sich demnach das Ertragswertverfahren an.

Bei Teileigentum *muß* das Ertragswertverfahren herangezogen werden, da es sich zweifellos um eine gewerbliche Nutzung handelt.

Technische Probleme

Die Abgrenzung der baulichen Substanz in Sondereigentum und Miteigentum ist das eine Problem. Das andere Problem ist die Abgrenzung der Bewirtschaftungskosten, die zum erheblichen Teil mit der Haustechnik einmal gesamtheitlich entstehen, dann aber nach irgendwelchen Schlüsseln verteilt werden müssen. Meist bestehen hierüber gewisse Vereinbarungen zwischen den Eigentümern, und die im Grundbuch genannten Miteigentumanteile brauchen nicht unbedingt als Schlüssel zu gelten.

Gerade bei der Anwendung des Ertragswertverfahrens ist hier aber eine besonders sorgfältige Recherche notwendig.

10.2 Vorgehensweise

Es kristallisieren sich bei der Bewertung von Wohnungs- und Teileigentum demnach folgende Grundprinzipien heraus:

Bewertungsgrundsätze

- Wohnungs- und Teileigentum sollten mit dem Ertragswertverfahren bewertet werden.
- Das Wohnungs- und Teileigentum wird von seiner Kosten- und Erlösseite her isoliert betrachtet.
- Das Wohnungs- und Teileigentum wird von seinem Bodenwert her mit dem Miteigentumsanteil kalkuliert.

Das nachstehende Beispiel basiert auf einem Haus mit einer Restnutzungsdauer von 80 Jahren, einem Bodenwert von 40.000 DM und festgestelltem Liegenschaftszinssatz von 5,5 Prozent. Das Haus hat drei Eigentumswohnungen mit Bewirtschaftungskosten von jeweils 30 Prozent des Rohertrags. Diese Bewirtschaftungskosten beziehen sich auf das Sondereigentum, also die "eigenen Räume" und den Miteigentumanteil, also den Anteil der "gemeinschaftlichen Räume". Die Wohnungen im einzelnen:

Wohnung	Rohertrag	Miteigentumanteil
A	21.600 DM	30 Prozent
B	24.000 DM	40 Prozent
C	22.800 DM	30 Prozent

*Für die Wohnung **A** ergibt sich folgende Rechnung: Vom Rohertrag werden 30 Prozent Bewirtschaftungskosten, das sind 6.480 DM, abgezogen. Man erhält dann den gesamten Reinertrag von 15.120 DM. Bei einem vorab ermittelten Bodenwert von 40.000 DM entfällt auf diese Wohnung der Anteil von 30 Prozent, das sind 12.000 DM, die sich mit dem Liegenschaftszinssatz von 5,5 Prozent verzinsen und damit einen Bodenanteil von 660 DM ausmachen. Dieser Bodenanteil wird abgezogen. Man erhält dann einen Gebäudereinertrag von 14.460 DM.*

	Rohertrag	21.600 DM	
−	Bewirtschaftungskosten (0,3 x 21.600 DM)	− 6.480 DM	
=	Gesamter Reinertrag	= 15.120 DM	
−	Bodenwertverzinsung (0,3 x 40.000 DM x 0,055)	− 660 DM	
=	Gebäudereinertrag	= 14.460 DM	
	Gebäudeertragswert (17,93 x 14.460 DM)		259.282 DM
+	Bodenwert (0,3 x 40.000 DM)		+ 12.000 DM
=	Ertragswert der Wohnung **A**		= 271.282 DM

Bei einer Restnutzungsdauer von 80 Jahren und einem Liegenschaftszinssatz von 5,5 Prozent gilt der Vervielfältiger von 17,93 und damit errechnet sich der Gebäudeertragswert von 259.282 DM. Dies ist der Ertragswert für das Sondereigentum und den Miteigentumanteil. Abschließend wird der anteilige Bodenwert, also 30 Prozent von insgesamt 40.000 DM, hinzugerechnet.

*Für die Wohnungen **B** und **C** vollzieht sich diese Berechnung in analoger Weise:*

	Rohertrag	24.000 DM	
–	Bewirtschaftungskosten		
	(0,3 x 24.000 DM)	– 7.200 DM	
=	Gesamter Reinertrag	= 16.800 DM	
–	Bodenwertverzinsung		
	(0,4 x 40.000 DM x 0,055)	– 880 DM	
=	Gebäudereinertrag	= 15.920 DM	
	Gebäudeertragswert (17,93 x 15.920 DM)		285.461 DM
+	Bodenwert (0,4 x 40.000 DM)		+ 16.000 DM
=	Ertragswert der Wohnung **B**		= 301.461 DM

	Rohertrag	22.800 DM	
–	Bewirtschaftungskosten		
	(0,3 x 22.800 DM)	– 6.840 DM	
=	Gesamter Reinertrag	= 15.960 DM	
–	Bodenwertverzinsung		
	(0,3 x 40.000 DM x 0,055)	– 660 DM	
=	Gebäudereinertrag	= 15.300 DM	
	Gebäudeertragswert (17,93 x 15.300 DM)		274.344 DM
+	Bodenwert (0,3 x 40.000 DM)		+ 12.000 DM
=	Ertragswert der Wohnung **C**		= 286.344 DM

Häufig wird folgende *falsche* Rechnung aufgemacht, indem man zunächst das gesamte Objekt bewertet und dann die Anteile ermittelt:

	Rohertrag des Grundstücks	68.400 DM	
–	Bewirtschaftungskosten (0,3 x 68.400 DM)	– 20.520 DM	
=	Gesamter Reinertrag des Grundstücks	= 15.960 DM	
–	Bodenwertverzinsung des Grundstücks (40.000 DM x 0,055)	– 2.200 DM	
=	Gebäudereinertrag	= 45.680 DM	
	Gebäudeertragswert (17,93 x 45.680 DM)		819.086 DM
+	Bodenwert		+ 40.000 DM
=	Ertragswert des Grundstücks		= 859.086 DM
	Ertragswertanteil der Wohnung **A** (0,3 x 859.086 DM)	257.726 DM	
	Ertragswertanteil der Wohnung **B** (0,4 x 859.086 DM)	343.634 DM	
	Ertragswertanteil der Wohnung **C** (0,3 x 859.086 DM)	257.726 DM	

Diese Ertragswertanteile werden dann als Ertragswerte des Wohnungs- bzw. Teileigentums angesehen. Bei dieser Rechnung wird jedoch nicht die unterschiedliche Qualität der einzelnen Räume berücksichtigt, was durch die unterschiedlichen Mieten bzw. Pachten pro Prozentpunkt des Miteigentumanteils zum Ausdruck kommt.

A und C wären zu niedrig, B wäre viel zu hoch bewertet worden.

11. Stabilitätstest einer Wertermittlung

Oftmals kann ein ermitteltes Ergebnis durchaus angezweifelt werden, auch wenn methodisch und rechnerisch kein Fehler gemacht wurde. Die Ursache dafür kann zum einen darin liegen, daß der Ermessensspielraum für den Sachverständigen einfach zu groß war. Wenn kein Markt vorhanden ist, es sich also um ein sogenanntes nichtverkehrsfähiges Objekt handelt, und auch die Vergleichbarkeit zu anderen Märkten nur mit Mühe durch einen Analogieschluß hergestellt werden kann, ist zum Beispiel eine argumentativ wohluntermauerte Bodenwertermittlung kaum möglich. Abhilfe kann in solchen Fällen eine *Sensitivitätsanalyse* schaffen.

Andererseits ist eine Bewertung immer schon dann nicht korrekt, wenn nur auf die gegenwärtige Nutzung abgestellt wurde, obwohl abzusehen war, daß diese Nutzung zukünftig nicht mehr gegeben sein wird. Ein Hotel zum Beispiel, das aufgrund veränderter Verkehrsinfrastruktur in Zukunft eine ganz andere Renditesituation haben wird, kann man nicht nach gegenwärtigem Zustand bewerten. Dagegen spricht auch schon der Grundsatz der Nachhaltigkeit. In solchen Fällen ist eine *Renditeprognose* durchzuführen.

11.1 Sensitivitätsanalyse

Alle Eingangsdaten einer Wertermittlung sind mehr oder weniger dem Ermessensspielraum des Bewertenden unterworfen. Wenig Spielraum gibt es sicherlich bei Flächen- und Kubusberechnungen in der Sachwertermittlung, aber schon bei der Auswahl des korrekten Kubuspreises können sehr schnell unterschiedliche Auffassungen zu Tage treten. Streit gibt es mit schöner Regelmäßigkeit über Bodenwerte und über die Anwendung eines korrekten Liegenschaftszinssatzes, aber auch über anzusetzende Mieten und Pachten sowie Bewirtschaftungskosten. Dies insbesondere deswegen, weil man wegen des Grundsatzes der Nachhaltigkeit in die Zukunft "orakeln" muß. Es empfiehlt sich also, schon während der Arbeit an einer Bewertung oft unnötigen Diskussionen vorzubeugen. Dies geschieht dadurch, daß man mit alternativen Eingangswerten mehrere Rechnungen durchführt und auf diese Weise feststellt, wie sensibel das Ergebnis, meistens ist es der Ertragswert, darauf reagiert. Oft stellt man dabei fest, daß das Ergebnis relativ stabil bleibt. Reagiert es aber sensibel, so muß der gewählte Eingangswert besonders intensiv begründet werden.

Liegenschaftszinssätze beeinflussen zum Beispiel den Ertragswert häufig sehr stark, während Bodenwerte oft so gut wie gar keinen Einfluß ausüben. Zur Illustration dazu einige Passagen aus Gutachten der Praxis:

... Zu untersuchen wäre, wie sich alternative Bodenwerte auf den Ertragswert auswirken. Das gleiche gilt für den angesetzten Liegenschaftszinssatz, der bekanntermaßen eine recht sensible Einflußgröße ist. Obwohl für derartige Nutzungen in der Literatur überwiegend 6,5 Prozent empfohlen werden, können wir uns durchaus vorstellen, daß ein etwas geringerer Liegenschaftszinssatz der Situation auch gerecht werden würde, zumal bei derzeitiger Vermietung bzw. gewerblicher Nutzung auf jeden Fall 7 Prozent zu hoch wären.

Bodenwerte	Liegenschaftszinssätze	
	6,0 %	6,5 %
30 DM/qm	138 TDM	135 TDM
50 DM/qm	141 TDM	138 TDM
70 DM/qm	144 TDM	140 TDM

Die obige Tabelle zeigt die Auswirkung des Bodenwerts und des Liegenschaftszinssatzes auf den Ertragswert (in tausend DM). Wir sehen, daß sich der Ertragswert – Eckwerte herausgenommen – grob auf die Bandbreite zwischen 138.000 und 141.000 DM einpendelt. Damit ist dieses prognostizierte Ergebnis hinsichtlich der sensiblen Größen Bodenwert und Liegenschaftszinssatz stabil und vermeidet obergutachterliche Diskussion.

In einem anderen Fall war abzusehen, daß es Streit um den korrekt anzusetzenden Bodenwert geben würde. Der Gutachter hatte mit gesicherten Verfahren einen Wert von 55 DM/qm ermittelt, der Verkäufer zitierte angebliche Vergleichswerte von mindestens 70 DM/qm und der Käufer erheblich weniger, nämlich nur 40 DM/qm. Nachdem beide nachfolgende Passage im entsprechenden Gutachten gelesen hatten, waren sie zwar immer noch von ihrer jeweiligen Wertvorstellung überzeugt, sie hatten aber eingesehen, daß eine weitere Diskussion unnötig sein würde.

... Wir untersuchen noch abschließend, wie Sach- und Ertragswerte auf graduelle Bodenwertänderungen reagieren. Dabei gehen wir von unserem ermittelten Bodenwert von 55 DM/qm aus und berechnen eine Änderung von 15 DM/qm in beiden Richtungen:

Bodenwert	Ertragswert	Sachwert
70 DM/qm	620 TDM	872 TDM
55 DM/qm	616 TDM	868 TDM
40 DM/qm	602 TDM	866 TDM

11.2 Renditeprognose

Stellt man bereits beim Ortstermin fest, daß das Objekt in seiner Situation zum Stichtag der Bewertung entweder vom Zustand oder von der Ertragslage her für keinen Nachfrager interessant ist, machen sowohl der gegenwärtige Sachwert als auch der gegenwärtige Ertragswert keinen Sinn. In solchen Fällen muß, ebenfalls um obergutachterliche Diskussion vorzubeugen, eine zukünftige Situation besonders intensiv in die Überlegungen einbezogen werden.

Mit einer Schätzung der zukünftigen Ertragssituation soll dabei vor allem dem Grundsatz der Nachhaltigkeit entsprochen werden. Häufig geht man folgendermaßen vor:

Die Renditeprognose in Einzelschritten

1. Man ermittelt den *derzeitigen Ertragswert* und vielleicht auch den *Sachwert*.
2. Man stellt dar, daß diese Werte aufgrund besonders genannter Eingangswerte *nicht nachhaltig* sein können. Dies trifft immer schon dann zu, wenn heute bereits ein *verändertes Nutzungskonzept* vorliegt.
3. Man prognostiziert *neue Eingangswerte*, das sind oftmals veränderte zukünftige Erträge und Kosten, aber nach Durchführung von Investitionen auch Kapitaldienste (Zins- und Tilgungszahlungen) sowie verlängerte Nutzungsdauern, und begründet diese besonders intensiv.
4. Man ermittelt dann den *zukünftigen* und damit eher nachhaltigen *Ertragswert* und vielleicht auch den *Sachwert*.
5. Zur *Erhöhung der Prognosesicherheit* sollte in diesem Schritt immer das Instrument der *Sensitivitätsanalyse* hinsichtlich der prognostizierten Werte angewandt werden.
6. Darauf aufbauend wird dann der Verkehrswert abgeleitet, wobei die *zukünftigen Kapitaldienste* (*Zinsen* auf das durchschnittlich geschuldete Kapital und *kalkulatorische Tilgungen* über die Restnutzungsdauer), die zu höheren Erträgen führen, in Ansatz gebracht werden müssen.

Eine derartige Vorgehensweise ist immer in zwei Fällen anzuraten: Zum einen bei Gutachten über einen *Beleihungswert*, wenn ein Kredit aufgenommen wird, um die Liegenschaft zu verändern, zum anderen bei *Nutzungsänderungen*, insbesondere gewerblicher Art, denn diese verändern die Ertrags- und Kostensituation oftmals erheblich. Dazu sehen Sie in der Sammlung von Auszügen aus Gutachten einen Fall aus der Praxis. Es handelt sich um eine Druckerei, die baulich verändert werden mußte.

12. Wertermittlung aus der Unternehmensertragskraft

Wer bebaute und unbebaute Grundstücke bewertet, bewegt sich, insbesondere bei der Wertermittlung von Gewerbeobjekten, immer am Rande einer Unternehmensbewertung. Er muß daher auch das Prinzip derartiger Bewertungen kennen, damit er seine eigentliche Aufgabe, nämlich die Bewertung der dem Unternehmen zugehörigen Grundstücke, korrekt erfüllen kann. Im folgenden wird dargestellt, in welchen Fällen eine Unternehmensbewertung durchgeführt wird, weshalb es keinen objektiven Unternehmenswert geben kann und vor allem, welche Grundprinzipien in jedem Fall gelten.

12.1 Bewertungsfaktoren

Ein Beispiel: Stellen Sie sich vor, Sie sollen eine Kartonagenfabrik zur Vorbereitung und Unterstützung von Kaufverhandlungen bewerten. Was ist dieses Unternehmen wert?

Natürlich hat Ihr Auftraggeber eine ganz andere Preisvorstellung als der jetzige Eigentümer. Vielleicht hat er auch anderes vor, als bisher dort gemacht wurde. Es kann auch sein, daß er andere Möglichkeiten hat, seinen Traum vom eigenen Unternehmertum zu verwirklichen und gar nicht unbedingt auf dieses Objekt angewiesen ist. Vielleicht steht der jetzige Eigentümer aber auch gar nicht unter Druck, verkaufen zu müssen…

Die Parallelen zur Liegenschaftsbewertung sind nicht zu übersehen. Es gibt bei näherem Hinsehen auch keinen objektiven, also aus der Sache heraus eindeutigen Wert eines Unternehmens. Der Wert wird unter anderem ermittelt durch:

Bewertungsfaktoren bei Unternehmen

- Liegenschaften und Anlagen
- finanzielle Ausstattung und Bonität
- derzeitige Marktsituation
- Zukunftserwartungen in der Ertragslage
- Flexibilität hinsichtlich neuer Aufgaben
- vorhandenes Personal

Es gibt in der Unternehmensbewertung "harte" und "weiche" Daten. Harte Daten, zum Beispiel Verkehrswerte von Liegenschaften oder Buchwerte von Anlagen, sind oft, zumindest jeweils für sich isoliert betrachtet, recht zweifelsfrei zu ermitteln. Weiche Daten, zum Beispiel Bonität, Ertragsprognosen oder auch der Firmenname, unterliegen in starkem Maße subjektiven Einschätzungen.

Aber hier liegt schon ein Problem: Auch wenn Sie den Verkehrswert einer Liegenschaft ziemlich exakt ermitteln können, so heißt dies noch lange nicht, daß dieser Wert in gleicher Höhe als Teilwert in die Gesamtbewertung eingehen muß. Andererseits beeinflußt der Unternehmenswert den Wert der Liegenschaft: Wenn eine Liegenschaft nach Bauart, Lage und Ausstattung für einen *bestimmten Unternehmenszweck* errichtet wurde, so ist der *Ertragswert abhängig vom Erfolg* dieses Unternehmens.

12.2 Anlässe und Zwecke

Der Unternehmenswert ist stets nichts anderes als die sachverständige *Prognose des Preises* für das gesamte Unternehmen, das natürlich in seiner Tätigkeit rein gewerblich orientiert ist. Dieser Preis wird daher in erster Linie durch die zukünftig zu erwartenden Einnahmeüberschüsse, also den Ertragswert, bestimmt.

Das zentrale Ziel einer Unternehmensbewertung liegt daher meistens in der Ermittlung dieses Unternehmensertragswerts. Für seine Ermittlung gibt es jedoch, anders als bei der Bewertung von Liegenschaften durch Baugesetzbuch und Wertermittlungsverordnung vorgegeben, keine gesetzlichen Grundlagen; es gibt lediglich hilfreiche Grundprinzipien, klare Aufgabenstellungen für Teilprobleme und Erfahrungshinweise.

Um zunächst einmal diese Grundprinzipien zu verstehen, sollte man sich vorab die unterschiedlichen Bewertungsanlässe und Bewertungszwecke verdeutlichen.

Anlässe für eine Unternehmensbewertung

Beim *Kauf bzw. Verkauf eines gesamten Unternehmens oder von Anteilen* geht der Anbieter in der Regel davon aus, daß das Unternehmen in der bisherigen Weise fortgeführt wird, der Nachfrager jedoch oftmals nicht. Es ist klar, daß der Unternehmenswert für beide unterschiedlich ist. Je nach zukünftiger Nutzung muß dann der Wert der Liegenschaften ermittelt werden.

Bei *Verpachtung* eines Unternehmens ist der Unternehmensertragswert Basis der Pacht. Eine Unternehmensbewertung führt zur korrekten Verhandlungsgrundlage. Die Pacht ist dann Basis des Rohertrags bei Anwendung des Ertragswertverfahrens nach der Wertermittlungsverordnung.

Oft werden *Liegenschaften als Sacheinlage* in ein anderes Unternehmen eingebracht. Dann muß feststellt werden, inwieweit sich das Vermögen des aufnehmenden Unternehmens durch diese Liegenschaft erhöht.

Dies sind die wesentlichen Anlässe, bei denen der Wert einer Liegenschaft direkt auf den Wert des Unternehmens ausstrahlt und umgekehrt.

Zwecke einer Unternehmensbewertung

Jede Bewertung erfüllt einen bestimmten Zweck, der auch oftmals vom Bewertungsanlaß beeinflußt wird:

Der Gutachter ist Berater; er findet die Preisobergrenze für den Nachfrager oder die Preisuntergrenze für den Anbieter heraus. Er ist auch häufig in der Rolle eines "guten Anwalts". Bei Verhandlungen stellt er ein überzeugendes Argumentationspotential für seinen Auftraggeber zusammen. Er kann aber auch schlicht nur die Aufgabe haben, die Realität aus seiner Sicht festzustellen.

Der *Gutachter ist Vermittler*, zum Beispiel im Auftrag von Käufer und Verkäufer gemeinsam, bei der Festsetzung von Abfindungen und Entschädigungen oder Umtauschverhältnissen von Anteilen, die möglicherweise in Liegenschaften bestehen.

Man stellt dann oft fest, daß die Liegenschaften eines Unternehmens völlig falsch bewertet sind. Entweder zu hoch, weil sie wirtschaftlich nicht optimal genutzt sind, oder zu niedrig, wenn ihre Nutzung hinsichtlich des Unternehmenserfolgs besonders günstig ist.

Problembeschreibung im Einzelfall

Man sieht an den Bewertungs*anlässen*, daß jeder Bewertungsfall ein eigenes Schicksal hat und es daher kein allgemeingültiges Verfahren geben kann. Man sieht aber auch an den Bewertungs*zwecken*, daß es für dasselbe Unternehmen, sogar bei demselben Bewertungsanlaß, durchaus verschiedene Werte geben kann, je nach der Rolle des Gutachters. Hinzu kommt, daß eine Bewertung immer zu einem bestimmten Stichtag aufgestellt wird. Dies muß natürlich auch bei der Problembeschreibung im Auftrag deutlich zum Ausdruck kommen. Nur dann ist klar, aufgrund welcher Argumentation der Wert der Liegenschaften im Unternehmenswert ermittelt wurde und später auch nachvollzogen werden kann.

12.3 Grundprinzipien

Obwohl es keine eindeutigen Verfahren gibt und auch jede Bewertung einen Einzelfall darstellt, gibt es hilfreiche Grundprinzipien, die immer zu beachten sind:

Bewertungseinheit: "Die Summe der Teile ist nicht das Ganze." Wichtig ist lediglich, wie das gesamte Unternehmen in der Lage ist, bestimmte Einnahmeüberschüsse zu erzielen. Es kann durchaus sein, daß einzelne wertvolle Teile nur geringe Beiträge dazu leisten, andere vergleichsweise geringwertige Teile jedoch einen sehr großen Beitrag.

Nachhaltigkeit: "Für das Gewesene gibt der Kaufmann nichts." Die Einnahmeüberschüsse müssen nachhaltig sein. Es nützt nichts, wenn in der Vergangenheit oder in der Gegenwart oder auch nur noch in der kurzfristigen Zukunft hohe Einnahmeüberschüsse zu verzeichnen sind. Es muß genau untersucht werden, mit welchem Erfolg und gegebenenfalls welchen anderen Mitteln das Unternehmen in der Zukunft dastehen wird. Hier liegt die große Kunst des Gutachters. Hier liegen auch oft die Welten der einzelnen Interessenten weit auseinander.

Gegenwärtige Ertragslage: Eine Prognose ist nur nach genauer Untersuchung der Vergangenheit und der Gegenwart möglich. Ausgangspunkt sind daher die gegenwärtigen Einnahmeüberschüsse und die bereits vollzogenen oder vor Vollzug stehenden Investitionen, welche die Ertragskraft des Unternehmens in der Zukunft beeinflussen. Besonders untersucht werden muß dabei jedoch, ob diese Maßnahmen in der Zukunft auf jeden Fall greifen oder ob sie nicht etwa von Umständen abhängen, die trotz erfolgversprechender Investitionen zum Mißerfolg führen. Es ist also das gesamte ökonomische, politische und technische Umfeld zu antizipieren.

Abstand vom Vorsichtsprinzip: Der Kaufmann handelt nach dem Prinzip der Vorsicht und vertritt damit nur seine eigenen Interessen. Bei einer Unternehmensbewertung sind jedoch in der Regel Interessensausgleiche vorzunehmen. Insofern wird dieses kaufmännische Prinzip außer Kraft gesetzt.

Beste Verwendung: Das Unternehmen muß in seiner Ertragslage so bewertet werden, als ob es seine Teile in vorteilhaftester Weise verwende. Dies bedeutet, daß nicht unbedingt betriebsnotwendige Teile gesondert erfaßt und bewertet werden, beispielsweise im Hinblick auf einen Verkauf zum Verkehrswert. Dies bedeutet aber auch, daß Teile, die zwar zu Einnahmeüberschüssen beitragen, jedoch auf unrentable Weise, ebenfalls gesondert betrachtet werden müssen. Es könnte nämlich sinnvoller sein, diese anders zu verwenden. Man könnte sie zum Beispiel verpachten und statt dessen nach rentableren Wegen suchen, die denselben Beitrag zum Ertrag leisten.

Glaubwürdige Bewertungsdokumente: Letztlich ist eine Unternehmensbewertung eine Prognose mit all ihren Unwägbarkeiten. Diese sollte auf klare Dokumente der Vergangenheit und der Gegenwart gestützt sein, die geprüft oder wenigstens plausibel sind. Damit wird dann auch die Prognose verläßlicher. Mindestens sollten Jahresabschlüsse, klare Investitionsrechnungen und Marktanalysen vorliegen.

12.4 Unternehmensertragswert

"Das Unternehmen ist so viel wert, wie man aus ihm herauswirtschaften kann." Der Unternehmensertragswert ist also die entscheidende Größe. Seine Ermittlung vollzieht sich dabei grundsätzlich in folgenden Schritten:

1. Schritt: Analyse der Vergangenheit

Zunächst werden die Vergangenheitsdaten aus den vorliegenden Jahresabschlüssen gesammelt. Nicht betriebsnotwendige Vermögensteile werden dabei ausgesondert. Es erfolgt eine Prüfung, ob zwischenzeitlich Umstände eingetreten sind, die vermuten lassen, daß die vergangenen Ergebnisse zukünftig so nicht mehr zu erwarten sind. Derartige Umstände können beispielsweise sein: neue rechtliche Bestimmungen, neue Märkte, neue Konkurrenten oder neue Finanzierungsbedingungen. Derartige Umstände können aber auch rein innerbetrieblich begründet sein, wie zum Beispiel: neue Technologien, neue Organisationskonzepte oder ein neues Management. Die Vergangenheitsdaten werden auf diese Weise auf die Gegenwart bereinigt.

Insbesondere ist zu untersuchen, inwiefern sich möglicherweise die Nutzung der Liegenschaften – und damit ihr Wert – verändert haben.

2. Schritt: Ermittlung der gegenwärtigen Ertragskraft

Unter *Ertragskraft* verstehen wir die Fähigkeit des Unternehmens, *nachhaltig* Einnahmeüberschüsse in einer gewissen Höhe zu erwirtschaften, wobei Einnahmeüberschüsse als Differenz von Einnahmen und Ausgaben definiert sind.

Hier aber liegt schon ein Problem: In der Regel liegen in der Betriebsbuchhaltung lediglich Aufwand und Ertrag vor, nicht jedoch Einnahmen und Ausgaben, die oft auch nicht in der Verursachungsperiode anfallen. Zum Beispiel verursachen Anlagen Ausgaben in der Anschaffungsperiode, Aufwendungen jedoch während der folgenden Nutzungszeit. Aus der vorhandenen Aufwands-Ertrags-Rechnung müssen daher die zukünftigen Einnahmen und Ausgaben durch entsprechende periodengerechte Zuordnung errechnet werden.

3. Schritt: Prognose der zukünftigen Ertragskraft

Die gegenwärtige Ertragskraft basiert auf der Situation des Unternehmens zum Bewertungsstichtag. Grundprinzip ist jedoch auch hier schon, daß das gesamte ökonomische, politische und technische Umfeld soweit antizipiert wurde, wie es aus heutiger Sicht einigermaßen korrekt erscheint.

Man hat also zunächst eine kurzfristige Planungsphase vor sich, in der mit recht gut gesicherten Unternehmensertragswerten gerechnet werden kann. Je weiter jedoch in die Zukunft prognostiziert wird, desto unsicherer werden die Schätzungen. Aus diesem Grunde geht man sinnvollerweise in drei Phasen in Richtung Zukunft:

Phasenschema

1. Phase (etwa 3 Jahre)

Aus der gegenwärtigen Ertragskraft werden *hinreichend verläßliche Einnahmeüberschüsse* abgeleitet.

2. Phase (etwa 5 weitere Jahre)

Man versucht, aus den Erkenntnissen der ersten Phase einen *Trend* abzuleiten. Insbesondere werden Absatz- und Beschaffungsprognosen erstellt und damit die eigenen Investitionsplanungen neu durchdacht. Dies kann dann zu durchaus anderen Schätzungen der Einnahmeüberschüsse als in der ersten Phase führen.

3. Phase (etwa ab dem 9. Jahr)

In der dritten Phase kann ein Einnahmeüberschuß oft nur noch spekulativ ermittelt werden. Anhaltspunkt sollten jedoch die letzten prognostizierten Einnahmeüberschüsse der zweiten Phase sein.

4. Schritt: Ermittlung des Kapitalisierungszinssatzes

"Lieber den Spatz in der Hand als die Taube auf dem Dach." Je weiter ein Einnahmeüberschuß in der Zukunft liegt, desto weniger ist er heute wert. Wieviel weniger er wert ist, hängt dabei entscheidend von der Höhe des *Kapitalisierungszinssatzes* ab.

Man geht bei Unternehmensbewertungen oft von der Durchschnittsrendite inländischer Staatsobligationen zuzüglich eines Aufschlags aufgrund des Unternehmerrisikos aus. Ein anderer Ansatz wäre, die bisherige Rendite des Unternehmens zur Grundlage des Kapitalisierungszinssatzes zu nehmen, indem man den sogenannten *internen Zins* errechnet.

Das Problem der Wahl eines korrekten Kapitalisierungszinssatzes ist sowohl in der Rechtsprechung als auch unter Betriebswirten noch ungelöst. Je nach Bewertungszweck und -anlaß können durchaus unterschiedliche Zinssätze geltend gemacht werden. Auf jeden Fall ist dieser Zins jedoch nicht der Liegenschaftszins.

5. Schritt: Ermittlung des Unternehmensertragswerts

Nachdem die Einnahmeüberschüsse der einzelnen Zukunftsperioden und auch der Kapitalisierungszinssatz wohlbegründet festgestellt sind, ist es nur noch eine vergleichsweise leichte Aufgabe der Finanzmathematik, den Ertragswert zu ermitteln.

Das Grundprinzip ist dabei, jeden Einnahmeüberschuß einzeln auf den Bewertungsstichtag abzuzinsen und die Summe daraus zu bilden. Dafür gibt es eine Reihe von verschiedenen Anwendungen der "Rentenbarwertrechnung". Eine davon könnte so aussehen:

Formel zur Berechnung des Unternehmensertragswerts

i: Kapitalisierungszinssatz
t: Periodenindex von 1 bis 8
E_t: Einnahmeüberschuß in Periode t
E: konstanter Einnahmeüberschuß ab der 9. Periode

$$\text{Ertragswert} = \sum_{t=1}^{8} \frac{E_t}{(1+i)^t} + \frac{E}{(1+i)^9\, i}$$

Bei Anwendung dieser Formel wurde unterstellt, daß die Einnahmeüberschüsse in den ersten acht Perioden (das sind die Phasen 1 und 2 im obigen Phasenschema) unterschiedlich hoch sein können. Ab der neunten Phase werden sie jedoch aufgrund der geringeren Prognosesicherheit als konstant angenommen, um keine Exaktheit vorzutäuschen.

Die Einnahmeüberschüsse der ersten acht Perioden werden einzeln abgezinst und aufaddiert. Ab der neunten Periode gibt es dann eine sogenannte "ewige Rente", deren Wert dann einmalig abgezinst und anschließend auch in den Unternehmensertragswert addiert wird.

Wenn Sie Schwierigkeiten mit dieser Formel haben, lesen Sie das kurze Kapitel über die Grundzüge der Finanzmathematik am Ende dieses Buches.

Ein Beispiel: Die Situation in der bereits kurz erwähnten Kartonagenfabrik wird untersucht, und man gelangt zur folgenden Prognose der Einnahmeüberschüsse in TDM (tausend DM) für die nächsten acht Perioden:

$E_1 = 1.200$	$E_2 = 1.150$	$E_3 = 1.100$	$E_4 = 1.100$
$E_5 = 1.150$	$E_6 = 1.200$	$E_7 = 1.250$	$E_8 = 1.300$

Ab der neunten Periode wird mit konstanten Einnahmeüberschüssen von E = 1.350 gerechnet. Man hält einen Kapitalisierungszinssatz von 9 Prozent für korrekt. Der Unternehmensertragswert ermittelt sich dann nach folgender Rechnung:

$$1.200 \times 0{,}92 + 1.150 \times 0{,}84 + 1.100 \times 0{,}77 + 1.100 \times 0{,}71 +$$
$$1.150 \times 0{,}65 + 1.200 \times 0{,}60 + 1.250 \times 0{,}55 + 1.300 \times 0{,}50 +$$
$$1.350 \times 0{,}46 \times 11{,}11 = 13.402$$

Der Unternehmensertragswert beträgt damit rund 13,4 Mio. DM.

Multiplikatorenmethode ("Praktikermethode")

Eine Vereinfachung der Ertragswertmethode ist es, nicht mit Abzinsungsfaktoren zu rechnen, die auf Kapitalisierungszinssätzen aufbauen, sondern einfach mit Multiplikatoren. *"Das Unternehmen ist ein bestimmtes Vielfaches seines durchschnittlichen Jahresgewinns wert"*, ist dabei die Grundaussage. Kennt ein erfahrener Praktiker seine Branche bestens, so ist diese Vorgehensweise zur überschlägigen Ermittlung des Unternehmenswerts sicherlich nicht zu beanstanden. Der Multiplikator ist dann nichts anderes als der reziproke Wert (Kehrwert) des Kapitalisierungszinssatzes, und die Einnahmeüberschüsse werden, wie oben ab der neunten Periode, als ewige Rente betrachtet.

12.5 Verminderung des Prognoserisikos

Wenn man das Ertragswertverfahren anwendet, steht und fällt das Ergebnis mit der soliden Prognose zukünftiger Einnahmeüberschüsse. Man sollte daher folgende drei Aspekte beachten:

Einfluß des Kapitalisierungszinssatzes

Bei der Ermittlung des Unternehmensertragswerts wurden die geschätzten Einnahmeüberschüsse abgezinst. Dies bedeutet, daß entfernter in der Zukunft liegende Schätzungen weniger stark in den Unternehmensertragswert einfließen als nähere. Je höher der Zinssatz gewählt wird, desto stärker ist dieser Effekt. Das Prognoserisiko wird demnach durch einen höheren Zinssatz geringer.

Keine Exaktheit vortäuschen

Bei der Schätzung von Einnahmeüberschüssen aus der Vergangenheit wird oft mit einem ungeheuren Argumentationsaufwand eine ungerechtfertigte Exaktheit vorgetäuscht. Praktiker gehen deshalb oft sehr einfach vor: Sie betrachten die vergangenen fünf Perioden, errechnen den Durchschnitt der festgestellten Einnahmeüberschüsse und legen diesen der zukünftigen Entwicklung zugrunde.

Berücksichtigung des zukünftigen Umfelds

Häufig möchte man seine Schätzungen unter Berücksichtigung alternativer zukünftiger Situationen vornehmen. Man geht dabei wie folgt vor: Zunächst beschreibt man die Situationen, die einzeln untersucht werden. Dann schätzt man Wahrscheinlichkeiten, mit denen diese Situationen eintreten, sowie unterschiedliche Einnahmeüberschüsse in diesen Situationen. Ergebnis ist dann ein sogenannter *Erwartungswert* für den Ertragswert: ein mit den Wahrscheinlichkeiten gewichtetes Mittel der geschätzten Einnahmeüberschüsse.

Formel zur Berechnung des Erwartungswerts

s: Index der Situationen 1 bis n
E_s: Einnahmeüberschuß in der Situation s
W_s: Wahrscheinlichkeit für die Situation s

$$\text{Erwartungswert} = \sum_{s=1}^{n} E_s \times W_s$$

Dazu ein Beispiel: Ein erneuter Blick in die Zukunft der Kartonagenfabrik zeigt, daß durchaus mit drei Situationen gerechnet werden muß, die allerdings mit unterschiedlichen Wahrscheinlichkeiten W_s eintreten. Für jede dieser Situationen wird ein jährlicher Einnahmeüberschuß E_s prognostiziert, und zwar:

Situation	*Wahrscheinlichkeit W_s*	*Einnahmeüberschuß E_s*
1: Der Absatz geht zurück	*20 Prozent*	*1,1 Mio. DM*
2: Der Absatz bleibt konstant	*50 Prozent*	*1,2 Mio. DM*
3: Der Absatz steigt	*30 Prozent*	*1,3 Mio. DM*

Dann ergibt sich als Erwartungswert des Einnahmeüberschusses:

0,2 x 1.100.000 DM	*220.000 DM*
+ 0,5 x 1.200.000 DM	*600.000 DM*
+ 0,3 x 1.300.000 DM	*390.000 DM*
= Erwartungswert	*1.210.000 DM*

Dieser Erwartungswert wird, um keine Exaktheit vorzutäuschen, als "ewige Rente" betrachtet. Um vorsichtiger zu schätzen, wird auch der Kapitalisierungszinssatz auf 9,5 Prozent erhöht. Man erhält dann als Ertragswert 1.210.000 DM/0,095 = 12.736.842 DM, demnach bei dieser vorsichtigeren Berechnung rund 12,7 Millionen.

12.6 Bedeutung der Liegenschaftswerte

Die Liegenschaften eines Unternehmens beeinflussen vor allem wegen ihrer besonders auf das Unternehmen ausgerichteten Nutzung den Ertragswert. Andererseits strahlt der Wert eines Unternehmens über das Interesse eines Nachfragers auch auf den Wert der Liegenschaften aus. Darauf haben wir bereits hingewiesen. Aber noch unter anderen Aspekten ist die Rolle der Liegenschaften eines Unternehmens zu betrachten:

Liquidationswert: Bei zu geringem Unternehmensertragswert kann es durchaus sinnvoll sein, das Unternehmen nicht mehr fortzuführen. Man berechnet in diesem Fall den Wert aller Vermögensgegenstände abzüglich bestehender Schulden im Verkaufsfall. Dieser sogenannte Liquidationswert ist dann auch die Untergrenze des Unternehmenswerts. Soll also ein Liquidationswert ermittelt werden, muß man eine Bewertung der Liegenschaften hinsichtlich einer neuen Nutzung vornehmen.

Substanzwert: Betrachtet man das Unternehmen von seinen derzeitigen Liegenschaften, Anlagen und sonstigen Wirtschaftsgütern her, so stellt sich die Frage einer rein fiktiven Reproduktion wie bei dem bereits bekannten Sachwert. Der Substanzwert verliert in der modernen Unternehmensbewertung genauso wie in der reinen Liegenschaftsbewertung mehr und mehr an Bedeutung. Dennoch lohnt sich eine Ermittlung dieses Wertes. Zum einen muß bei einer Unternehmensbewertung auf jeden Fall das gesamte Vermögen aufgelistet werden, wobei Buchwerte aus den Jahresabschlüssen oft schon einen guten Anhaltspunkt für die Substanzwertermittlung geben. Zum anderen erlaubt der Vergleich von Ertragswert zu Substanzwert interessante Renditeaussagen. Ist der Ertragswert beispielsweise größer als der Substanzwert, so ist der interne Zins des Unternehmens größer als der unterstellte Kapitalisierungszinssatz. Auch bei der Bewertung der Liegenschaften hinsichtlich neuer Nutzungen lohnt sich also eine Ermittlung des Substanzwertes.

Firmenwert: Ein solides Unternehmen besteht nicht nur aus seiner Substanz allein, sondern möglicherweise auch aus einer schlagkräftigen Organisation, hervorragendem Management, marktgerechten Produkten und Dienstleistungen, vielleicht auch noch versehen mit anderen Vorteilen wie günstigem Standort, Stammkundschaft oder eigenen Patenten. Es ist also nicht verwunderlich, wenn der Unternehmensertragswert oftmals den Substanzwert erheblich überschreitet. Diese Differenz nennen wir den Firmenwert, Geschäftswert, Goodwill oder Fassonwert. Firmenwerte werden auch oft von den Liegenschaftswerten beeinflußt. Nutzung, Lage und Ausstattung der Gebäude spielen dabei eine große Rolle.

Jede Wertermittlung aus einer Unternehmensertragskraft ist ein Einzelfall, der für sich im Detail gelöst werden muß. Jede Branche hat auch ihre eigenen Erfahrungssätze, insbesondere hinsichtlich der Bewertung von beweglichen Gütern. Wir haben oben nur die Grunddenkweise beschreiben und etwas illustrieren können, nämlich: *Die Ertragskraft eines Unternehmens ist Basis für die Bewertung seiner Liegenschaften.* Im Einzelfall muß also mit einer überschlägigen Unternehmensbewertung überprüft werden, wie die Liegenschaften zur Ertragskraft beitragen. Auf diese Weise werden zum Beispiel fiktive Pachten ermittelt, aus denen dann Roherträge abgeleitet werden können, so wie wir dies beispielsweise in Kapitel 9 bei der "Wertermittlung auf Umsatzbasis" beschrieben haben.

13. Praxis der Wertermittlung

Dieses Kapitel wird dann für Sie besonders interessant sein, wenn Sie selbst als Gutachter tätig werden wollen. Wir geben Ihnen dazu im folgenden noch hilfreiches Handwerkszeug.

13.1 Bewertungsunterlagen

Bevor Sie sich überhaupt an die Arbeit "vor Ort" machen, besorgen Sie sich so viele Informationen über das Objekt wie möglich. Auf der nächsten Seite finden Sie eine Übersicht über die wesentlichen Dokumente zur Vorbereitung einer Wertermittlung.

Die wichtigsten Informationen erhalten Sie von Behörden. Machen Sie Ihr Interesse glaubhaft, indem Sie auf die notwendige Bewertung hinweisen. Hilfreich ist auch eine Vollmacht Ihres Auftraggebers, in allen Unterlagen, die sein Grundstück betreffen, zu recherchieren. Lassen Sie sich auf gar keinen Fall mit dem vorgeschobenen Argument "Datenschutz" abweisen.

Einen *Grundbuchauszug* erhalten Sie vom Amtsgericht. Die Abteilungen II und III des Grundbuchs zeigt man Ihnen jedoch in der Regel nur bei Vorlage einer entsprechenden Vollmacht. Sehen Sie dort auch die Grundakte ein, die historisch weiter zurückliegende Fakten enthält. Manchmal wird es auch notwendig sein, sich diese Akte aus einem staatlichen Archiv kommen zu lassen. Eine *Flurkarte* erhalten Sie vom Katasteramt. Das *Baulastverzeichnis* wird bei der Bauordnung geführt. Fragen Sie auch beim Planungsamt nach, ob die Kommune eine eigene Verwendung des Grundstücks vorsieht!

Hilfreich ist bei älteren Gebäuden auch manchmal die ehemalige *Bauakte*, die ebenfalls bei der Kommune archiviert ist.

Im Falle einer Versteigerung gehen Sie unbedingt zum zuständigen Rechtspfleger im Amtsgericht und nehmen Sie Einsicht in die *Versteigerungsakte*. Dort finden Sie auch meist schon ein Gutachten vor.

Dokumente zur Vorbereitung einer Bewertung

- Grundbuchauszug
- Auszug aus dem Liegenschaftsbuch
- Flurkarte
- amtlicher Lageplan
- Auszug aus dem Baulastverzeichnis
- Teilungserklärung bei Eigentumswohnungen
- Bescheinigung über zu erwartende Erschließungsbeiträge
- Bauakte
- Bauvertrag
- Schlußabnahmeschein
- Fotos von Vorder- und Rückseite des Objekts
- Grundrisse, Schnitte und Ansichten (evtl. Architektenpläne)
- Baubeschreibung
- Berechnung der Rauminhalte
- Berechnung der Wohn- und Nutzfläche
- Aufstellung über Sonder- oder Eigenleistungen am Gebäude
- Miet- und Pachtverträge

13.2 Checkliste für den Ortstermin

Sie sollten sich nun anhand der vorliegenden Dokumente intensiv auf den Ortstermin vorbereiten. Prüfen Sie anhand nachstehender Checkliste, welche Informationen sie schon besitzen und was Sie beim Ortstermin noch ermitteln müssen:

Ortstermin am:______________________ **in:**________________________________ **Aktenzeichen:**________

Teilnehmer:____

1. Stammdaten

1.1 Bauteile

	Wohnfläche (qm)	monatl. qm-Miete (DM/qm)	monatl. Rohmiete 1) (DM)	Baujahr	Lebensdauer (Jahre)	verlängert 2) (Jahre)	umbauter Raum (cbm)	Kubuspreis (DM/cbm) 3)
								4)

1.2 Boden

	Größe (qm)	Preis (DM/qm)
Vorderland:		
Hinterland:		

1.3 Kalkulationsgrundlagen

Liegenschaftszins (%):	
Basisjahr:	

1.4 Ertragsmindernde Kosten

Verwaltungskosten:	jährlich absolut		oder 5)	in % des Rohertrags	
Betriebskosten:	jährlich absolut		oder 5)	in % des Rohertrags	
Mietausfallwagnis:	jährlich absolut		oder 5)	in % des Rohertrags	
Instandhaltungskosten:	jährlich absolut		oder 5)	in DM/qm jährlich	

1.5 Ertragswerterhöhende/-vermindernde Umstände

(Wertkorrekturen, soweit in der Miete nicht enthalten)	Baujahr	Lebensdauer (Jahre)	Herstellungskosten (DM)	oder 6)	Zeitwert (DM)
					7)

1.6 Sachwerterhöhende/-vermindernde Umstände (ohne Außenanlagen)

(Wertkorrekturen, soweit im Raummeterpreis nicht enthalten)	Baujahr	Lebensdauer (Jahre)	Herstellungskosten (DM)	oder 6)	Zeitwert (DM)
					7)

1.7 Außenanlagen

	Baujahr	Lebensdauer (Jahre)	Herstellungskosten (DM)	oder [6]	Zeitwert (DM)
/______/	/______/	______/	______/		/______/
/______/	/______/	______/	______/		/______/
/______/	/______/	______/	______/		/______ [7]/

1.8 Zuschläge

Baunebenkosten: /______/ % des Gebäudewerts und der Außenanlagen oder absolut [5]

Erschließungskosten: /______/ % des Bodenwerts oder absolut [5]

1.9 zum Verkehrswert [8]

Der Verkehrswert orientiert sich am Ertragswert/Sachwert und ist mit einer Marktanpassung von /______/ % zu bestimmen.

Er ist anteilsmäßig wie nachstehend zu bestimmen: /______/ % des Ertragswerts und

/______/ % des Sachwerts

Die Anteile bestimmen sich nach: /______/

2. Vorliegende Dokumente etc. [8]

a) Grundbuchauszug, Lageplan
b) Grundrisse, Ansichten, Schnitte
c) Baubeschreibung, Wohnflächen- und cbm-Berechnung
d) sonstige: ______
e) qm- und cbm-Ermittlungen wurden beim Ortstermin überschlägig erstellt

3. Grundbuchausweisung etc. [8]

Amtsgericht ______ Grundbuch von ______ Blatt ______

Gemarkung ______ Flur ______ Flurstück ______

Eigentümer ______ Grundstücksgröße ______ qm

bewertungsrelevante Belastungen/Servitute ______

Nach der Verordnung über die Ausweisung von Baugebieten ist das Bewertungsgrundstück als ______

ausgewiesen. Erschließungsbeiträge sind bezahlt / noch zu erwarten, und zwar: ______

Das Baulastverzeichnis wurde nicht eingesehen. / Nachstehende Baulasten liegen vor: ______

______

4. Beschreibung des Grundstücks [9)]

1.a) Beurteilung der Wohn- oder Geschäftslage, Charakter der Ortsgegend?

1.b) Lage innerhalb oder außerhalb des geschlossen bebauten Ortsbereichs?

2.a) Art der bestehenden oder geplanten Bauten in der Nachbarschaft?

2.b) Störende Einflüsse oder gewerbliche Immissionen?

2.c) Ausmaß der Beeinträchtigung durch Straßen- oder Eisenbahnverkehr oder durch Flugzeuge:

2.d) Entfernung zu Läden des täglichen Bedarfs und Schulen:

3.a) Verkehrsverhältnisse (Entfernung und Erreichbarkeit von wichtigen Zentren):

3.b) Bei kleineren Orten: Entfernung zur nächsten größeren Stadt, Einzugsgebiet?

4.a) Besteht ein direkter Zugang zu einer öffentlichen Straße?

4.b) Ausbauzustand:

4.c) Vorhandene öffentliche Versorgungsleitungen:

4.d) Vorhandene öffentliche Entsorgung:

5.) Bauliche Ausnutzungsmöglichkeiten? (Können von dem Grundstück weitere Bauparzellen abgetrennt werden?)

6.) Boden- und Grundwasserverhältnisse, Bergbaugebiet, Hochwassergefahr?

7.) Sind oder werden die Gebäude innerhalb der katastermäßigen Grenzen errichtet?

8.) Hinweise auf besondere wertbeeinflussende Umstände (geplante Verkehrsverbesserung, Lärm, Immissionen, Sanierungsgebiet, Nachbarbebauung etc.):

5. Baubeschreibung und Bauausführung [9)]

1.) Gebäudeart ______

2.) Bauweise ______

3.) Baujahr(e) ______

4.) Fundament ______

5.) Kellermauern/Unterkellerung ____________________

6.) Kellerdecken ____________________

7.) Geschoßaußenwände ____________________

8.) Geschoßdecken ____________________

9.) Geschoßinnenwände ____________________

10.) Dach ____________________

11.) Treppen/Aufzüge ____________________

12.) Bodenbeläge ____________________

13.) Fenster/Türen ____________________

14.) Standard der Baustoffe ____________________

15.) Standard des Schall- und Wärmeschutzes ____________________

16.) Beheizung ____________________

17.) Warmwasserversorgung ____________________

18.) Standard der Sanitäreinrichtungen ____________________

19.) Ausmaß der Sanitäreinrichtungen ____________________

20.) baulicher Zustand/Baumängel/Bauschäden ____________________

21.) Instandsetzungsstau ____________________

22.) Renovierungsstau ____________________

23.) bei Baumaßnahmen: Grad der Fertigstellung ____________________

24.) Urteil über Grundrißlösung ____________________

25.) Urteil über Ausstattung ____________________

26.) Außenanlagen ____________________

6. Renditeaspekte 9)

1.) Urteil über Vermietbarkeit ____________________

2.) Urteil über Verkäuflichkeit ____________________

3.) gewerbliche Nutzung tatsächlich oder möglich ____________________

4.) notleidende Vermietungen ____________________

5.) Nutzungsbeschränkungen ____________________

6.) Darlehensübernahmen ____________________

7.) mögliche Investitionen ____________________

---

1) bitte entweder nur die qm-Miete angeben oder nur die Rohmiete
2) bei Teilsanierung oder -modernisierung kann eine Verlängerung der Lebensdauer dieses Bauteils angegeben werden
3) Basisjahr des Raummeterpreises unten in 1.3 bitte angeben
4) bei mehr als vier unterschiedlichen Bauteilen bitte die Tabelle auf gesondertem Blatt fortsetzen
5) bitte nur eine Alternative angeben
6) bitte entweder nur Baujahr, Lebensdauer und Herstellungskosten angeben oder den Zeitwert
7) sind mehr Angaben erforderlich, bitte auf gesondertem Blatt fortsetzen
8) Unzutreffendes bitte streichen; diese Angaben können auch nachgereicht werden
9) der Text ist als Vorschlag zu verstehen; Abweichungen sind jederzeit möglich

13.3 Checkliste für die Berechnungen

Die Arbeit an einem Gutachten besteht zunächst aus Kalkulationen. Prüfen Sie als erstes anhand nachstehender Checkliste, welche Informationen sie schon haben und was Sie für Ihre Berechnungen im Einzelfall noch brauchen.

Daten für die Bodenwertermittlung

- Vergleichswerte, insbesondere Bodenrichtwerte
- Grundstücksgröße, eventuell Vorderland- und Hinterlandanteile
- zu erwartende oder abgegoltene Erschließungsbeiträge
- Korrekturfaktoren für sonstige Anpassungsmerkmale

Daten für die Sachwertermittlung

- umbauter Raum und Raummeterpreis
- Preisindex für Wohngebäude
- Werte von Baumängeln und Bauschäden
- Baujahr und Nutzungsdauer, eventuell Verlängerung

Daten für die Ertragswertermittlung

- Mieten bzw. Pachten, eventuelle sonstige Leistungen
- Verwaltungskosten, Betriebskosten, Mietausfallwagnis, Instandhaltungskosten
- Restnutzungsdauer
- Liegenschaftszinssatz

Daten für eine Renditeprognose

- Werte über die zukünftige Kosten- und Ertragssituation
- Investitionsaufwand

13.4 EDV-unterstützter Entwurf eines Gutachtens

Hält man sich strikt an die vom Gesetzgeber vorgeschriebenen Verfahren zur Ermittlung des Ertragswerts und des Sachwerts, so sind die Kalkulationen zunächst einmal recht lästige Rechenarbeit. Die eigentliche Arbeit bei der Verarbeitung dieser Zahlen ist dann jedoch ihre Aufarbeitung zu möglichst aussagefähigen und nachvollziehbaren Tabellen.

Der glückliche Besitzer eines Computers, der überdies auch noch damit einigermaßen umgehen kann, läßt diese Arbeit dann natürlich von seiner Maschine durchführen. Es ist nur noch das Problem zu lösen, wie mit Hilfe einer geeigneten Standardsoftware (oder gar mit einem eigens dafür selbst entwickelten Programm) die Eingangsgrößen entsprechend miteinander verknüpft werden können und sich die gewünschten Tabellen ausgeben lassen. Eingangsgrößen sind immer die erhobenen Daten, so wie sie in der Checkliste des vorigen Abschnitts aufgeführt sind. Eingangsgrößen sind aber auch fertige Standardtexte (Textbausteine), die bei Bearbeitung des Entwurfs dann auf den speziellen Fall anzupassen und redaktionell zu überarbeiten sind.

Wir brauchen also ein Programm zur Bearbeitung der "Zahlenwelt", dazu eignen sich sogenannte Tabellenkalkulationsprogramme, und ein Programm zur anschließenden Bearbeitung der "Textwelt", dazu eignen sich sogenannte Textverarbeitungsprogramme. Hinzu kommt für den Profi noch ein Programm zur Einarbeitung von Grafiken wie Flurkarten, Lageplänen oder gar Fotos, die mit einem Scanner erfaßt werden können.

Als Standardprogramme für die Tabellenkalkulationen haben sich bewährt: Lotus, Multiplan, Excel, System W, Framework, Quattro Pro. Natürlich gibt es fertige Programme zur Bewertung von Grundbesitz. Diese Programme haben jedoch zwei entscheidende Nachteile: Sie sind nicht mehr individuell anpaßbar, und ihre Tabellen können nicht ohne weiteres in eigene Texte eingebettet werden.

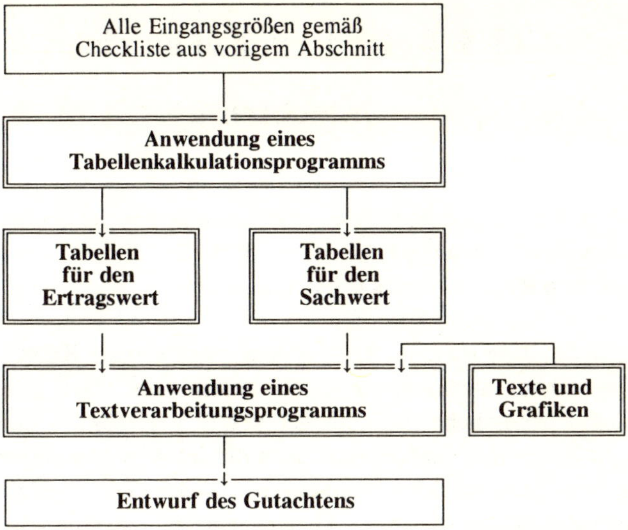

Wie Sie gesehen haben, hat jede einzelne Begutachtung "ein eigenes Schicksal". Sie kommen also nicht umhin, für jedes Gutachten einen individuellen Text zu schreiben. Die grobe Gliederung jedoch, die grundsätzlichen Erläuterungen zur Vorgehensweise, Hinweise auf rechtliche Grundlagen und eine Reihe weiterer Textpassagen sind jedoch immer ähnlich, wenn nicht sogar teilweise identisch. Es empfiehlt sich demnach, auch hier die Segnungen der Datenverarbeitung anzunehmen. Es gibt dazu eine Reihe von ausgezeichneten Standardsoftwares der Textverarbeitung: MS Word, Wordstar, PC Text, WordPerfect und viele weitere.

Es gibt auch schon Gutachter, die ihren Computer sogar zum Ortstermin mitnehmen. Solange sie dort nur eine Dateneingabe vornehmen und den Ertragswert und den Sachwert in erster Näherung ermitteln, ist sicherlich nichts dagegen einzuwenden. Vermelden sie jedoch gleich vor Ort den gewünschten Verkehrswert, so ist dies mehr als bedenklich.

Sie haben bei einer seriösen Begutachtung genug geistige Arbeit zu leisten; delegieren Sie die rein handwerkliche Arbeit möglichst einer geeigneten Maschine. Der Entwurf, den der Computer Ihnen liefert, ist allerdings immer nur die Basis Ihres Gutachtens.

13.5 Anforderungen an ein Gutachten

Nachdem Sie ihre Kalkulationen fertiggestellt haben, gehen Sie in die "Textwelt". Beachten Sie stets, daß Sie die folgenden drei wesentlichen Anforderungen erfüllen müssen:

Sachliche Korrektheit: Alle Behauptungen und Kalkulationen müssen sachlich über jeden Zweifel erhaben sein. Dazu gehört vor allem, daß persönliche Auffassungen soweit wie möglich unberücksichtigt bleiben (*Objektivität*) und auch die Interessenten keinen Einfluß auf das gutachterliche Urteil ausüben dürfen (*Parteilosigkeit*).

Nachvollziehbarkeit: Alle Gedankengänge müssen für den Empfänger nachvollziehbar sein. Dazu gehört, daß alle Aussagen, die zu Widerspruch Anlaß geben können, stichhaltig begründet sind (*Begründungspflicht*); dazu gehört aber auch, daß in der Sprache des Interessenten und möglichst auch auf seinem inhaltlichen Niveau geschrieben wird (sprachliche und inhaltliche *Verständlichkeit*).

Aufbau: Alle Gedankengänge müssen klar aneinandergereiht sein. Dazu trägt eine entsprechende Gliederung bei, so wie sie im nächsten Abschnitt exemplarisch dargestellt ist.

13.6 Gliederung und Gestaltung eines Gutachtens

Ein Verkehrswertgutachten sollte auch eine für den Leser ansprechende Form haben. Nachstehend finden Sie als Anregung für Ihre eigene Gestaltung die ersten drei Seiten eines Gutachtens.

Beachten Sie auf der dritten Seite die klare Gliederung, die Nennung des Zwecks und die Haftungsbegrenzung.

Verkehrswert

Hof- und Gebäudefläche
Waldauer Weg 22
53125 Bonn

mitsamt allen aufstehenden Gebäulichkeiten

Eigentümerin: Frau Anneliese Otto

1. Ausfertigung
62/93

Das nachstehende Gutachten wurde verfaßt von:

Dr. G. Sommer
Diplom-Kaufmann

Bernhardstraße 6-10
53227 Bonn

Tel.: 0228 - 44 40 42
Fax: 0228 - 44 25 94

SACHVERSTÄNDIGER

Bewertung von bebauten und unbebauten Grundstücken

im
Sachverständigenbüro DR. SOMMER + PARTNER,
Bonn und Leipzig

Auftraggeber:

Dr. Hermann Otto, 53125 Bonn

Das vorliegende Gutachten besteht aus 25 Seiten.

Ausfertigungen:
1. Auftraggeber
2. dto.
3. z.d.A.

Zweck des Gutachtens ist eine Schätzung des Verkehrswerts aus heutiger Sicht zur Vorbereitung und Unterstützung von Verkaufsverhandlungen.

Die Verwertung des Gutachtens ist nur dem Auftraggeber und lediglich für oben genannten Zweck gestattet. Wir haften nur für grobe Fahrlässigkeit und Vorsatz und auch nur dem Auftraggeber im Rahmen des Zwecks gegenüber.

14. Prüfung einer Wertermittlung

14.1 Qualifikation des Gutachters

Eine sachgerechte Verkehrswertermittlung muß sowohl die betriebswirtschaftlichen als auch die juristischen Probleme erkennen, werten und, sofern möglich, auch lösen. Wenn gewisse juristische Details unbekannt bleiben, liegt der ansonsten vielleicht korrekt ermittelte Verkehrswert völlig daneben. Bauingenieure oder Architekten allein können diese Bewertungsprobleme nicht lösen. Im übrigen fallen bei Gewerbeobjekten, und das sind rund 70 Prozent aller Fälle, in der Regel auch Ertragswertanalysen als Grundlagen zur Verkehrswertermittlung an, so daß dort verstärkt der Sachverstand von Betriebswirten zur Anwendung kommen muß.

Prüfen Sie also als erstes, ob der notwendige Sachverstand zur Erstellung eines qualifizierten Gutachtens vorhanden ist. Besonders vorsichtig sollten Sie sein, wenn der Gutachter von Haus aus Bauingenieur oder gar Architekt ist. Es geht nämlich in der Regel nicht um die Beschreibung eines Zustands (auf der Basis des vergangenheitsorientierten Sachwerts, der im Vordergrund die Herstellungskosten sieht), sondern um die Ermittlung einer zukunftsorientierten Rendite! Besonders vorsichtig sollten Sie in der Regel auch sein, wenn es sich um einen öffentlich bestellten und vereidigten Sachverständigen handelt. Zum einen ist es leider nach wie vor Praxis der Industrie- und Handelskammern, hier vorrangig Bauingenieure zuzulassen. Zum andern braucht sich dieser Sachverständige nicht sonderlich um seine Auftragslage zu kümmern; er hat aufgrund seines runden Stempels immer genug zu tun. Folge ist leider manchmal, daß er nicht in gleichem Maße wie ein freier Sachverständiger im Wettbewerb steht und sich am Leistungsprinzip orientiert. Natürlich gibt es auch rühmliche Ausnahmen. Lassen Sie sich zu Ihrer eigenen Sicherheit aber bisherige Auftraggeber nennen. Fragen Sie also nach einer Referenzliste.

Denken Sie auch daran, daß Verkehrswerte tendenziell zu hoch angesetzt werden, insbesondere deswegen, weil das Honorar des Gutachters in Anwendung der Honorarordnung für Architekten und Ingenieure nach der Höhe des ermittelten Verkehrswerts berechnet wird. Hat der Gutachter mit seinem Auftraggeber ein Pauschalhonorar vereinbart, so ist dies zumindest ein Hinweis auf die notwendige Objektivität.

14.2 Qualität des Gutachtens

Überprüfen Sie als erstes, ob nach den genannten Entscheidungskriterien aus Abschnitt 5.3 verfahren wurde. Weisen Sie gegebenenfalls darauf hin, daß diese ausdrücklich in den genannten Rechtsgrundlagen niedergelegt sind!

Achten Sie auf den Auftraggeber. Ein Verkäufer zahlt gern ein relativ hohes Honorar für ein Gefälligkeitsgutachten. Das gleiche gilt für den Käufer, jedoch für den Verkehrswert natürlich in umgekehrter Tendenz.

Lesen Sie dann zunächst aufmerksam, was "zwischen den Zeilen" steht. Finden Sie zum Beispiel Floskeln wie "vermutlich", "wahrscheinlich", "in aller Regel", "oftmals" oder "nach gutachterlicher Praxis", dann seien Sie auf der Hut! Der Gutachter scheint sich dann nicht sicher zu sein, es sei denn, es folgt eine überzeugende Begründung. Im übrigen hat auch der Konjunktiv in einem Gutachten nichts zu suchen.

Entdecken Sie die Diktion "Ertragswert*bestimmung*" oder "Verkehrswert*bestimmung*", so ist dies manchmal ein sicheres Indiz dafür, daß der Gutachter seine Rolle mißverstanden hat. Es geht um *Ermittlung* – der Gutachter hat nicht die Aufgabe, etwas zu *be-*

stimmen. Derartige Fauxpas finden Sie nicht nur bei Gutachtern aus den neuen Bundesländern, die sich oft noch im "Preis*festsetzer*-Denken" statt im "Preis*prognostiker*-Denken" bewegen.

Gehen Sie daraufhin in die Gliederung. Stellen Sie fest, mit welcher Intensität sich der Gutachter der Sachwertermittlung und mit welcher er sich der Ertragswertermittlung gewidmet hat. Anschließend prüfen Sie, welchen Wert er seiner abschließenden Verkehrswertermittlung zugrunde legt.

Wenn er seitenweise Bauzahlen darstellt, Kuben berechnet und sehr detailliert alle möglichen Einzelteile der Liegenschaft einer Bewertung unterzieht, um sich letztendlich – meist völlig zu Recht – am Ertragswert zu orientieren, so hat der Gutachter vermutlich den Sinn der Wertermittlung nicht verstanden. Es geht nämlich in 70 Prozent der Fälle nicht um Daten der Vergangenheit, die in die Gegenwart hochgerechnet werden, sondern um einen Wert, der die zukünftige Rendite zum Ausdruck bringt.

14.3 Checkliste zur Gutachtenprüfung

Nachdem Sie gesehen haben, welche Ermessensspielräume ein Gutachter hat und mit welchem immensen Erfahrungsschatz er im Vorteil ist, können Sie nun erahnen, daß es durchaus eine Reihe von Manipulationsmöglichkeiten bei der Ableitung des Verkehrswerts gibt. Sie sollten dann anhand folgender Checkliste nachhaken.

Grundsätzliche Fragen

- Orientiert sich das Gutachten an der aktuellen Rechtsgrundlage, insbesondere an der Wertermittlungsverordnung von 1988? Sind die Wertermittlungsrichtlinien (Teil I) von 1991 genannt? Ist die jeweils dem Problem adäquate, aktuelle Literatur aufgeführt? Falls nicht, so können Sie schon vorab davon ausgehen, daß der Gutachter nicht optimal informiert ist.

- Fehlen hinreichende Baubeschreibung oder Beschreibung des Grundstücks, ohne daß ein Vermerk enthalten ist, daß auf Wunsch des Auftraggebers darauf verzichtet wurde oder daß dies bereits anderweitig vorliegt, so können Sie davon ausgehen, daß der Gutachter nicht als besonders sorgfältig und fleißig anzusehen ist.
- Hat der Gutachter einen aktuellen Grundbuchauszug eingesehen? Hat er sich über eventuelle Baulasten informiert? Hat er sich mit der Nutzungsausweisung beschäftigt, indem er einen Flächennutzungsplan oder Bebauungsplan eingesehen hat?
- Wendet der Gutachter ohne besondere Begründung nur eines des drei Verfahren (Sachwert, Ertragswert, Vergleichswert) an, so ist auch dies ein Mangel an gebotener Sorgfalt.

Fragen zum Bodenwert

- Hat sich der Gutachter den amtlichen Bodenrichtwert geben lassen? Hat er diesen Richtwert auf das zu begutachtende Objekt begründet angepaßt? Ist der Wert überhaupt aktuell?
- Ist gegebenenfalls eine korrekte Differenzierung nach Vorderland und Hinterland vorgenommen worden?
- Hat er sich mit der aktuellen quantitativen und qualitativen Erschließungssituation beschäftigt? Hat er insbesondere zu erwartende Erschließungsbeiträge recherchiert?
- Wie sieht es allgemein mit der Bodenbeschaffenheit aus (Kontaminierung, Baureifmachung, unzweckmäßige Bebauung etc.)?

Fragen zum Sachwert

- Sind Gebäude korrekt in das Schema der Raummeterpreise eingeordnet? Stimmt überhaupt das Baujahr, und ist die geschätzte Nutzungsdauer begründet?
- Kann nachvollzogen werden, inwieweit Baumängel und Bauschäden korrekt bewertet wurden? Hat der Gutachter vielleicht "beide Augen zugedrückt"?

Fragen zum Ertragswert

- Ist wirklich davon auszugehen, daß die Einnahmesituation (Mieten und Pachten, sonstige Leistungen) nachhaltig ist? Das gleiche gilt für die Kostensituation.
- Gibt der Gutachter eine Begründung für den gewählten Liegenschaftszinssatz?
- Wendet der Gutachter das Ertragswertverfahren überhaupt richtig an? Trennt er insbesondere Boden- und Gebäudeanteil? Hier werden abenteuerliche Fehler gemacht!
- Wird bei einer eventuellen Renditeprognose der Kapitaldienst korrekt in Ansatz gebracht? Berücksichtigt der Gutachter insbesondere die kalkulatorische Verzinsung auf das durchschnittlich gebundene Kapital?

Fragen zum Vergleichswert

- Ist eine hinreichende Vergleichbarkeit wirklich gegeben (insbesondere hinsichtlich des Bodens, des Gebäudes und der Marktsituation)? An dieser Stelle können Sie fast jedes Gutachten anzweifeln!
- Liegen bei den Vergleichsobjekten "ungewöhnliche oder persönliche Verhältnisse" vor, die nicht als solche erkannt wurden?

Fragen zum Verkehrswert

- Hat der Gutachter insbesondere das Aggregationsverbot beachtet oder hat er, meist der Einfachheit halber, den Sachwert und den Ertragswert nur gemittelt. Ein Erzübel, das leider häufig zu finden ist!
- In den meisten Fällen werden Verkehrswerte für Objekte ermittelt, die vermietet sind oder in gewerblicher Nutzung stehen. In solchen Fällen ist der ermittelte Ertragswert Basis einer Verkehrswertermittlung.

- Nur selten, nämlich bei selbstgenutzten Einfamilienhäusern und gegebenenfalls auch bei besonderen Industriebauten, ist der Sachwert überhaupt aussagefähig. Ist dies berücksichtigt?
- Prüfen Sie auch, ob der Zweck der Gutachtenerstellung genannt ist und ob sich der Gutachter bei seinem Begründungsweg am Zweck orientiert hat. Der Verkehrswert ist eine Preis*prognose* und bestimmt sich unter anderem auch durch die Interessenlage potentieller Nachfrager im Rahmen des Gutachtenzwecks (zum Beispiel: Kauf bzw. Verkauf, Versicherung, Beleihung, Teilung, Vermögensauseinandersetzung, Enteignung bzw. Entschädigung, Privatisierung, Versteigerung, Unternehmensbewertung, Anteilsbewertung).
- Ist der abschließende Verkehrswert der örtlichen Marktsituation angepaßt und nachvollziehbar begründet?
- Hat der Gutachter sinngemäß geschrieben "Das Gutachten wurde ohne Interesse am Ergebnis angefertigt" und gleichzeitig nach Honorarordnung abgerechnet, so liegt ein Widerspruch vor. Natürlich hat er in diesem Fall ein Interesse am Ergebnis gehabt! Und dieser Fall kommt sehr häufig vor.

Fragen zu Gutachten in den neuen Bundesländern

Wenn Sie die Korrektheit eines Gutachtens über eine Liegenschaft in den neuen Bundesländern prüfen wollen, achten Sie zusätzlich vor allem noch auf folgende Aspekte:

- Sind die speziellen Vorschriften genannt? Ist besondere Literatur aufgeführt und auch berücksichtigt?
- Es kann womöglich getrenntes Boden- und Gebäudeeigentum vorliegen. Oft lasten auf dem Grundstück alte DDR-typische Nutzungsrechte oder gar Restitutionsansprüche. Ist dies vom Gutachter recherchiert und bei seiner Verkehrswertermittlung auch berücksichtigt worden?
- Sind bei der Bodenwertermittlung alle bewertungsrelevanten Merkmale, insbesondere auch die Umgebungsinfrastruktur und die individuellen Anpassungsmerkmale, berücksichtigt worden?

- Wendet der Gutachter überhaupt die speziell für die Situation in den neuen Bundesländern entwickelten Verfahren an (Bonner Verfahren, Schematisiertes Verfahren nach Hüttenrauch u.a.)? Macht er Kontrollrechnungen als Plausibilitätsnachweis?
- Ist der Ertragswert den besonderen Umständen in den neuen Bundesländern entsprechend ermittelt? Wird insbesondere die Nachhaltigkeit der Mieten begründet und werden die Bewirtschaftungskosten vor dem Hintergrund oft desolater Bauzustände angesetzt?

14.4 Übergeordnete Gutachten

Es kommt vor, daß Sie ein Gutachten über eine Liegenschaft anzufertigen oder zu prüfen haben, über die bereits ein anderes Gutachten existiert. Wir nennen dieses vorliegende Gutachten dann *Vorgutachten*. Folgende Fälle können dann eintreten:

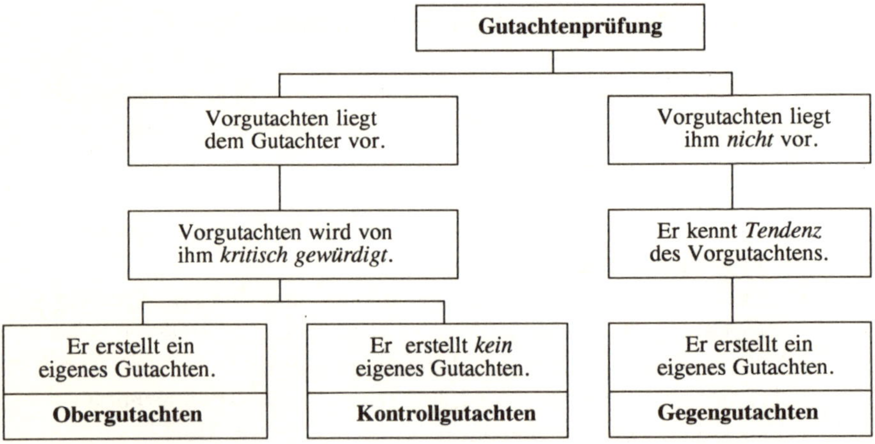

Das Vorgutachten liegt auch Ihnen vor. Sie müssen es dann kritisch durchgehen und entsprechend würdigen. Haben Sie den Auftrag, auf der Basis Ihrer kritischen Würdigung des Vorgutachtens selbst ein Gutachten anzufertigen, so sprechen wir von einem *Obergutachten*. Haben Sie jedoch nur den Auftrag, mit Ihrer kritischen Würdigung das Vorgutachten zu prüfen, ohne selbst ein Gutachten anzufertigen, so sprechen wir von einem *Kontrollgutachten*. Oftmals liegt Ihnen selbst jedoch das Vorgutachten nicht vor. Ihr Auftraggeber besitzt es und nennt Ihnen allenfalls die Tendenz. Er gibt Ihnen dann den Auftrag zu Erstellung eines *Gegengutachten*s.

Schließlich gibt es noch das sogenannte *Fortschreibungsgutachten*. Auch hier liegt Ihnen ein Vorgutachten vor, und Sie haben den Auftrag, auf dieser Grundlage *zum heutigen Stichtag* ein Gutachten anzufertigen. Seien Sie dabei jedoch auf der Hut! Sie können nicht einfach den Verkehrswert des Vorgutachters mit entsprechender Indexumrechnung auf heute fortschreiben. Die Liegenschaft von damals ist nicht mehr dieselbe wie heute. Die Restnutzungsdauer ist in der Regel geringer; vielleicht sind auch die Kosten- und Erlössituation sowie der Liegenschaftszinssatz und der Bodenwert anders. Oftmals muß in diesem Fall ein komplettes neues Gutachten angefertigt werden, wobei das Vorgutachten natürlich in vielen Passagen hilfreich ist. Niemand kann Ihnen im übrigen verbieten, auch in diesem Fall das Vorgutachten kritisch zu würdigen.

Wenn Sie ein Vorgutachten prüfen müssen, achten Sie auch darauf, auf welchen Stichtag es bezogen ist. Oftmals liegt dieser bis zu zwei Jahre zurück; Sie müssen dann mit den Argumenten prüfen, die damals galten. Das ist besonders schwierig und erfordert intensive Recherche. Derartige Ober- und Kontrollgutachten nennen wir *retrospektive Gutachten*.

15. Exemplarische Auszüge aus Verkehrswertgutachten

15.1 Bodenwertgutachten

Nachstehend finden Sie den zentralen Teil eines Gutachtens aus dem Jahre 1993 zur Ableitung des Bodenwerts für eine Liegenschaft in Radeberg bei Dresden. Zunächst wird auf die besondere Problematik eingegangen, dann erfolgt mit dem Bonner Verfahren und entsprechenden Kontrollrechnungen eine detaillierte Ermittlung des Bodenwerts. Dieses Gutachten kann Ihnen für Bodenwertermittlungen in Regionen ohne Vergleichswerte als generelles Muster dienen.

... V. ZUR BODENWERTPROBLEMATIK IM BEWERTUNGSGEBIET

(1) Das anzuwendende Recht

Nach Artikel 8 des Einigungsvertrages ist in den neuen Bundesländern Bundesrecht in Kraft getreten, soweit es nicht in seinem Geltungsbereich auf bestimmte Länder oder Landesteile beschränkt ist. Die hier interessierenden Regelungen des BauGB und der WertV 88 sind Bundesrecht und im Geltungsbereich nicht beschränkt auf Teile der Bundesrepublik. Sie müßten also auch in den neuen Bundesländern gelten, es sei denn, daß der Einigungsvertrag besondere Regelungen vorsieht. Das ist hinsichtlich der WertV 88 nicht der Fall, so daß diese Verordnung in den neuen Bundesländern ebenfalls gilt.

Es dürfen zur Wertermittlung und zur Ableitung der erforderlichen Daten nur Kaufpreise herangezogen werden, bei denen anzunehmen ist, daß sie nicht durch

durch ungewöhnliche oder persönliche Verhältnisse beeinflußt worden sind. (1) Hierzu gibt es vier Fallgruppen, in denen eine Beeinflussung vorliegen kann. Es sind dies erhebliche Abweichungen der Kaufpreise, der Herstellungs- und Bewirtschaftungskosten von vergleichbaren Fällen sowie das Bestehen besonderer verwandtschaftlicher, wirtschaftlicher oder sonstiger Bindungen zwischen den Vertragsparteien oder das Vorliegen eines außergewöhnlichen Interesses am Verkauf oder Erwerb des Grundstücks. Diese Aufzählung enthält nur Beispiele und ist nicht abschließend.

Oftmals lassen sich bei getätigten Grundstücksgeschäften in den neuen Bundesländern Preise feststellen, die zuweilen sogar über dem Niveau der Bodenrichtwerte vergleichbarer Orte in den alten Bundesländern liegen und keinerlei Anpassungen enthalten. Hinzu kommen Fälle, in denen Käufer aus Unkenntnis über fortbestehende dingliche Rechte an Grundstücken, die nicht im Grundbuch eingetragen waren, überzogene Preise bezahlten. Ahnungslosigkeit und Unkenntnis auf der Käufer- wie Verkäuferseite rechtfertigen ebenfalls die Annahme von ungewöhnlichen Verhältnissen im Sinne des § 6 WertV 88. Insofern ist eine Bodenwertermittlung in den neuen Bundesländern wohlbegründet und im strengen Rahmen geltenden Rechts durchzuführen. (2)

Die organisatorischen Rahmenbedingungen auf dem Gebiet der Gutachterausschüsse für Bodenrichtwerte in den neuen Bundesländern zwingen zumindest noch einige Zeit dazu, bei der Verkehrswertermittlung von Liegenschaften hinsichtlich des Bodenwerts und auch anderer bewertungsrelevanter Größen (3) auf Vergleichsdaten aus den alten Bundesländern zurückzugreifen. *Es fehlt insbesondere ein ausreichender Datenbestand über ein längerfristiges Marktgeschehen auf dem Grundstückssektor.* Auf jeden Fall müssen Grundstückspreise hinsichtlich ihrer Verwertbarkeit für Bodenrichtwerte immer dann angezweifelt werden, wenn niemand in der Lage ist, das Zustandekommen solcher Preise zu erläutern. Nur eine Begründung von Preisen, aus welcher deren Zustandekommen erklärbar wird, verhindert die Verwendung überhöhter Vergleichs-

---

1) WertV, § 6, Abs. 1

2) Hier ist bei derzeitiger gutachterlicher Arbeit ein erhebliches Defizit festzustellen. Offensichtlich sind es die Sachverständigen in der DDR angesichts ihrer damaligen marktfremden Praxis nicht gewohnt gewesen, ihre Ergebnisse überzeugend darzulegen. Sie waren eher "Preis*festsetzer*" als "Preis*prognostiker*", was auch in der ehemaligen DDR durchaus gutachterliche und von der Kammer der Technik gewollte Praxis war. Insofern kann man ihnen keinen Vorwurf machen.

In den alten Bundesländern ist hingegen oft festzustellen, daß der langjährig arbeitende Sachverständige oftmals derart "in seinen festgefahrenen Gleisen" steckt, daß auch ihm ein Umdenken auf die besonderen Verhältnisse in den neuen Bundesländern schwerfällt.

3) insbesondere Liegenschaftszinssätze

werte, die in aller Regel auf ungewöhnliche oder persönliche Verhältnisse zurückgehen.

Die Nutzung von Vergleichsdaten aus den alten Bundesländern ist rechtlich zulässig. Es können Vergleichsgrundstücke aus vergleichbaren Gebieten herangezogen werden, wenn sich in dem Gebiet, in dem das zu bewertende Grundstück liegt, nicht genügend verwertbare Kaufpreise finden. (4) Bodenrichtwerte sind durchschnittliche Preise für Grund und Boden, die aus einer Mehrzahl von Grundstücksverkäufen mit im wesentlichen gleichen Nutzungs- und Wertverhältnissen ermittelt und auf den Quadratmeter Grundstücksfläche bezogen werden. (5) Bodenrichtwerte sind ein wesentliches Hilfsmittel bei der Verkehrswertermittlungen in den alten Bundesländern.

(2) Rechtlich einwandfreie Verfahren

Das Heranziehen von Daten aus den alten Bundesländern zum Bodenwert entspricht auch der Grundvorstellung einer Arbeitsrichtlinie der Treuhandanstalt aus Mitte 1990. Das dabei verfolgte Hauptziel war es, einen Anhalt für die Erstellung der DM-Eröffnungsbilanzen zu geben. Ausgehend von der Überlegung, daß im Gebiet der neuen Länder die letzte Erfassung des Bodens auf das Jahr 1935 mit Werten von 1 bis 100 RM pro Quadratmeter stattfand, versucht die Richtlinie, eine Orientierung zu geben. Sie unterstellt einen Ausgangswert für das Gebiet der alten Bundesländer in Höhe von 85 DM/qm als Durchschnitt der Jahre 1985 bis 1989 und stellt diesen dann als repräsentativ dar. Dieser Ausgangswert wird danach mit Koeffizienten multipliziert, die entweder als Konstanten oder als Intervalle vorgegeben sind, um individuelle Anpassungen zu berücksichtigen. Hierzu gibt es einige, wenn auch sehr knappe Hinweise, die zum Teil irreführend sind, weil die angegebenen Beispiele nicht in allen Fällen richtig berechnet wurden. Darauf weisen auch Ross, Brachmann und Holzner zu Recht hin. (6)

Zunächst muß hervorgehoben werden, daß diese Richtlinie notwendig war, um das zum Betriebsvermögen gehörende Grundvermögen nach dem DM-Bilanzgesetz bewerten zu können. Die Arbeitsrichtlinie ist auch vergleichsweise sorgfältig abgestimmt und koordiniert worden und kann als einfach handhabbar bezeichnet werden. Das aber hindert nicht, darauf hinzuweisen, daß diese Richtlinie rechtlich bedenklich ist und durch Verfahren abgelöst werden mußte, die der durch § 13 WertV 88 vorgegebenen Rechtslage entsprechen. Nach dieser

4) WertV, § 13, Abs. 1

5) Bodenrichtwerte spiegeln insofern vergangenes Marktgeschehen wider.

6) a.a.O., S. 340

Vorschrift kommt es darauf an, Vergleichswerte aus vergleichbaren Gebieten heranzuziehen. Ein nur auf einen Gesamtdurchschnitt aus den alten Bundesländern abgestelltes Verfahren, woraus zudem die Herkunft der Einzelkoeffizienten nicht erklärbar wird, muß daher abgelehnt werden, sofern es als alleinige Methode zur Bodenwertermittlung herangezogen wird. (7)

Nach einem später ergangenen Erlaß des Bundesministers der Finanzen darf diese Richtlinie für die Ermittlung des Verkehrswerts bundeseigener Grundstücke in den neuen Ländern auch nicht mehr angewandt werden. Neuere Veröffentlichungen des Fachbeirats "Bewertung von Liegenschaften" der Treuhandanstalt haben die Erstattung von Gutachten über den Verkehrswert von Grundstücken für die Treuhandanstalt präziser geregelt. (8) Deshalb wird nachstehend für die Ermittlung des Bodenwerts der zu begutachtenden Liegenschaft das von Sommer und Zimmermann entwickelte "Bonner Verfahren" (9) angewendet. Dieses Verfahren ist in drei Phasen aufgebaut und enthält innerhalb dieser Phasen mehrere Rechenschritte.

Die *erste Phase* zielt auf die Gewinnung eines Zwischenwerts für Bodenwerte grundsätzlich vergleichbarer unbebauter Grundstücke in den alten Bundesländern. Sie beginnt mit der Qualifizierung der Region des zu bewertenden Grundstücks in den neuen Bundesländern und der Auswahl einer Vergleichsregion in den alten Bundesländern nach gewissen wertbestimmenden Merkmalen wie insbesondere Bevölkerungs-, Wirtschafts- und Verkehrsinfrastruktur. Dies ermöglicht dann eine Auswahl aus Bodenrichtwerten für Vergleichsgrundstücke, die bei den Gutachterausschüssen erfragt werden können.

---

7) Derartige Methoden können jedoch durchaus als Plausibilitätsnachweis in Kontrollrechnungen angewendet werden.

8) "Richtlinie des Fachbeirats 'Bewertung von Liegenschaften' der Treuhandanstalt für die Erstattung von Gutachten über den Verkehrswert von Grundstücken für die Treuhandanstalt", veröffentlicht in: Grundstücksmarkt und Grundstückswert (GuG) 1/92, S. 46ff.

9) Dieses Verfahren basiert auf Indikatoren, die in GuG 4/91, S. 193ff. dargestellt sind. Es entspricht derzeitigem Wissenschaftsstand sowie auch gutachterlicher Praxis.
Siehe hierzu auch: Sommer, G.: "Das *Bonner Verfahren* als Möglichkeit zur Ermittlung von Bodenwerten in den neuen Bundesländern", HuG, Gruppe 17, S. A1-A8, *und*: Sommer, G.: "Wie Sie mit dem *Bonner Verfahren* den Bodenwert sicher bestimmen", Immobilien-Berater, S. B28/87ff.
Dieses Verfahren wird mittlerweile in einschlägigen Seminaren auf der Basis des darüber ersten und bislang einzigen Lehrbuchs den Sachverständigen intensiv vermittelt: Sommer, G.:, "Was ist mein Haus heute wert", Verlag Norman Rentrop, Bonn, 1. Aufl. 1992, S. 72ff.
Dieses Verfahren wird auch als gesicherte Basis für Beleihungswerte herangezogen: Sommer, G.: "Grundbesitz als Kreditsicherheit: Wie Sie mit dem *Bonner Verfahren* in den neuen Bundesländern korrekt Bodenwerte bestimmen können", Finanzierungs-Berater, S. S56/001ff.

In der *zweite Phase* werden die Werte aus den alten Bundesländern auf die besonderen Verhältnisse in den neuen Ländern übergeleitet. Hier geht es um Anpassungen wegen der unterschiedlichen Wirtschafts- und Einkommensstruktur, wegen der unterschiedlichen Erschließung der Grundstücke und wegen einer Vielzahl von Faktoren, die in der Literatur als Umgebungsinfrastruktur bezeichnet werden.

Die *dritte Phase* schließlich befaßt sich, genauso wie bei der Vorgehensweise zur Bodenwertermittlung in den alten Bundesländern, mit individuellen Merkmalen des Grundstücks und paßt den in der zweiten Phase festgestellten Zwischenwert endgültig auf das zu bewertende Grundstück an. Solche Merkmale sind neben anderen die Größe des Grundstücks und sein Zuschnitt, seine Bodenbeschaffenheit und mögliche Belastungen durch Verfüllungen und Altlasten sowie auch die tatsächliche Bebauung im Hinblick auf die Ausnutzung der Fläche (Grundflächenzahl, Geschoßflächenzahl und gegebenenfalls auch Baumassenzahl). In dieser Phase werden abschließend auch individuelle Belastungen durch Rechte Dritter berücksichtigt.

Erheblich komplizierter, aber mit geringerem Argumentations- und Begründungsdruck versehen, sind weitere Varianten der Vergleichswertermittlung wie zum Beispiel das sogenannte "Schematisierte Verfahren". [(10)] Diese Verfahren verfolgen den gleichen Grundgedanken der Ableitung von Bodenwerten für die neuen Bundesländer aus Vergleichsgebieten, in denen gesicherte Werte vorliegen. Insofern stellen sie gegenüber dem früher entwickelten Bonner Verfahren keinen grundsätzlichen Erkenntnisfortschritt dar.

(3) Zusammenfassung der Einzelprobleme

Bei dem zu erstattenden Gutachten ergeben sich zusammenfassend nachstehende besondere Schwierigkeiten:

(a): Die herausragende Problematik ist in den unterschiedlichen Rechtssystemen zu sehen, wie sie vor der Wiedervereinigung in der alten Bundesrepublik und in der DDR galten. Während in der alten Bundesrepublik das Bürgerliche Gesetzbuch galt, war dieses in der DDR außer Kraft gesetzt und durch das Zivilgesetzbuch ersetzt worden. Zwar ist mit dem Einigungsvertrag in den neuen Bundesländern das Bürgerliche Gesetzbuch ebenfalls in Kraft getreten, aber gewisse

---

10) Hüttenrauch, Ch., Jacobs, E., und Kehlen, E.: Schematisiertes Verfahren zur Ermittlung von Bodenwerten in den neuen Bundesländern, GuG 3/92, S. 137ff.
Ein Verfahren auf der Basis einer Multifaktorenanalyse von Werten aus Berlin-Ost liegt ebenfalls speziell für die neuen Bundesländer vor (Schneider, D.: Herleitung von Bodenleitwerten für die Beitrittsländer aus Bodenleitwerten Berlin-Ost, GuG 5/92, S. 258ff.).

Folgewirkungen des Rechts der ehemaligen DDR sind noch jetzt zu beobachten. Für die Bewertung von Grundstücken ist dabei ganz entscheidend, daß gemäß Kapitel III, Sachgebiet B, Abschnitt II, Artikel 232, § 4 der Anlage I zum Einigungsvertrag Sondervorschriften vereinbart sind, wonach sogenannte dingliche Nutzungsrechte gemäß §§ 287 bis 294 des Zivilgesetzbuchs der DDR und sogenanntes Gebäudeeigentum gemäß § 288 Abs. 4 oder § 292 Abs. 3 des Zivilgesetzbuchs der DDR in gewissem Umfang weiter bestehen, soweit sie schon vor der Wiedervereinigung bestanden haben.

Insbesondere die Trennung des Eigentums an Grundstücken in das Eigentum am Boden und in das Eigentum an darauf errichteten Gebäuden als gesonderte Rechte ist dem Rechtssystem in der alten Bundesrepublik, wie es nunmehr im gesamten Deutschland prinzipiell gilt, fremd. (11) Die rechtliche Einheit des Eigentums an Boden und an darauf errichteten Gebäuden ist jedoch feststehende Grundlage jedes Grundstücksverkehrs in der alten Bundesrepublik gewesen. Alle Bodenwerte und sonstige Daten, wie sie in der alten Bundesrepublik gesammelt oder ermittelt worden sind, basieren auf diesem Grundprinzip des Eigentums am Grundstück.

Für die Bewertung von Grundstücken in der ehemaligen DDR kommt es neben einer Reihe von anderen Faktoren darauf an, ob ein Gebäudeeigentum fortbesteht, das vom Grundeigentum getrennt ist und damit den Wert des Eigentums an Grund und Boden ganz erheblich beeinflußt.

(b): Es fehlte der in § 7, Abs. 2 WertV 88 sowie in § 194 BauGB ausdrücklich geforderte "gewöhnliche Geschäftsverkehr" im Grundstücksmarkt, wie er auf dem Gebiet der alten Bundesländer Tradition ist.

(c): Es fehlte eine funktionsfähige Verwaltung, die auf dem Gebiet der alten Bundesländer wesentliche Hilfen für den Sachverständigen anbietet, insbesondere Dienstleistungen, welche die Gutachterausschüsse über Bodenrichtwerte, Liegenschaftszinssätze, örtliche Besonderheiten etc. bereithalten.

(d): Ferner wirkten sich die gravierenden Unterschiede im Wirtschaftsleben zwischen den neuen und den alten Bundesländern bis hin zu erheblich niedrigerem Einkommensniveau in den neuen Bundesländern erschwerend für eine realitätsgerechte Begutachtung aus: Gesammelte Erfahrungswerte, aber auch Preise, die vergangenes Marktgeschehen repräsentieren, konnten nicht unbesehen übertragen werden.

---

11) Lediglich das Erbbaurecht und das Überbaurecht knüpfen an diesen Gedanken an.

(e): Transparenz des Grundstücksmarkts, was als Forderung durchgängig in den einschlägigen Rechtsvorschriften zu finden ist, fehlte in den neuen Bundesländern. Diese muß hilfsweise konstruiert werden.

(f): Ergebnisse, wie sie durch Verkäufe von Liegenschaften und die dabei erzielten Preise entstanden, litten erheblich unter dem Makel der Zufälligkeit. Es war nicht erkennbar, wie derartige Preise zustande gekommen waren und ob nicht doch "ungewöhnliche oder persönliche Verhältnisse" dabei eine Rolle gespielt hatten.

(g): Hinzu kam das Fehlen eines funktionierenden Markts, was zur Folge hatte, daß es keine heilsamen Korrekturen durch Angebot und Nachfrage gab. Unausgewogene Auswüchse des jüngsten bis derzeitigen Marktgeschehens blieben ohne Richtigstellung und führten zu Fehleinschätzungen.

(h): Grundstücke in der ehemaligen DDR leiden auch heute noch in der Regel unter einem Erschließungszustand, der oft weit geringer als die Güte des Zustands in einem alten Bundesland ist.

(i): Darüber hinaus leiden Grundstücke in der ehemaligen DDR oftmals unter ungeklärten Altlasten, zum Beispiel kontaminierten Böden.

(j): Neben der Zurverfügungstellung einer direkt für das Grundstück notwendigen Erschließung gemäß den Vorschriften des Baugesetzbuchs gibt es die weitere, für eine bestimmungsgemäße quantitative und qualitative Nutzung erforderliche Umgebungsinfrastruktur:

Es handelt sich um Maßnahmen vor allem auf dem Gebiet der kommunalen Infrastruktur, die nicht durch Erschließungsbeiträge oder sonstige Abgaben von Grundstückseigentümern mitfinanziert werden. Diese Maßnahmen werden von der öffentlichen Hand sowie von gemeinnützigen Institutionen im Rahmen ihrer Aufgaben und im Rahmen der zur Verfügung stehenden Haushaltsmittel aus Steuer-, Gebühren- oder Spendenaufkommen bezahlt. Dies sind aber nicht nur reine Baumaßnahmen der Verkehrswege (Straßen, Kanäle, Bahnen, Flughäfen etc.) und die Zurverfügungstellung ausreichender postalischer Kommunikationsmöglichkeiten, sondern auch die Errichtung und Unterhaltung von öffentlichen Interessen dienenden Einrichtungen (Schulen, Krankenhäuser, Sozialstationen, Polizeikapazität etc.). Darüber hinaus sind darunter auch Maßnahmen zu verstehen, die allgemein in die Kategorie "Erhalt und stetige Verbesserung einer Lebensqualität" fallen (Luftreinhaltung, Gewässerschutz, Landschaftspflege, Stadtbildpflege etc.).

Ein Vergleich dieser Umgebungsinfrastruktur in den alten Bundesländern mit der entsprechenden Situation in den neuen Bundesländern zeigt dort erhebliche

Defizite auf, wobei allerdings gewisse regionale Unterschiede innerhalb der neuen Bundesländer zu verzeichnen sind.

(4) Konsequenz für unsere Vorgehensweise

In einem ersten Schritt unserer eigenen Kalkulationen ermitteln wir Bodenrichtwerte aus vergleichbaren Lagen und passen diese Werte auf die örtlichen Gegebenheiten an. Hierbei wenden wir das Bonner Verfahren an, da örtliche Bodenrichtwerte weder damals vorlagen noch heute vorliegen, was auch nicht verwunderlich ist. (12)

Derzeit ist es auch noch sachverständige Praxis, die sogenannte "Zielbaummethode" anzuwenden. Eine zusätzliche Kontrollrechnung wird daher mit dieser Methode vorgenommen (13). In einer zweiten Kontrollrechnung findet nachstehend auch das genannte "Schematisierte Verfahren" nach Hüttenrauch u. a. als Plausibilitätsnachweis Anwendung.

VI. BODENWERTERMITTLUNG NACH DEM BONNER VERFAHREN

Viele der oben dargestellten Probleme treffen mehr oder weniger ausgeprägt auf das vorliegende Objekt zu, was wir nachstehend im einzelnen berücksichtigen werden.

---

12) Boden*richt*werte zeigen vergangenes Marktgeschehen auf. Dabei muß auf eine Fülle von Daten zurückgegriffen werden, die in einer Reihe von Jahren detailliert ermittelt worden sind. Weder Marktgeschehen noch Sammlung irgendwelcher aussagekräftiger Daten war jedoch in den vergangenen Jahren örtlich zu beobachten. Aus diesem Grunde sprechen die örtlichen Gutachterausschüsse in den neuen Bundesländern auch von Boden*leit*- oder, wie in Leipzig, einfach von vorläufigen Bodenwerten. Es findet sich manchmal, wohl auch nicht ganz unbeabsichtigt, der nette Schreibfehler "Bodenlei*d*wert". Kollege Sigmund Freud läßt an dieser Stelle grüßen!

13) Diese Methode (sie geht zurück auf: Aurnhammer, H. E.: "Die Zielbaummethode als Hilfsmittel zur Lösung von Bewertungsproblemen in der Systemtechnik", Stuttgart 1976) spiegelt immensen subjektiven Einfluß wider. Sie ist demnach mit größter Vorsicht anzuwenden und eignet sich unserer Auffassung nach lediglich als Kontrollrechnung, obwohl sie in einer "Richtlinie des Fachbeirats 'Bewertung von Liegenschaften' der Treuhandanstalt für die Erstattung von Gutachten über den Verkehrswert von Grundstücken der Treuhandanstalt" (siehe GuG 1/92, S. 46f., insbes. Ziff. 5.1 "Bodenwertermittlung") ausdrücklich genannt ist.

(1) Herstellung der gebotenen Vergleichbarkeit

Es ist zwingend, Vergleichswerte aus den alten Bundesländern heranzuziehen, die regionale Ähnlichkeitsmerkmale aufweisen. Gebiete in den alten Bundesländern sind in sich nicht homogen, sondern weisen erhebliche strukturelle Unterschiede auf, die sich auf Verkaufspreise und die daraus abgeleiteten Bodenrichtwerte ausgewirkt haben. Eine rein schematische Ermittlung eines bloßen Durchschnittswerts aus dem Gesamtgebiet der alten Bundesländer, wie dies in der zitierten Arbeitsrichtlinie der Treuhand, aber grundsätzlich auch im Verfahren nach Hüttenrauch u. a. geschieht, ist unserer Auffassung nach vom Denkansatz her zu wenig differenziert. Sie trägt den strukturellen Unterschieden auch in den alten Bundesländern keine Rechnung und verletzt damit im Grunde das Auswahlkriterium in § 13 WertV 88, wonach Vergleichsgrundstücke aus vergleichbaren Gebieten herangezogen werden können.

Dies gilt unseres Erachtens ebenfalls für die Auffassung, ein in den alten Bundesländern vorhandenes Strukturgefälle in Süd-Nord-Richtung sei dadurch zu berücksichtigen, daß grundsätzlich nur Vergleichswerte aus den nördlichen Teilen der alten Bundesländer als Vergleichsbasis herangezogen werden. (14) Dabei wird zwar im Grundsatz das Vorhandensein beachtlicher Unterschiede innerhalb der alten Bundesländer berücksichtigt. Es wird aber insofern ein im Grunde sehr wenig differenziertes Verfahren angewendet, und man verzichtet auf genauere Ergebnisse, die möglich wären. Es gibt nach unserer Meinung bessere Methoden, um den in den alten Bundesländern vorhandenen Strukturunterschieden gerecht zu werden. Dabei ist vornehmlich die geografische Lage des Gebiets in den neuen Bundesländern zu berücksichtigen, in dem das jeweils zu begutachtende Objekt liegt. Sodann ist nach Regionen in den alten Bundesländern Ausschau zu halten, die ihrer Struktur nach und auch nach ihren sonstigen Merkmalen die größtmögliche Ähnlichkeit aufweisen.

Wesentliches Merkmal der zu begutachtenden Region ist die Radeberger Gemeindegröße von rund 17.000 Einwohnern und die Nähe von etwa 20 Kilometern zu Dresden. Hinzu kommt eine im Grundsatz mittelständische Industrie in landschaftlich eher uninteressanter Lage, obwohl am Rande der "Dresdner Heide" gelegen. Es handelt sich also nicht um ein besonderes Freizeit- und Erholungsgebiet. Wir haben, ausgehend von Dresden, zunächst Räume in Deutschland ausgesucht, die ähnlich strukturiert sind, und glauben, mit den *Regionen um Aachen, Hannover, Köln/Bonn, Stuttgart und Hamburg* eine auch hinsichtlich unterschiedlicher Größe repräsentative Wahl getroffen zu haben. In diesen Räumen haben wir jeweils Gemeinden ausgesucht, die die oben genann-

---

14) Diese Auffassung hat 1990 R. Vogel vertreten; er hat sich jedoch mittlerweile davon distanziert. Diese Meinung wird jedoch heute noch von Hüttenrauch u. a. geteilt (siehe a.a.O. im Literaturverzeichnis).

ten Merkmale von Radeberg ebenfalls in etwa aufweisen. Dies waren im wesentlichen:

für Aachen: Richterich, Kohlscheid, Hoengen, Walheim
für Hannover: Rethen, Steinwedel, Ramhorst, Hagenburg, Wunstorf
für Köln/Bonn: Rösrath, Hersel, Odenthal, Türnich, Sechtem
für Stuttgart: Böblingen, Rutesheim, Freiberg a. N., Aspach
für Hamburg: Quickborn, Uetersen, Buxtehude, Geesthacht

(2) Bodenrichtwerte von Vergleichsgrundstücken

Wir haben sodann Bodenrichtwerte von Vergleichsgrundstücken herangezogen, die in den oben genannten Räumen insbesondere die gleiche Lagekategorie aufwiesen wie das zu begutachtende Grundstück. Nach detaillierter Abstimmung mit den jeweils zuständigen Gutachterausschüssen ergaben sich folgende repräsentative Bodenwerte für in ähnlicher Lage befindliche Grundstücke in diesen Regionen:

Vergleichsgebiete	DM/qm
Aachen	135
Hannover	163
Köln/Bonn	138
Stuttgart	145
Hamburg	194

Aufgrund des Fehlens sonstiger weiterer Kriterien wird für das Vergleichsgebiet daraus ein arithmetisches Mittel gezogen, so daß wir zunächst mit einem Bodenwert von 155,00 DM/qm auszugehen haben. Diese Werte wurden uns mit Stichtag 31.12.1991 genannt bzw. wurden den amtlichen Bodenrichtwertkarten entnommen. Da der genannte Termin nicht mit dem Stichtag des zu erstattenden Gutachtens zusammenfällt, muß eine Umrechnung durchgeführt werden, die zu 155,00 x 1,113738 = 172,63 DM/qm führt. (15)

Dies ist der heutige Ausgangswert als Bodenwert, wenn das Grundstück eine Erschließungsgüte und eine Umgebungsinfrastruktur wie in den alten Bundesländern hätte. Außerdem ist dieser Bodenwert im Rahmen des Einkommensniveaus und der Wirtschaftsstruktur in den alten Bundesländern mit entsprechender Renditeprognose zu sehen.

---

15) Mit einer vorsichtigen Bodenwertsteigerung von 9 Prozent ergibt sich bei 15 Monaten der Faktor $1{,}09^{15/12} = 1{,}113738$.

(3) Anpassung auf das vorliegende Objekt

(a): Schon die genannte Arbeitsrichtlinie der Treuhand kannte nachstehende Anpassungsmerkmale:

(i) Territorialstruktur
(ii) Baulandart
(iii) Gemeindegrößenklasse
(iv) Geschäfts- bzw. Industrielage
(v) Erschließung und Infrastruktur
(vi) spezielle Wertmerkmale

Diese Richtlinie ist hinsichtlich ihres prinzipiellen Denkansatzes, zumindest was die Anpassungsmerkmale angeht, nicht zu beanstanden. Dies gilt im Grundsatz auch für das Verfahren nach Hüttenrauch u. a., das im wesentlichen dieselben Anpassungsmerkmale kennt.

(b): Wir setzen daher in Anwendung von § 13 WertV 88 unseren begonnenen Weg fort und übernehmen zunächst die drei oben unter (i), (v) und (vi) aufgeführten Anpassungskriterien sinngemäß aus dieser Richtlinie. Die anderen Anpassungskriterien (ii), (iii) und auch (iv) sind bereits bei der bisherigen Erhebung und Kalkulation berücksichtigt.

(c): Eine Anpassung hinsichtlich unterschiedlicher Territorialstrukturen geht von verschiedenen Einkommensniveaus in den neuen Bundesländern aus. Dies trifft im Kern auch unsere oben aufgeführte besondere Problematik in diesen Bundesländern. Wir differenzieren jedoch und unterstellen dabei zusätzlich noch ein unterschiedliches Niveau in der Renditeprognose für Investoren, was gestaffelt nach der Distanz zu den alten Bundesländern berücksichtigt werden muß. Grundsätzlich meinen wir, daß das Einkommensniveau in den neuen Bundesländern und damit auch die Renditeprognose etwa bei 70%, bezogen auf die alten Bundesländer, liegt. Entsprechender Abschlag wäre bei extremer Entfernung (z. B. Nordosten Mecklenburg-Vorpommerns oder Ost-Sachsen oder bei extrem ungünstiger Verkehrsanbindung an ein altes Bundesland) vorzunehmen. Bei unmittelbarer Nähe wäre kein Abschlag erforderlich; das Grundstück liegt dann faktisch "im Westen" (z. B. Eisenach oder die Umgebung von Berlin). Werte dazwischen ergeben sich aus der jeweiligen geografischen Lage.

(d): Für das zu begutachtende Objekt halten wir eine Anpassung mit einem Abschlag von 10 Prozent für gerechtfertigt, was den oben genannten Zwischenwert auf 145,37 DM/qm [16] korrigiert.

---

16) Zur zusätzlichen Erläuterung hinsichtlich einer Anpassung wegen unterschiedlicher Investitions- und Finanzkraft sowie anderem Einkommens- und Vermögensniveau: *Zum Bewertungsstichtag ist die Investitions- und Finanzkraft sowie das Einkommens- und*

(e): Die Richtlinie der Treuhand kennt ebenso wie das Verfahren nach Hüttenrauch u. a. eine Anpassung hinsichtlich der Erschließung und der Infrastruktur. Dies entspricht auch unseren im vorigen Kapitel aufgeführten Hinweisen. Beim eingangs ermittelten Vergleichswert handelte es sich jedoch um einen erschließungsbeitrags*freien* Bodenwert.

Es ist grundsätzlich richtig, daß für sehr viele der in den neuen Bundesländern zu begutachtenden Grundstücke eine Erschließung nach dem Standard der alten Bundesländer hinsichtlich der Anbindung an das öffentliche Straßennetz und hinsichtlich insbesondere der Entsorgung von Abwasser praktisch nicht gegeben ist. In solchen Fällen ist diese verkehrsmäßige Erschließung und die Ver- und Entsorgungserschließung erst herzustellen, was in der Zukunft zu entsprechenden Erschließungsbeiträgen und zu weiteren kommunalen Abgaben führen wird. Weil dies einen Bodenpreis drückt, ist es nicht unwesentlich wertrelevant. Es ist daher richtig, die zu erwartende Erschließungsbeitragsbelastung vom Bodenwert abzusetzen.

Im vorliegenden Fall ist aber eine Erschließung quantitativ umfassend gegeben, wenn auch vermutlich qualitativ nicht auf dem Stand dessen, was in den Vergleichsgebieten anzutreffen ist. Insofern muß ein Abschlag, wenn auch nur ein geringer, vorgenommen werden. Wir haben die dominanten Erschließungsbeiträge in den Vergleichsgebieten ebenfalls erhoben und daraus einen repräsentativen Wert von 50 DM/qm gezogen. Wir halten für das Objekt einen Abzug von 20 Prozent der ermittelten dominanten Erschließungsbeiträge für notwendig. Dies führt zu 155,37 - 0,2 x 50 = 145,37 DM/qm. (17)

---

in den neuen Bundesländern in Relation zu der Situation in den alten Bundesländern sehr stark geschwächt worden. Die volkswirtschaftliche Situation befand sich auf einem Tiefpunkt, negative Prognosen bezüglich weiter ansteigender Arbeitslosigkeit bzw. Kurzarbeit lagen vor. Das durchschnittliche Verdienstniveau lag unter 50% der Einkünfte in den alten Bundesländern. Hinzu kommt, daß eine nennenswerte Kapitalbildung in der ehemaligen DDR kaum möglich war.
Im geografischen Raum unserer Bewertung zeigt sich dieses Bild prinzipiell noch heute, wenn auch nicht unbedingt von einer nachhaltigen Situation gesprochen werden kann. Insofern verbietet sich ein bedeutend höherer Abschlag, wie dies noch vor etwa einem Jahr durchgeführt werden mußte. Hinzu kommt, daß zumindest mit der bestehenden Möbelfertigung, den landtechnischen Betrieben und der bekannten erstklassigen Brauerei Arbeitsplatzkerne zu verzeichnen sind, die ein gewisses Einkommens- und Vermögensniveau über dem sonstigen Rahmen Ost-Sachsens gewährleisten.

17) Zur zusätzlichen Erläuterung hinsichtlich einer Anpassung wegen unterschiedlicher quantitativer und qualitativer Erschließung vergleiche obige unsere Grundstücksbeschreibung. Wir sind uns bewußt, daß derartige Abschläge in ihren absoluten Höhen durchaus Anlaß zu obergutachterlicher Diskussion sein können. Aber gerade weil Prognosen für die zukünftige Heranziehung zu Erschließungsbeiträgen derzeit keinerlei gesicherte Basis haben, kann nur ein vorsichtiger Ansatz auf der Grundlage von Vergleichswerten Bestand haben.

(f): Ein insbesondere für Investoren wichtiges Wertkriterium ist die hinreichend qualitativ und quantitativ vorhandene Umgebungsinfrastruktur, so wie wir diese oben definiert und eingehend beschrieben haben. Gutachterliche Beispiele aus der Literatur gehen von Anpassungsfaktoren zwischen einem und zwei Dritteln aus und betonen ausdrücklich, daß "dieser Abschlag sich durchaus mit den anderen Abschlägen überlagern kann". (18)

Es erscheint auch uns richtig, einen Abschlag vorzunehmen. Die Umgebungsinfrastruktur im Bewertungsgebiet entspricht nicht dem Standard der Vergleichsgrundstücke in den alten Bundesländern, sie ist auch bezogen auf andere Gebiete in den neuen Bundesländern kaum besser. Unsere Recherchen haben ergeben, daß eine ähnliche Umgebungsinfrastruktur in den Vergleichsgebieten etwa Mitte der 70er Jahre zu erkennen war. Dort lagen die Bodenwerte, index- und kaufkraftbereinigt auf heute, etwa 20 Prozent niedriger. Wir orientieren uns daher an einem Abschlag auf 80 Prozent und erhalten demnach abschließend einen Bodenwert gemäß Bonner Verfahren von 116,29 DM/qm. (19)

(4) Kontrollrechnung mit dem Schematisierten Verfahren

Ähnlich zum Bonner Verfahren haben Hüttenrauch, Jacobs und Kehlen (20) ein Verfahren entwickelt, das ebenfalls Vergleichswerte aus den alten Bundesländern zur Anpassung auf ein Grundstück in einem neuen Bundesland zugrunde legt. In einem ersten Schritt wird schematisiert ein erschließungsbeitragspflichtiger Grundwert genommen, der lediglich von der Siedlungsstruktur und der Gemeindegröße abhängig ist. Dieser wird dann nach sieben Kategorien angepaßt, wobei die Autoren gewisse Anpassungsfaktoren vorgeben.

Für das zu begutachtende Grundstück ergibt sich ein sogenannter *siedlungsstruktureller Kreistyp* der Kategorie 2 in einer *Gemeindegröße* von etwa 17.000 Einwohnern. Dafür geben die Autoren einen von uns interpolierten (21)

---

18) Siehe Vogel, a.a.O.; er spricht, auch aus unserer Sicht völlig zu Recht, von Abschlägen bis zu 66 Prozent, das heißt auf nur 33 Prozent des Vergleichswerts!

19) Sommer, G.: Quantifizierung eines Infrastrukturabschlags, GuG 3/93, S. 165

20) Hüttenrauch, Ch., Jacobs, E., und Kehlen, E.: Schematisiertes Verfahren zur Ermittlung von Bodenwerten in den neuen Bundesländern, GuG 3/92, S. 137ff.
Ein Verfahren auf der Basis einer Multifaktorenanalyse von Werten aus Berlin-Ost liegt ebenfalls speziell für die neuen Bundesländer vor (Schneider, D.: Herleitung von Bodenleitwerten für die Beitrittsländer aus Bodenleitwerten Berlin-Ost, GuG 5/92, S. 258ff.

21) Für eine Gemeindegröße von 10.000 (25.000) Einwohnern ist der Bodenwert von 54 (85) DM/qm vorgesehen. Interpoliert ergibt dies bei 17.000 Einwohnern: 54 + ((85-54)/(25.000-10.000)) x 7.000 =68,47 DM/qm.

erschließungsbeitragspflichtigen Grundwert (für Wohnbauland) von 68,47 DM/qm an. Dies ergibt aktualisiert auf den Stichtag der Bewertung 76,26 DM/qm. (22)

Regionale, örtliche und nutzungstypische Anpassungen können nun für das zu bewertende Grundstück nach gewissen Kategorien vorgenommen werden. Bewertungsrelevant sind im vorliegenden Fall lediglich die Lage innerhalb der Gemeinde, der Einzugsbereich zur Großstadt Dresden und die sehr gute bauliche Ausnutzung des Grundstücks. Wir passen daher mit einem von den Autoren genannten Faktor von 70 Prozent (für die Lage innerhalb der Gemeinde), von 130 Prozent (für die Lage im Einzugsbereich zu Dresden) und von 110 Prozent für die positiv zu wertende Abweichung von der GFZ an, was zu einem Zwischenwert von 76,33 DM/qm als erschließungsbeitragspflichtigem Bodenwert führen würde. (23)

Schließlich müssen noch abgegoltene oder bereits entrichtete Erschließungsbeiträge berücksichtigt werden, was wir wie oben mit 40 DM/qm ansetzen. So erhält man in Schrittfolge und nach Maßgabe der von den Autoren vorgegebenen Faktoren den abschließenden Bodenwert von 116,33 DM/qm.

(5) Kontrollrechnung nach der Zielbaummethode

Dieses Verfahren gibt es in vielerlei Varianten; nachstehend eine davon, in besonderer Anwendung auf die einschlägige Bewertung in den neuen Bundesländern. (24) Es kennt drei wesentliche Anpassungskategorien mit jeweils drei Kriterien wie in nachstehender Aufstellung. Zunächst werden diese Kategorien gewichtet; dann werden die Kriterien einzeln im Hinblick auf das Vergleichsgrundstück mit Punkten von 1 bis 5 bewertet. Dabei entspricht 3 völliger Gleichheit. Weniger Punkte kennzeichnen eine schlechtere Situation als im Vergleichsgrundstück, mehr Punkte eine bessere. Danach werden diese Gewichte und die Punkte zu einem sogenannten Wertanteil zusammengerechnet:

---

22) Der Grundwert ist mit Stand von Anfang 1992. Mit einer vorsichtigen Bodenwertsteigerung von 9 Prozent ergibt sich bei 15 Monaten der Faktor $1{,}09^{15/12} = 1{,}113738$, um den sich dieser Grundwert erhöht.

23) 76,26 x 0,7 x 1,3 x 1,1 = 76,33 DM/qm

24) Das wie nachstehend durchgeführte Verfahren geht auf R. Vogel zurück.

Regionale Lage (30)				
Verkehrsanbindung	3	3		
Umgebung	3	2	→ 7/9 x 30 = 23,33	
Umweltbelastung	3	2		
	9	7		
Infrastruktur (30)				
Grundstück	3	2		
Gemeinde	3	2	→ 6/9 x 30 = 20,00	→ 65,56
Region	3	2		
	9	6		
Subj. Beurteilung (40)				
Erw. bis 2 Jahre	3	1		
Erw. bis 15 Jahre	3	2	→ 5/9 x 40 = 22,22	
Akzeptanz, Beleih.	3	2		
	9	5		

65,56 Prozent des ursprünglichen Vergleichswerts von 172,63 DM/qm ergeben nach der Zielbaummethode einen Kontrollwert von 113,17 DM/qm.

(6) Zusammenfassung

	Kontrollwerte	
Bonner Verfahren	Zielbaum-verfahren	Schemat. Verfahren
116,29	113,17	116,33

Es ist festzustellen, daß die Kontrollwerte zu unseren ermittelten nicht signifikant unterschiedlich sind und damit unsere gutachterlichen Untersuchungen bei Anwendung des Bonner Verfahrens bestätigen.

Auch in Würdigung der Aussagefähigkeit der Kontrollrechnungen und um keine Exaktheit vorzutäuschen, halten wir demnach abschließend einen gerundeten *Bodenwert von 115 DM/qm* für die zu begutachtende Liegenschaft für korrekt.

(7) Zur Aussagefähigkeit amtlicher Bodenwerte

Es ist uns unverständlich, wie der zuständige Gutachterausschuß mit dem Anspruch auf Korrektheit Bodenrichtwerte herausgeben kann. Sogar in seinem Geschäftsbericht wird vermerkt, daß lediglich 480 Verkäufe von bebauten Grundstücken in den Jahren 1990 und 1991 Basis der heutigen Richtwerte sind. Damit kann sicherlich nicht von einer hinreichend breiten Datenbasis gesprochen werden. Hinzu kommt, daß die Grundstücksverkäufe insbesondere in den Jahren 1990 und 1991 nicht einen vollkommenen Markt repräsentieren. (25) Insofern sind die genannten Bodenrichtwerte mit größter Vorsicht zu genießen und bei geringstem Zweifel abzulehnen. (26)

15.2 Renditeprognose

In einem anderen Fall galt es, die Liegenschaften für eine Druckerei zu bewerten. Im derzeitigen Zustand war nachhaltig keine wirtschaftliche Verwendung mehr zu erwarten; es mußte also auf der Basis eines zukünftigen Nutzungskonzepts eine Renditeprognose vorgenommen werden. Die Texte zum gegenwärtigen Sach- und Ertragswert können als Grundlage für andere Gutachten dienen.

... VII. DERZEITIGER ERTRAGSWERT

Der Ertragswert wird aufgrund nachhaltig erzielbarer Einnahmen bei ordnungsgemäßer Bewirtschaftung berechnet. Man ermittelt die jährlichen Einnahmen, die um die Bewirtschaftungskosten vermindert werden. Sodann werden die unterschiedlichen Nutzungsdauern der wertbestimmenden Objektteile (Gebäudeteile und Boden) sowie wertkorrigierende Anlagen in Ansatz gebracht.

Für das zu begutachtende Objekt ergab sich die Schwierigkeit, hier einen Mietzins in Ansatz zu bringen, obwohl tatsächlich zur Zeit keine Mieteinnahmen für

---

25) In der Nationalökonomie spricht man von einem *vollkommenen Markt*, wenn mindestens *Transparenz*, *freier Zugang* und eine zum Interessenausgleich über den Preis hinreichend *große Anzahl von Nachfragern* bei ebenso hinreichend *großem Angebot* bestehen. Alle diese Eigenschaften fehlten bislang im geographischen Raum der Bewertung und werden wohl auch noch einige Zeit fehlen.

26) Auch wenn viele Sachverständige derartige Werte kritiklos übernehmen, wird diese fehlerhafte Vorgehensweise nicht korrigiert. Dies zeigt nur, mit welcher Ignoranz und phantasielosen Argumentationsweise vorgegangen wird. Vielleicht liegt es auch nur daran, daß sich die meisten Sachverständigen nicht die nötige Zeit zur Anfertigung eines Gutachtens nehmen, sind sie doch oftmals hauptberuflich über die Maße mit anderen Problemen beschäftigt. Dies trifft in der Regel auf praktizierende Bauingenieure und Architekten zu. Insofern kann man ihnen noch nicht einmal einen Vorwurf machen.

einen befristeten Zeitraum erzielt werden. Offensichtlich war dem Vermieter als Gegenleistung für die Bereitstellung der Immobilie der Erhalt und der Ausbau von Arbeitsplätzen an diesem Standort so wichtig, daß dadurch ein Interessenausgleich erzielt werden konnte.

Zu beachten sind bei der Höhe des Mietzinses ebenso die erheblichen Nutzungsbeschränkungen hinsichtlich der Art und Weise der Gewerbetätigkeit. Hier gab es die enge Vorgabe der Bindung an einen Druckereibetrieb. Die vielfältigen Verflechtungen zwischen dem hier gesondert zu betrachtenden Grundstück und dem gesamten, von der örtlichen Universität genutzten Areal verdienen daneben gleichermaßen Beachtung. Nicht zuletzt muß der Mietpreis ebenfalls für einen mittelfristigen Zeitraum einen deutlichen Investitionsanreiz beinhalten, der das unternehmerische Risiko des Neuaufbaus tragbar erscheinen läßt. *Aus diesen Gründen wird der vergleichsweise niedrige Mietzins so angesetzt und als nachhaltig angesehen, wie er vereinbart ist.* Für das zu begutachtende Objekt ergeben sich danach folgende Berechnungsschritte:

(1) Rohertrag

	Größe qm	Miete DM/qm	Miete DM
Keller	205,30	3,00	615,91
Erdgeschoß	663,37	5,00	3316,85
Obergeschoß	614,84	5,00	3074,18
Dachgeschoß	614,84		0,00
Insgesamt	2098,34	-	7006,94

Der insgesamte jährliche Rohertrag beträgt 84.083,24 DM.

(2) Bewirtschaftungskosten

Detaillierte Bewirtschaftungskosten, die auf der Basis vergangener Aufzeichnungen hochgerechnet wurden, sind zum Ortstermin nicht zu ermitteln gewesen, weil hierfür noch keine Abrechnungszeiträume vorlagen, die den neuen Gegebenheiten nach dem 3.10.1990 entsprachen. Derartige Hochrechnungen sind in der Regel auch kein Maßstab für nachhaltig anfallende Kosten dieser Art. Es wird deshalb auf anerkannte Erfahrungssätze zurückgegriffen, die der Fachliteratur entnommen wurden. *In diesem Zusammenhang ist allerdings hervorzuheben, daß das Objekt außerordentlich kostenungünstig beheizt wird.* Daraus erklären sich die besonders hohen Betriebskosten. Angesichts des eingetretenen

Instandhaltungsstaus orientieren wir uns bei dieser Position ebenfalls an der oberen Grenze des Erfahrungswerts. Für das zu begutachtende Objekt werden nachstehende Bewirtschaftungskosten in Prozent des Rohertrags angesetzt:

Verwaltungskosten	4,00	Prozent	3363,33
Betriebskosten	24,00	Prozent	20179,98
Mietausfallwagnis	1,00	Prozent	840,83
Instandhaltung	32,00	Prozent	26906,64
Gesamte Bewirtschaftungskosten pro Jahr			51290,78

Der Ansatz von Abschreibungen entfällt; diese sind im Vervielfältiger für den Gebäudeertrag (siehe unten) berücksichtigt. Grundsteuern sind in die Betriebskosten mit einbezogen.

(3) Reinertrag

Man unterscheidet zwischen dem Reinertrag des gesamten Grundstücks und dem Reinertrag der baulichen Anlagen, insbesondere deswegen, weil bei Gebäuden von einer begrenzten Nutzungsdauer ausgegangen werden muß, beim Boden hingegen nicht. Der Reinertrag (des Gebäudes) berechnet sich beim zu begutachtenden Objekt wie nachstehend:

	Jährlicher Rohertrag	84083,24
-	Jährliche Bewirtschaftungskosten	- 51290,78
=	Reinertrag des gesamten Objekts	32792,47
-	Verzinsung des Bodenwerts Liegenschaftszinssatz: 6,00 Prozent	- 5760,00
=	Reinertrag des Gebäudes	27032,47

Der Liegenschaftszinssatz ist für die Bewertung von erheblicher Bedeutung. Aus diesem Grunde werden die marktgerechten Liegenschaftszinssätze von den Gutachterausschüssen laufend ermittelt und auf Anfrage zur Verfügung gestellt. Die Liegenschaftszinssätze sind zwar von der Nutzungsart abhängig, jedoch regional nicht sehr unterschiedlich. Da jedoch für Begutachtungen in den neuen Bundesländern so gut wie keine Erhebungen über die Liegenschaftszinssätze vorliegen, orientieren wir uns an der einschlägigen Literatur (27) und an den Recherchen der Gutachterausschüsse von Bonn und Köln.

27) Besonders intensiv haben sich Rössler, Langner, Simon und Kleiber (a.a.O.: Schätzung und Ermittlung von Grundstückswerten, S. 191 ff. bzw. WertV 88 - Erläuterungen zur Ermittlung der Verkehrswerte nach neuem Recht, S. 106 ff.) mit der

Nach überwiegender Meinung in der Fachliteratur kann jedoch der "übliche" Liegenschaftszinssatz bei Anwendung in den neuen Bundesländern durchaus um 0,5 bis 1 Prozentpunkt höher angesetzt werden, um dem besonderen Risiko Rechnung zu tragen. So haben wir uns an oben angesetzten 6 Prozent orientiert.

(4) Gebäudeertragswert

Der Reinertrag bezieht sich auf das gesamte Gebäude; er wird als Zeitrente innerhalb der Restnutzungsdauer betrachtet. Deren Barwert stellt den Gebäudeertragswert dar. Mit einer Restnutzungsdauer von 39 Jahren sowie dem wie oben unterstellten Liegenschaftszinssatz ergibt dies eine Kapitalisierung mit dem Faktor 14,949 auf den insgesamten Gebäudeertragswert von 404.110,34 DM.

Dieser Gebäudeertragswert erhöht oder vermindert sich durch diverse wertbeeinflussende Umstände, sofern diese noch nicht im Miet- bzw. Liegenschaftszinssatz berücksichtigt wurden. Beim zu begutachtenden Objekt können jedoch keine besonderen wertbeeinflussenden Umstände festgestellt werden.

(5) Ergebnis:

Gebäudeertragswert	404110
Wertkorrekturen insgesamt	0
Bodenwert	96000
DERZEITIGER ERTRAGSWERT	500110

VIII. DERZEITIGER SACHWERT

Im Gegensatz zum Ertragswert, bei dem Renditeaspekte im Vordergrund stehen, orientiert sich der Sachwert an den Kosten einer Immobilie und deren Zeitwert. Der Sachwert trifft keinerlei Aussage über die Rentierlichkeit; er ist vielmehr eine Antwort auf die Frage der fiktiven Reproduktion: "Was würde das Objekt kosten, wenn es im derzeitigen Zustand heute erstellt würde?"

Ermittlung des korrekten Liegenschaftszinssatzes auseinandergesetzt. Sie nennen dort auch von ihnen ermittelte Werte, genauso wie Ross und Brachmann (a.a.O.: Ermittlung des Bauwertes von Gebäuden und des Verkehrswertes von Grundstücken, S. 301), an denen wir uns orientieren.

(1) Normalherstellungswert des Gebäudes

Zunächst ermittelt man über Erfahrungssätze der Baukosten auf Basis eines Stichjahrs (hier 1913) die fiktiven heutigen Herstellungskosten. Derartige Erfahrungssätze sind der einschlägigen Literatur entnommen. Es wird der derzeitige Baukostenindex von 1.870,7 für 1991 zugrunde gelegt. Die Maße wurden den vorhandenen Bauzeichnungen des ehemaligen VEB Ingenieur-Vermessungswesen Jena aus dem Jahre 1973 entnommen und deren Richtigkeit zum Ortstermin bei der Objektbegehung überprüft. Daraus ergaben sich folgende Werte:

	Kubuspreis	aus Basisjahr	mit Index	Kubuspreis heute
Keller	17,0	1913	1870,7	318,0
Erdgeschoß	17,0	1913	1870,7	318,0
Obergeschoß	17,0	1913	1870,7	318,0
Dachgeschoß	17,0	1913	1870,7	318,0

	Kubuspreis heute	umbauter Kubus	heutiger Neubauwert
Keller	318,0	482,46	153432,85
Erdgeschoß	318,0	2122,78	675085,42
Obergeschoß	318,0	1936,73	615917,19
Dachgeschoß	318,0	409,89	130352,84
Insgesamt		4951,86	1574788,30

(2) Gebäudesachwert

Es erfolgt der Einfachheit halber und um keine Exaktheit vorzutäuschen, eine lineare Abschreibung auf den Zeitwert. Bei einer Restnutzungsdauer von 39 Jahren ergibt sich ein Zeitwert von 1.574.788,30 x 0,39 = 614.167,44 DM.

(3) Gebäudewert/Außenanlagen

Obiger Ausgangswert ist um eventuelle Bauschäden und Baumängel zu vermindern. Baumängel konnten zum Ortstermin nicht festgestellt werden, *jedoch sind Bauschäden vorhanden, die insbesondere die Einwirkung von Feuchtigkeit auf die Bausubstanz und damit deren raschen Verfall zur Folge haben. So müßten durch Experten die Isolation der Fundamente gegen aufsteigende Boden-*

feuchte, der Befall der gesamten Holzkonstruktion des Dachs mit Schadpilzen sowie die heutigen Anforderungen nicht entsprechende Wärmeisolation geprüft werden. Gleichzeitig ist die Dacheindeckung erneuerungsbedürftig, ebenso die gesamte Dachentwässerung. Daraus ergeben sich recht umfangreiche Sanierungsaufgaben, die durch den künftigen Eigentümer auszuführen sind und unsererseits mit Gesamtkosten von 300.000 DM veranschlagt werden. Teilweise wurde mit der Sanierung durch Verstärkung der Deckenabstützung des Kellers bereits begonnen. Die Kosten hierfür setzen wir vom Herstellungswert des Gebäudes ab. Besondere sonstige wertbeeinflussende Umstände, die nicht schon durch die Festsetzung des Kubuspreises in Ansatz gebracht wurden, sind nicht festzustellen.

Schließlich sind noch Außenanlagen werterhöhend zu berücksichtigen, was wir unter Bezugnahme auf anerkannte Erfahrungssätze in der Literatur pauschal mit 5 Prozent des Gebäudewerts vornehmen.

(4) Ergebnis

Die zu berücksichtigenden Baunebenkosten sind heute aus vorliegenden Dokumenten ebenfalls nicht mehr nachweisbar. Wir nehmen aufgrund der komplexen Fertigstellung des gesamten, ca. 300 ha umfassenden Areals und des damit in Zusammenhang stehenden Bauvolumens von weit über 1 Million DM einen pauschalen Erfahrungswert der Literatur von nur 6 Prozent des Gebäudewerts und des Werts der Außenanlagen an.

Gebäudewert	614167
Außenanlagen	30708
Baunebenkosten 6,0% von Gebäudewert und Außenanlagen)	38693
Bodenwert	96000
DERZEITIGER SACHWERT	779568

IX. ERTRAGSWERT NACH NOTWENDIGEN INVESTITIONEN

Es hat sich bei der Begutachtung der gegenwärtigen Situation im Ertragswert und im Sachwert gezeigt, daß das Objekt in seiner Rendite außerordentlich ungünstig liegt. Es müssen, darauf wurde bereits hingewiesen, mindestens rund 300.000 DM Instandhaltungskosten en bloc aufgewendet werden, um den Stau zu beseitigen. Erst dann wird eine sinnvolle Verwendung dieses Objekts möglich sein. Wir kalkulieren daher den Ertragswert unter dieser Prämisse wie nachstehend neu:

(1) Rohertrag

	Größe qm	Miete DM/qm	Miete DM
Keller	205,30	4,00	821,22
Erdgeschoß	663,37	6,00	3980,22
Obergeschoß	614,84	6,00	3689,01
Dachgeschoß	614,84	1,00	614,84
Insgesamt	2098,34	-	9105,28

Der gesamte jährliche Rohertrag ist 109.263,37 DM. *Die angesetzten monatlichen qm-Rohmieten sind nun aufgrund der erfolgten Instandhaltungen nach Erfahrungswerten höher angesetzt.*

(2) Bewirtschaftungskosten

Verwaltungskosten	4,00	Prozent	4370,53
Betriebskosten	15,00	Prozent	16389,51
Mietausfallwagnis	0,00	Prozent	0,00
Instandhaltung	20,00	Prozent	21852,67
Gesamte Bewirtschaftungskosten pro Jahr			42612,72

Das Mietausfallwagnis ist nun null; Betriebs- und Instandhaltungskosten sind geringer als vorher.

(3) Reinertrag

Als zusätzlicher Kostenfaktor erscheint der Kapitaldienst. Bei angenommenem 7,5 Prozent als langfristigem Darlehenszinssatz ergibt sich eine Verzinsung des durchschnittlich geschuldeten Kapitals von (300.000/2) x 0,075 = 11.250 DM p.a. Die Nutzungsdauer des Objekts wird aufgrund der Investitionen nun mit einer Verlängerung von geschätzten 20 Jahren versehen. Zu den Zinsen kommt kalkulatorische Tilgung über diese Restnutzungsdauer von 300.000/59 = 5.084,75 DM p.a.; demnach insgesamt 16.334,75 DM p.a. wie untenstehend:

Jährlicher Rohertrag	109263,37
- Jährliche Bewirtschaftungskosten	- 42612,72
= Reinertrag des gesamten Objekts	66650,66
Verzinsung des Bodenwerts	- 5760,00
Kapitaldienst	- 16334,75
= Reinertrag des Gebäudes	44555,91

(4) Gebäudeertragswert

Mit einer Restnutzungsdauer von nunmehr 59 Jahren ergibt dies eine Kapitalisierung mit dem Faktor 16,131 auf den Gebäudeertragswert von 718.736,41 DM.

(5) Ergebnis

Gebäudeertragswert	718736
Bodenwert	96000
PROGNOSTIZIERTER ERTRAGSWERT	814736

X. SACHWERT NACH NOTWENDIGEN INVESTITIONEN

Auch der Sachwert verändert sich, wenn diese Investitionen vorgenommen werden. Dies liegt im wesentlichen an der veränderten Restnutzungsdauer und am neuen Kubuspreis. Allerdings muß die Investitionssumme abgezogen werden. Nachstehend eine ansonsten unkommentierte Neuberechnung des Sachwerts:

(1) Normalherstellungswert des Gebäudes

	Kubus-preis	aus Basisjahr	mit Index	Kubuspreis heute
Keller	20,0	1913	1870,7	374,1
Erdgeschoß	20,0	1913	1870,7	374,1
Obergeschoß	20,0	1913	1870,7	374,1
Dachgeschoß	20,0	1913	1870,7	374,1

	Kubuspreis heute	umbauter Kubus	heutiger Neubauwert
Keller	374,1	482,46	180509,23
Erdgeschoß	374,1	2122,78	794218,14
Obergeschoß	374,1	1936,73	724608,46
Dachgeschoß	374,1	409,89	153356,28
insgesamt:		4951,86	1852692,11

(2) Gebäudesachwert

Mit einer Restnutzungsdauer von nunmehr 59 Jahren ergibt sich ein Zeitwert von 1.852.692,11 x 59/120 = 910.906,95 DM.

(3) Gebäudewert / Außenanlagen

Wertkorrekturen wegen sofortiger Investitionen	- 300000
Gebäudesachwert	910907
Gebäudewert	610907

Wert der Außenanlagen pauschal 5,0 Prozent des Gebäudewerts	30545

(4) Ergebnis

Gebäudewert	610907
Außenanlagen	30545
Baunebenkosten 6,0% von Gebäudewert und Außenanlagen)	38487
Bodenwert	96000
PROGNOSTIZIERTER SACHWERT	775939

15.3 Argumentationslinien im Verkehrswert

Betrachten Sie noch einmal die Definition des Verkehrswerts im Abschnitt 5.3 mit den daraus abgeleiteten Entscheidungskriterien: Ziel eines jeden Verkehrswertgutachtens ist es demnach, eine *Preisprognose für den Interessenausgleich* zu ermitteln. Dazu sind abschließend immer individuelle Überlegungen anzustellen, die wir Ihnen nun an einigen Beispielen zeigen.

Zunächst setzen wir das Gutachten fort, das sich im vorigen Abschnitt mit einer Renditeprognose beschäftigte:

... Es ist abschließend noch zu darzustellen, wie Sach- und Ertragswerte auf graduelle Bodenwertänderungen reagieren. Wir gehen von unserem ermittelten Bodenwert von 32 DM/qm aus und berechnen eine Änderung von 5 DM/qm in beiden Richtungen:

Derzeit		
Bodenwert	Ertragswert	Sachwert
in DM/qm	jeweils in Tausend DM	
37 32 27	502 500 499	795 780 765

Nach Investitionen		
Bodenwert	Ertragswert	Sachwert
in DM/qm	jeweils in Tausend DM	
37 32 27	815 815 814	791 776 761

Sach- und Ertragswerte sind in beiden Situationen stabil. Graduelle Bodenwertänderungen wirken sich demnach nicht signifikant aus. Ferner ist festzustellen, daß sich der Sachwert immer um 800.000 DM bewegt, der Ertragswert nach Investitionen ebenfalls.

Der Verkehrswert orientiert sich an der jeweils herrschenden zeit- und ortsbezogenen Lage von Angebot und Nachfrage. Ertrags- und Sachwert können nur richtungweisenden Charakter haben. Wird der Ertragswert jedoch, insbesondere durch die Ansätze für Miet- und Liegenschaftszins, marktgerecht ermittelt, stellt er hinsichtlich der Renditeerwartung eine verkehrswertnahe Schätzung dar.

Eine sinnvolle wirtschaftliche Verwendung ist jedoch, wie bereits festgestellt, nur nach entsprechender Investition gegeben. Im vorliegenden Fall handelt es sich um ein rein gewerblich genutztes Grundstück, das hinsichtlich der gewerblichen Tätigkeit mit erheblichen Auflagen belastet worden ist. Sie ergeben sich aus dem überragenden Interesse des Eigentümers an einer vollständigen Nutzung des Gesamtareals des Universitätsgeländes sowie am Erhalt und an der Schaffung von Arbeitsplätzen. Beim Verkauf werden deshalb deutliche Investitionsanreize geboten, die sich im relativ niedrigen Mietzins bzw. dessen zeitweiliger Aussetzung und einem entsprechenden Grundstückspreis niedergeschlagen haben.

Zu berücksichtigen ist ferner, daß über den reinen Erhalt der bestehenden Bausubstanz hinaus zusätzlich Gebäude für die Expansion der Druckerei erforderlich sind, die neu gebaut werden müssen.

Das wirtschaftliche Risiko trägt danach allein der investierende Unternehmer. Seine Renditebetrachtungen sind dabei ganz anders geartet als die auf das Grundstück bezogene Renditeanalyse, falls jedwede Nutzung möglich wäre. Für ihn bedeuten Grunderwerb bzw. Erbpacht auf jeden Fall Investitionsmaßnahmen, die sich in einem überschaubaren Zeitraum amortisieren müssen. Ausgehend von der jetzigen Nutzung der Liegenschaft als Druckerei und der genannten Nutzungsbeschränkung ist die Nachfrage nach dieser Immobilie stärker beschränkt als üblich. Es ist auch davon auszugehen, daß die Ansiedlung dieses Gewerbes andererseits auf einer ganzen Reihe anderer geeigneter Standorte erfolgen könnte.

Es ist nun in der Fachliteratur umstritten, ob sich Gebäude in derartiger Nutzung, ähnlich wie Fabrikgebäude, in ihrer Bewertung am Sachwert oder am Ertragswert zu orientieren haben. Wir sehen jedoch die gewerbliche Nutzung im Vordergrund und orientieren uns deshalb in erster Linie am Ertragswert, ohne jedoch den Sachwert bei Renditeaussagen zu vernachlässigen.

Es hat sich, nicht zuletzt auch in unserer Sensitivitätsanalyse und der damit verbundenen Renditeuntersuchung bezüglich der notwendigen Investitionen, deutlich gezeigt, daß sich sowohl Sachwert als auch Ertragswert um 800.000 DM bewegen. Wir halten demnach einen ***Verkehrswert von 800.000 DM*** *gegenwärtig für korrekt bemessen …*

Bei folgendem Gutachten ging es um ein Mehrfamilienhaus mit Cafe im Erdgeschoß am Rande des Leipziger Stadtkerns. Es war ein vergleichsweise wertvolles Objekt, welches jedoch in einem derart desolaten Zustand war, daß der Verkehrswert deutlich unter den Vorstellungen des Verkäufers liegen mußte. An die abschließende Argumentationslinie zur Begründung des Verkehrswerts stellten sich daher besondere Anforderungen:

... Jede Verkehrswertermittlung unterliegt naturgemäß einem gewissem Ermessensspielraum des Gutachters.

Zur Bodenwertermittlung: Bei unserer Bodenwertermittlung haben wir Vergleichswerte aus den alten Bundesländern herangezogen und diese nach verschiedenen Merkmalen angepaßt. Diese Vorgehensweise wird auch ausdrücklich vom Gesetzgeber vorgeschrieben, was kürzlich noch in amtlichen Hinweisen festgeschrieben wurde. (28) Insofern wird der Ermessensspielraum eingegrenzt. Unsere Sensitivitätsanalyse hat aber gezeigt, daß der Bodenwert in gewissen Grenzen hinsichtlich des Ertragswerts entscheidungsirrelevant ist. Insofern spielt der gutachterliche Ermessensspielraum auch keine Rolle mehr, und ein Streit über diesen Wert würde keinen Sinn ergeben.

Zur Wahl des Bewertungsverfahrens: Angesichts der gegenwärtigen und auch der zukünftigen Nutzung steht einzig und allein eine Ertragswertdenkweise im Vordergrund. Für Grundstücke wie das zu begutachtende kommt auch nach überwiegender Meinung im Schrifttum und in der Rechtsprechung das Sachwertverfahren nicht in Betracht. (29) Die Wertermittlungsverordnung weist

---

28) Ergänzende Hinweise zu den Wertermittlungs-Richtlinien 1991 für das Gebiet der neuen Länder vom 17.3.1992, Bundesminister für Raumordnung, Bauwesen und Städtebau, zu Ziffer 1.3:

Definition des Verkehrswerts: Soweit sich in den neuen Bundesländern noch kein gewöhnlicher Geschäftsverkehr herausgebildet hat, ist der Verkehrswert mit Hilfe von Vergleichsdaten aus den alten Bundesländern unter Berücksichtigung von Unterschieden in den rechtlichen und wirtschaftlichen Rahmenbedingungen und den wertbeeinflussenden Merkmalen zu ermitteln.

Ungeklärte Eigentumsverhältnisse bleiben bei der Ermittlung des Verkehrswerts grundsätzlich außer Betracht, jedoch sind die sich aus der Anmeldung von Eigentumsansprüchen ergebenden Verfügungsbeschränkungen (§ 3 VermG) nach Umfang und Dauer bis zur Klärung der Eigentumsverhältnisse wertmindernd zu berücksichtigen, soweit die wirtschaftliche Nutzbarkeit und Verwertung des Grundstücks davon beeinträchtigt wird; die wirtschaftliche Nutzbarkeit ist in der Regel nicht beeinträchtigt, wenn die Voraussetzungen für die Anwendung des Gesetzes zur Beseitigung von Investitionshemmnissen vorliegen.

29) Rössler, Langner, Simon und Kleiber: "Schätzung und Ermittlung von Grundstückswerten", S. 28, mit weiteren Nachweisen, auch aus der Rechtsprechung.

ebenfalls darauf hin, daß der Verkehrswert unter "Würdigung der Aussagefähigkeit des angewandten Verfahrens" [30] bemessen werden soll. Nur eine Ertragswertermittlung kann aber im vorliegenden Fall Basis der Bewertung sein.

Zur Wahl des Liegenschaftszinssatzes: Der Liegenschaftszinssatz beinhaltet eine sogenannte Risikokomponente. Deshalb kann er bei Objekten wie dem vorliegenden durchaus höher liegen als üblich. Wir werden uns daher zunächst an dem Wert orientieren, der mit 1,23 Mio. DM Ergebnis unseres Stabilitätstests ist.

Zur gebotenen Nachhaltigkeit: Es ist klar, daß die Analyse des gegenwärtigen Zustands nicht Grundlage einer Verkehrswertermittlung sein kann. Allein schon die derzeit erkennbare geringe Restnutzungsdauer spricht dagegen. Es mußte daher eine Renditeprognose vorgenommen werden. Interessant ist jedoch dabei, daß die beiden Ertragswerte (0,99 Mio. DM gegenwärtig und 1,23 DM zukünftig) gar nicht allzuweit auseinanderliegen. Dies unterstreicht, daß das Objekt insgesamt gesehen nachhaltig eine durchaus wirtschaftliche Zukunft haben kann.

Zur Marktsituation: Es kann beim vorliegenden Fall nicht unbedingt davon ausgegangen werden, daß die Nachfrage nach solchen Immobilien stärker eingeschränkt ist als üblich. Selbst ein nur embryonal entwickelter Markt, der in Leipzig seine erste Rezessionsphase durchlebt, dürfte im Anlagebereich für solvente Kunden mit genügend Eigenkapital interessant bleiben. Hierfür spricht schon die steuerliche Komponente. Dennoch stellen gerade solche Investoren sehr stark die Frage nach der Rendite ihres eingesetzten Kapitals. In diesem Zusammenhang sind beim vorliegenden Objekte Wachstumsgrenzen im Rohertrag sehr deutlich: Einmal kann der gewerbliche Anteil des Objekts als qualitative Wachstumskomponente nur unwesentlich verändert werden, zum anderen bleibt auch extensives Wachstum bis auf den Ausbau des Dachs und einiger Pkw-Stellplätze nur eingeschränkt möglich. Insgesamt wird der Gebäudeertrag fast vollständig durch den Kapitaldienst der Folgeinvestitionen aufgezehrt. Dies gilt auch für etwas veränderte Investitionskonzepte, wie unsere Stabilitätsuntersuchungen zeigten. Bei einem Einsatz von Fremdkapital wird die Situation für den Erwerber durch die Finanzierungsnebenkosten noch etwas ungünstiger.

Für einen potentiellen Erwerber kommen zwei weitere wesentliche Aspekte hinzu, welche bisher nicht vollständig methodisch berücksichtigt werden konnten und auch schwierig quantifizierbar sind: Das Objekt bleibt risikobelastet, da der Umsatz aus dem Ladengeschäft von der privaten Kaufkraft im Wohnumfeld und somit von der Arbeitsmarktlage abhängt. Es kommt noch hinzu, daß während einer Modernisierungsphase mit Umsatzeinbußen und kalkulatorischem Unternehmerlohn als Aufwand zu rechnen ist. *Diese Situation kann der Erwerber nur durch einen niedrigen Einstandspreis kompensieren. Insofern muß*

30) WertV 88, § 7, Ermittlung des Verkehrswerts

sich auch die Bewertung am unteren Rand der oben genannten Bandbreite orientieren.

Wir orientieren uns daher abschließend im unteren Drittel der genannten aufgezeigten Bandbreite und halten, auch um keine Exaktheit vorzutäuschen, gerundet einen **Verkehrswert von 1.100.000 DM** bei derzeitiger Bewertung für korrekt bemessen. Wir weisen jedoch ausdrücklich noch einmal darauf hin, daß sich dieser Wert nur ergibt, wenn der Erwerber die genannten Investitionen durchführt, deren Kapitaldienste jedoch schon berücksichtigt wurden ...

Zum Schluß noch ein besonders interessanter Fall: Es handelte sich um zwei Gebäude, die aufgrund der örtlichen Situation nur gemeinsam veräußert werden konnten, nämlich ein Einfamilienhaus und ein zu modernisierendes Mehrfamilienhaus. Beachten Sie auch die abschließende Bemerkung, die im jedem Gutachten zur Unterstreichung der gebotenen Objektivität enthalten sein sollte:

... Zwei Aspekte spielen jedoch noch eine Rolle, die bisher nicht quantifiziert werden konnten:

1.: Wir glauben, daß durchaus eine hinreichende Nachfrage für die Liegenschaft in ihrer Gesamtheit, insbesondere für das Einfamilienhaus, besteht. Insofern könnte eine Marktanpassung nach oben erfolgen.
2.: Andererseits ist gerade die gewollte Untrennbarkeit beider Gebäude bei Verkaufsverhandlungen eher hemmend. Es ist nämlich während einer auf jeden Fall in absehbarer Zeit kommenden Modernisierungsphase mindestens des Mehrfamilienhauses mit kalkulatorischem Nutzungsausfall und mit entsprechendem kalkulatorischen Unternehmerlohn als Aufwand zu rechnen. Dies kann nur durch einen niedrigen Einstandspreis kompensiert werden. Insofern könnte eine Marktanpassung nach unten erfolgen.

Unter Berücksichtigung aller wert- und marktbeeinflussenden Umstände sowie der Nutzungsart der Immobilien orientieren wir uns daher an den ursprünglich ermittelten Werten und halten gerundet einen **Verkehrswert von 277.000 DM** bei derzeitiger Bewertung für korrekt bemessen.

Wir versichern, das vorstehende Gutachten parteilos und ohne persönliches Interesse am Ergebnis [31] verfaßt zu haben.

---

31) Abweichend von den üblichen Regelungen der HOAI liegt mit dem Auftraggeber eine feste Honorarvereinbarung, unabhängig vom ermittelten Verkehrswert, vor.

16. Finanzmathematische Grundprinzipien

16.1 Indexrechnungen

Preise verändern sich. In der Regel steigen sie für eine jeweils gleiche Leistung. Um dies zu dokumentieren und auch um mit unterschiedlichen Preisen (für dieselbe Leistung) zu unterschiedlichen Zeitpunkten rechnen zu können, werden Indizes benutzt.

Leistungen am Bauwerk werden genauso wie andere Leistungen und Kosten regelmäßig erfaßt. Kostete beispielsweise eine bestimmte Leistung Mitte 1980 noch 100 DM, so weiß man, daß im November 1991 dieselbe Leistung 144,80 DM kostete.

Man sagt dann auch: Der Index für Bauleistungen mit Basis 1980 ist bis November 1991 auf 144,8 gestiegen. Was aber ist diese Leistung im November 1991 wert, wenn sie im Mai 1978 erbracht wurde?

Der Index (auf Basis 1980) von Mai 1978 ist 83,1. Dies bedeutet, daß im Mai 1978 für Bauleistungen ausgegebene 83,10 DM genausoviel erbrachten wie 100 DM für dieselben Leistungen Mitte 1980. Dann würde eine im Mai 1978 erbrachte Leistung im November 1991 das 1,7425fache kosten, nämlich (auf Basis 1980):

$$\frac{\text{Index November 1991}}{\text{Index Mai 1978}} = \frac{144{,}8}{83{,}1} = 1{,}7425$$

Zum gleichen Ergebnis würde man prinzipiell kommen, wenn man ein anderes Basisjahr nähme, zum Beispiel 1938:

$$\frac{\text{Index November 1991}}{\text{Index Mai 1978}} = \frac{1400{,}4}{803{,}6} = 1{,}7427$$

Man sollte jedoch immer ein Basisjahr nehmen, das nahe bei den Vergleichsjahren liegt. Preisindizes werden von den Statistischen Ämtern regelmäßig fortgeschrieben und veröffentlicht. Sie liegen in aller Regel für die Basisjahre 1913, 1938, 1950, 1958, 1962, 1970, 1976, 1980 und 1985 vor.

16.2 Aufzinsung und Abzinsung

Oft stellt sich die Frage, was ein heutiges Kapital nach einem bestimmten Zeitraum wert ist. 1.000 DM sind beispielsweise bei 6 Prozent Zins nach einem Jahr wert:

1.000 DM + 1.000 DM x 0,06 = 1.060 DM
oder kürzer: 1.000 DM x 1,06 = 1.060 DM

Im zweiten Jahr wird dieser Betrag von 1.060 DM nochmals mit 6 Prozent verzinst. Dies führt zu:

1.060 DM + 1.060 DM x 0,06 = 1.123,60 DM
oder kürzer: 1.060 DM x 1,06 = 1.123.60 DM

Zu diesem Ergebnis gelangt man einfacher, wenn man gleich ab dem Beginn rechnet:

1.000 DM x 1,06 x 1,06 = 1.123,60 DM
oder kürzer: 1.000 x $1{,}06^2$ = 1.123,60 DM

Ein Anfangskapital K_0 wächst also bei einem Zinssatz von i im ersten Jahr auf das Kapital K_1 nach der Formel:

$$K_1 = K_0 \times (1+i)$$

Das Anfangskapital K_0 wächst dann mit demselben Zinssatz von i im zweiten Jahr auf das Kapital K_2 nach der Formel:

$$K_2 = K_0 \times (1+i)^2$$

Diese Rechenweise geht dann kontinuierlich so weiter. Nach n Jahren ist dieses Anfangskapital K_0 dann mit demselben Zinssatz von i zum Kapital K_n nach der Formel angewachsen:

$$K_n = K_0 \times (1+i)^n$$

Nach beispielsweise 55 Jahren ist das Kapital von 1.000 DM bei demselben Zinssatz von 6 Prozent auf

$$K_{55} = 1.000 \times (1+0{,}06)^{55} = 1.000 \times 24{,}65 = 24.650 \text{ DM}$$

angewachsen. Bei Aufzinsungen brauchen wir also immer die Faktoren $(1+i)^n$, also Zahlen, die durch den Zinssatz i und die Anzahl der Jahre n bestimmt sind. Diese Zahlen liegen uns als sogenannte *Aufzinsungsfaktoren* in Tabellen vor.

Am Ende dieses Kapitels finden Sie diese Tabellen. In der Tabelle der Aufzinsungsfaktoren finden Sie beispielsweise den oben benutzten Faktor von 24,65 in der Zeile "55 Jahre" und Spalte "6 Prozent".

Oftmals muß man aber den umgekehrten Weg gehen. Man will wissen, was ein zukünftiges Kapital heute wert ist. Dazu geht man wieder von der obigen Formel

$$K_n = K_0 \times (1+i)^n$$

aus. Jetzt ist aber K_0 gesucht und K_n sowie der Zinssatz i bekannt.

Man löst diese Formel nach K_0 auf:

$K_0 = K_n / (1+i)^n$

oder: $K_0 = K_n \times (1 / (1+i)^n)$

Beispielsweise ist ein Kapital von 1.000 DM, das in 14 Jahren bei unterstelltem Zinssatz von 5 Prozent fällig ist (oder eine Zahlung, die wir leisten müssen), heute

$1.000 \times (1 / (1 + 0{,}05)^{14}) = 1.000 \times 0{,}5051 = 505{,}10$ DM

wert. Wenn abgezinst werden muß, brauchen wir demnach immer die Faktoren $1 / (1+i)^n$, also Zahlen, die ebenfalls durch den Zinssatz i und die Anzahl der Jahre n bestimmt sind. Diese Zahlen liegen uns als sogenannte *Abzinsungsfaktoren* auch in Tabellen vor. Am Ende dieses Kapitels finden Sie diese Tabellen. In der Tabelle der Abzinsungsfaktoren finden Sie beispielsweise den oben benutzten Faktor von 0,5051 in der Zeile "14 Jahre" und der Spalte "5 Prozent".

16.3 Renten und Lebenserwartung

Bei Auf- und Abzinsungen haben wir jeweils nur Einmalzahlungen berücksichtigt. Oft stellt sich jedoch die Frage, was eine *zukünftige regelmäßige Zahlung* heute wert ist. Dies ist zum Beispiel immer bei Gebäudereinerträgen in der Anwendung der Ertragswertmethode der Fall. Wir kalkulieren dann mit dem sogenannten *Ertragsvervielfältiger* (auch Kapitalisator oder Barwertfaktor genannt).

Eine regelmäßige Zahlung von 1.000 DM in den nächsten 17 Jahren hat bei einem Zinssatz von 5,5 Prozent den heutigen Wert:

$1.000 \times 10{,}86 = 10.860$ DM

Den Faktor 10,86 finden Sie in der Tabelle der Ertragsvervielfältiger in der Zeile "17 Jahre" und der Spalte "5,5 Prozent". Mit dieser Rechenweise sind wir bereits vertraut.

Manchmal stellt sich jedoch die umgekehrte Frage: Wie hoch wäre eine Rente aus einem heute vorhandenen Kapital? Aus dem oben errechneten Kapital von 10.860 DM könnte man 17 Jahre lang mit einem Zinssatz von 5,5 Prozent eine jährliche Rente von 1.000 DM zahlen. Man würde also umgekehrt rechnen:

10.860 / 10,86 = 1.000 DM

Eine jährliche Rente R errechnet sich also nach der Formel:

$R = K_0$ / Ertragsvervielfältiger

Ist der Verkaufserlös einer Immobilie heute zum Beispiel 140.000 DM und soll er bei unterstelltem Liegenschaftszinssatz von 4,5 Prozent für 22 Jahre verrentet werden, so berechnet sich die jährliche Rente nach:

140.000 / 13,78 = 10.160 DM

Der Käufer müßte demnach 22 Jahre lang jährlich 10.160 DM an den Verkäufer zahlen.

Sehr häufig werden jedoch Renten bis an das Lebensende gezahlt. Man muß also wissen, wie hoch die Lebenserwartung des Rentenberechtigten ist. Darüber gibt es sogenannte *Sterbetafeln*, und zwar getrennt nach den Lebenserwartungen von männlichen und weiblichen Personen. Bei Rentenberechnungen in den neuen Bundesländern müssen wir allerdings mit anderen Lebenserwartungen rechnen als bei Berechnungen für die alten Bundesländer. Auch diese Tabellen finden Sie im Anhang.

Die Lebenserwartung einer 73jährigen Frau aus den alten Bundesländern liegt beispielsweise bei *noch* 11,82 Jahren. Diese Zahl finden Sie in der Tabelle der Lebenserwartung (alte Bundesländer) - Weiblich - in der Zeile "Alter 73".

Aufzinsungsfaktoren

(Restnutzungsdauer 1 bis 50 Jahre)

Jahre	Liegenschaftszinssätze							
	3,5	4,0	4,5	5,0	5,5	6,0	6,5	7,0
1	1,04	1,04	1,05	1,05	1,06	1,06	1,07	1,07
2	1,07	1,08	1,09	1,10	1,11	1,12	1,13	1,14
3	1,11	1,12	1,14	1,16	1,17	1,19	1,21	1,23
4	1,15	1,17	1,19	1,22	1,24	1,26	1,29	1,31
5	1,19	1,22	1,25	1,28	1,31	1,34	1,37	1,40
6	1,23	1,27	1,30	1,34	1,38	1,42	1,46	1,50
7	1,27	1,32	1,36	1,41	1,45	1,50	1,55	1,61
8	1,32	1,37	1,42	1,48	1,53	1,59	1,65	1,72
9	1,36	1,42	1,49	1,55	1,62	1,69	1,76	1,84
10	1,41	1,48	1,55	1,63	1,71	1,79	1,88	1,97
11	1,46	1,54	1,62	1,71	1,80	1,90	2,00	2,10
12	1,51	1,60	1,70	1,80	1,90	2,01	2,13	2,25
13	1,56	1,67	1,77	1,89	2,01	2,13	2,27	2,41
14	1,62	1,73	1,85	1,98	2,12	2,26	2,41	2,58
15	1,68	1,80	1,94	2,08	2,23	2,40	2,57	2,76
16	1,73	1,87	2,02	2,18	2,36	2,54	2,74	2,95
17	1,79	1,95	2,11	2,29	2,48	2,69	2,92	3,16
18	1,86	2,03	2,21	2,41	2,62	2,85	3,11	3,38
19	1,92	2,11	2,31	2,53	2,77	3,03	3,31	3,62
20	1,99	2,19	2,41	2,65	2,92	3,21	3,52	3,87
21	2,06	2,28	2,52	2,79	3,08	3,40	3,75	4,14
22	2,13	2,37	2,63	2,93	3,25	3,60	4,00	4,43
23	2,21	2,46	2,75	3,07	3,43	3,82	4,26	4,74
24	2,28	2,56	2,88	3,23	3,61	4,05	4,53	5,07
25	2,36	2,67	3,01	3,39	3,81	4,29	4,83	5,43
26	2,45	2,77	3,14	3,56	4,02	4,55	5,14	5,81
27	2,53	2,88	3,28	3,73	4,24	4,82	5,48	6,21
28	2,62	3,00	3,43	3,92	4,48	5,11	5,83	6,65
29	2,71	3,12	3,58	4,12	4,72	5,42	6,21	7,11
30	2,81	3,24	3,75	4,32	4,98	5,74	6,61	7,61
31	2,91	3,37	3,91	4,54	5,26	6,09	7,04	8,15
32	3,01	3,51	4,09	4,76	5,55	6,45	7,50	8,72
33	3,11	3,65	4,27	5,00	5,85	6,84	7,99	9,33
34	3,22	3,79	4,47	5,25	6,17	7,25	8,51	9,98
35	3,33	3,95	4,67	5,52	6,51	7,69	9,06	10,68
36	3,45	4,10	4,88	5,79	6,87	8,15	9,65	11,42
37	3,57	4,27	5,10	6,08	7,25	8,64	10,28	12,22
38	3,70	4,44	5,33	6,39	7,65	9,15	10,95	13,08
39	3,83	4,62	5,57	6,70	8,07	9,70	11,66	13,99
40	3,96	4,80	5,82	7,04	8,51	10,29	12,42	14,97
41	4,10	4,99	6,08	7,39	8,98	10,90	13,22	16,02
42	4,24	5,19	6,35	7,76	9,48	11,56	14,08	17,14
43	4,39	5,40	6,64	8,15	10,00	12,25	15,00	18,34
44	4,54	5,62	6,94	8,56	10,55	12,99	15,97	19,63
45	4,70	5,84	7,25	8,99	11,13	13,76	17,01	21,00
46	4,87	6,07	7,57	9,43	11,74	14,59	18,12	22,47
47	5,04	6,32	7,92	9,91	12,38	15,47	19,29	24,05
48	5,21	6,57	8,27	10,40	13,07	16,39	20,55	25,73
49	5,40	6,83	8,64	10,92	13,78	17,38	21,88	27,53
50	5,58	7,11	9,03	11,47	14,54	18,42	23,31	29,46

Aufzinsungsfaktoren

(Restnutzungsdauer 51 bis 100 Jahre)

Jahre	Liegenschaftszinssätze							
	3,5	4,0	4,5	5,0	5,5	6,0	6,5	7,0
51	5,78	7,39	9,44	12,04	15,34	19,53	24,82	31,52
52	5,98	7,69	9,86	12,64	16,19	20,70	26,44	33,73
53	6,19	7,99	10,31	13,27	17,08	21,94	28,15	36,09
54	6,41	8,31	10,77	13,94	18,01	23,26	29,98	38,61
55	6,63	8,65	11,26	14,64	19,01	24,65	31,93	41,32
56	6,87	8,99	11,76	15,37	20,05	26,13	34,01	44,21
57	7,11	9,35	12,29	16,14	21,15	27,70	36,22	47,30
58	7,35	9,73	12,85	16,94	22,32	29,36	38,57	50,61
59	7,61	10,12	13,42	17,79	23,54	31,12	41,08	54,16
60	7,88	10,52	14,03	18,68	24,84	32,99	43,75	57,95
61	8,15	10,94	14,66	19,61	26,21	34,97	46,59	62,00
62	8,44	11,38	15,32	20,59	27,65	37,06	49,62	66,34
63	8,73	11,83	16,01	21,62	29,17	39,29	52,85	70,99
64	9,04	12,31	16,73	22,70	30,77	41,65	56,28	75,96
65	9,36	12,80	17,48	23,84	32,46	44,14	59,94	81,27
66	9,68	13,31	18,27	25,03	34,25	46,79	63,84	86,96
67	10,02	13,84	19,09	26,28	36,13	49,60	67,99	93,05
68	10,37	14,40	19,95	27,60	38,12	52,58	72,41	99,56
69	10,74	14,97	20,85	28,98	40,22	55,73	77,11	106,53
70	11,11	15,57	21,78	30,43	42,43	59,08	82,12	113,99
71	11,50	16,19	22,76	31,95	44,76	62,62	87,46	121,97
72	11,90	16,84	23,79	33,55	47,23	66,38	93,15	130,51
73	12,32	17,52	24,86	35,22	49,82	70,36	99,20	139,64
74	12,75	18,22	25,98	36,98	52,56	74,58	105,65	149,42
75	13,20	18,95	27,15	38,83	55,45	79,06	112,52	159,88
76	13,66	19,70	28,37	40,77	58,50	83,80	119,83	171,07
77	14,14	20,49	29,65	42,81	61,72	88,83	127,62	183,04
78	14,63	21,31	30,98	44,95	65,12	94,16	135,92	195,85
79	15,15	22,16	32,37	47,20	68,70	99,81	144,75	209,56
80	15,68	23,05	33,83	49,56	72,48	105,80	154,16	224,23
81	16,22	23,97	35,35	52,04	76,46	112,14	164,18	239,93
82	16,79	24,93	36,94	54,64	80,67	118,87	174,85	256,73
83	17,38	25,93	38,61	57,37	85,10	126,00	186,22	274,70
84	17,99	26,97	40,34	60,24	89,79	133,57	198,32	293,93
85	18,62	28,04	42,16	63,25	94,72	141,58	211,21	314,50
86	19,27	29,17	44,06	66,42	99,93	150,07	224,94	336,52
87	19,94	30,33	46,04	69,74	105,43	159,08	239,56	360,07
88	20,64	31,55	48,11	73,22	111,23	168,62	255,13	385,28
89	21,36	32,81	50,27	76,89	117,35	178,74	271,72	412,25
90	22,11	34,12	52,54	80,73	123,80	189,46	289,38	441,10
91	22,89	35,48	54,90	84,77	130,61	200,83	308,19	471,98
92	23,69	36,90	57,37	89,01	137,79	212,88	328,22	505,02
93	24,52	38,38	59,95	93,46	145,37	225,66	349,55	540,37
94	25,37	39,91	62,65	98,13	153,37	239,19	372,27	578,20
95	26,26	41,51	65,47	103,03	161,80	253,55	396,47	618,67
96	27,18	43,17	68,42	108,19	170,70	268,76	422,24	661,98
97	28,13	44,90	71,50	113,60	180,09	284,88	449,69	708,31
98	29,12	46,69	74,71	119,28	189,99	301,98	478,92	757,90
99	30,14	48,56	78,08	125,24	200,44	320,10	510,05	810,95
100	31,19	50,50	81,59	131,50	211,47	339,30	543,20	867,72

Abzinsungsfaktoren

(Restnutzungsdauer 1 bis 50 Jahre)

Jahre	Liegenschaftszinssätze							
	3,5	4,0	4,5	5,0	5,5	6,0	6,5	7,0
1	0,9662	0,9615	0,9569	0,9524	0,9479	0,9434	0,9390	0,9346
2	0,9335	0,9246	0,9157	0,9070	0,8985	0,8900	0,8817	0,8734
3	0,9019	0,8890	0,8763	0,8638	0,8516	0,8396	0,8278	0,8163
4	0,8714	0,8548	0,8386	0,8227	0,8072	0,7921	0,7773	0,7629
5	0,8420	0,8219	0,8025	0,7835	0,7651	0,7473	0,7299	0,7130
6	0,8135	0,7903	0,7679	0,7462	0,7252	0,7050	0,6853	0,6663
7	0,7860	0,7599	0,7348	0,7107	0,6874	0,6651	0,6435	0,6227
8	0,7594	0,7307	0,7032	0,6768	0,6516	0,6274	0,6042	0,5820
9	0,7337	0,7026	0,6729	0,6446	0,6176	0,5919	0,5674	0,5439
10	0,7089	0,6756	0,6439	0,6139	0,5854	0,5584	0,5327	0,5083
11	0,6849	0,6496	0,6162	0,5847	0,5549	0,5268	0,5002	0,4751
12	0,6618	0,6246	0,5897	0,5568	0,5260	0,4970	0,4697	0,4440
13	0,6394	0,6006	0,5643	0,5303	0,4986	0,4688	0,4410	0,4150
14	0,6178	0,5775	0,5400	0,5051	0,4726	0,4423	0,4141	0,3878
15	0,5969	0,5553	0,5167	0,4810	0,4479	0,4173	0,3888	0,3624
16	0,5767	0,5339	0,4945	0,4581	0,4246	0,3936	0,3651	0,3387
17	0,5572	0,5134	0,4732	0,4363	0,4024	0,3714	0,3428	0,3166
18	0,5384	0,4936	0,4528	0,4155	0,3815	0,3503	0,3219	0,2959
19	0,5202	0,4746	0,4333	0,3957	0,3616	0,3305	0,3022	0,2765
20	0,5026	0,4564	0,4146	0,3769	0,3427	0,3118	0,2838	0,2584
21	0,4856	0,4388	0,3968	0,3589	0,3249	0,2942	0,2665	0,2415
22	0,4692	0,4220	0,3797	0,3418	0,3079	0,2775	0,2502	0,2257
23	0,4533	0,4057	0,3634	0,3256	0,2919	0,2618	0,2349	0,2109
24	0,4380	0,3901	0,3477	0,3101	0,2767	0,2470	0,2206	0,1971
25	0,4231	0,3751	0,3327	0,2953	0,2622	0,2330	0,2071	0,1842
26	0,4088	0,3607	0,3184	0,2812	0,2486	0,2198	0,1945	0,1722
27	0,3950	0,3468	0,3047	0,2678	0,2356	0,2074	0,1826	0,1609
28	0,3817	0,3335	0,2916	0,2551	0,2233	0,1956	0,1715	0,1504
29	0,3687	0,3207	0,2790	0,2429	0,2117	0,1846	0,1610	0,1406
30	0,3563	0,3083	0,2670	0,2314	0,2006	0,1741	0,1512	0,1314
31	0,3442	0,2965	0,2555	0,2204	0,1902	0,1643	0,1420	0,1228
32	0,3326	0,2851	0,2445	0,2099	0,1803	0,1550	0,1333	0,1147
33	0,3213	0,2741	0,2340	0,1999	0,1709	0,1462	0,1252	0,1072
34	0,3105	0,2636	0,2239	0,1904	0,1620	0,1379	0,1175	0,1002
35	0,3000	0,2534	0,2143	0,1813	0,1535	0,1301	0,1103	0,0937
36	0,2898	0,2437	0,2050	0,1727	0,1455	0,1227	0,1036	0,0875
37	0,2800	0,2343	0,1962	0,1644	0,1379	0,1158	0,0973	0,0818
38	0,2706	0,2253	0,1878	0,1566	0,1307	0,1092	0,0914	0,0765
39	0,2614	0,2166	0,1797	0,1491	0,1239	0,1031	0,0858	0,0715
40	0,2526	0,2083	0,1719	0,1420	0,1175	0,0972	0,0805	0,0668
41	0,2440	0,2003	0,1645	0,1353	0,1113	0,0917	0,0756	0,0624
42	0,2358	0,1926	0,1574	0,1288	0,1055	0,0865	0,0710	0,0583
43	0,2278	0,1852	0,1507	0,1227	0,1000	0,0816	0,0667	0,0545
44	0,2201	0,1780	0,1442	0,1169	0,0948	0,0770	0,0626	0,0509
45	0,2127	0,1712	0,1380	0,1113	0,0899	0,0727	0,0588	0,0476
46	0,2055	0,1646	0,1320	0,1060	0,0852	0,0685	0,0552	0,0445
47	0,1985	0,1583	0,1263	0,1009	0,0807	0,0647	0,0518	0,0416
48	0,1918	0,1522	0,1209	0,0961	0,0765	0,0610	0,0487	0,0389
49	0,1853	0,1463	0,1157	0,0916	0,0725	0,0575	0,0457	0,0363
50	0,1791	0,1407	0,1107	0,0872	0,0688	0,0543	0,0429	0,0339

Abzinsungsfaktoren

(Restnutzungsdauer 51 bis 100 Jahre)

Jahre	Liegenschaftszinssätze							
	3,5	4,0	4,5	5,0	5,5	6,0	6,5	7,0
51	0,1730	0,1353	0,1059	0,0831	0,0652	0,0512	0,0403	0,0317
52	0,1671	0,1301	0,1014	0,0791	0,0618	0,0483	0,0378	0,0297
53	0,1615	0,1251	0,0970	0,0753	0,0586	0,0456	0,0355	0,0277
54	0,1560	0,1203	0,0928	0,0717	0,0555	0,0430	0,0334	0,0259
55	0,1508	0,1157	0,0888	0,0683	0,0526	0,0406	0,0313	0,0242
56	0,1457	0,1112	0,0850	0,0651	0,0499	0,0383	0,0294	0,0226
57	0,1407	0,1069	0,0814	0,0620	0,0473	0,0361	0,0276	0,0211
58	0,1360	0,1028	0,0778	0,0590	0,0448	0,0341	0,0259	0,0198
59	0,1314	0,0989	0,0745	0,0562	0,0425	0,0321	0,0243	0,0185
60	0,1269	0,0951	0,0713	0,0535	0,0403	0,0303	0,0229	0,0173
61	0,1226	0,0914	0,0682	0,0510	0,0382	0,0286	0,0215	0,0161
62	0,1185	0,0879	0,0653	0,0486	0,0362	0,0270	0,0202	0,0151
63	0,1145	0,0845	0,0625	0,0462	0,0343	0,0255	0,0189	0,0141
64	0,1106	0,0813	0,0598	0,0440	0,0325	0,0240	0,0178	0,0132
65	0,1069	0,0781	0,0572	0,0419	0,0308	0,0227	0,0167	0,0123
66	0,1033	0,0751	0,0547	0,0399	0,0292	0,0214	0,0157	0,0115
67	0,0998	0,0722	0,0524	0,0380	0,0277	0,0202	0,0147	0,0107
68	0,0964	0,0695	0,0501	0,0362	0,0262	0,0190	0,0138	0,0100
69	0,0931	0,0668	0,0480	0,0345	0,0249	0,0179	0,0130	0,0094
70	0,0900	0,0642	0,0459	0,0329	0,0236	0,0169	0,0122	0,0088
71	0,0869	0,0617	0,0439	0,0313	0,0223	0,0160	0,0114	0,0082
72	0,0840	0,0594	0,0420	0,0298	0,0212	0,0151	0,0107	0,0077
73	0,0812	0,0571	0,0402	0,0284	0,0201	0,0142	0,0101	0,0072
74	0,0784	0,0549	0,0385	0,0270	0,0190	0,0134	0,0095	0,0067
75	0,0758	0,0528	0,0368	0,0258	0,0180	0,0126	0,0089	0,0063
76	0,0732	0,0508	0,0353	0,0245	0,0171	0,0119	0,0083	0,0058
77	0,0707	0,0488	0,0337	0,0234	0,0162	0,0113	0,0078	0,0055
78	0,0683	0,0469	0,0323	0,0222	0,0154	0,0106	0,0074	0,0051
79	0,0660	0,0451	0,0309	0,0212	0,0146	0,0100	0,0069	0,0048
80	0,0638	0,0434	0,0296	0,0202	0,0138	0,0095	0,0065	0,0045
81	0,0616	0,0417	0,0283	0,0192	0,0131	0,0089	0,0061	0,0042
82	0,0596	0,0401	0,0271	0,0183	0,0124	0,0084	0,0057	0,0039
83	0,0575	0,0386	0,0259	0,0174	0,0118	0,0079	0,0054	0,0036
84	0,0556	0,0371	0,0248	0,0166	0,0111	0,0075	0,0050	0,0034
85	0,0537	0,0357	0,0237	0,0158	0,0106	0,0071	0,0047	0,0032
86	0,0519	0,0343	0,0227	0,0151	0,0100	0,0067	0,0044	0,0030
87	0,0501	0,0330	0,0217	0,0143	0,0095	0,0063	0,0042	0,0028
88	0,0484	0,0317	0,0208	0,0137	0,0090	0,0059	0,0039	0,0026
89	0,0468	0,0305	0,0199	0,0130	0,0085	0,0056	0,0037	0,0024
90	0,0452	0,0293	0,0190	0,0124	0,0081	0,0053	0,0035	0,0023
91	0,0437	0,0282	0,0182	0,0118	0,0077	0,0050	0,0032	0,0021
92	0,0422	0,0271	0,0174	0,0112	0,0073	0,0047	0,0030	0,0020
93	0,0408	0,0261	0,0167	0,0107	0,0069	0,0044	0,0029	0,0019
94	0,0394	0,0251	0,0160	0,0102	0,0065	0,0042	0,0027	0,0017
95	0,0381	0,0241	0,0153	0,0097	0,0062	0,0039	0,0025	0,0016
96	0,0368	0,0232	0,0146	0,0092	0,0059	0,0037	0,0024	0,0015
97	0,0355	0,0223	0,0140	0,0088	0,0056	0,0035	0,0022	0,0014
98	0,0343	0,0214	0,0134	0,0084	0,0053	0,0033	0,0021	0,0013
99	0,0332	0,0206	0,0128	0,0080	0,0050	0,0031	0,0020	0,0012
100	0,0321	0,0198	0,0123	0,0076	0,0047	0,0029	0,0018	0,0012

Ertragsvervielfältiger

(Restnutzungsdauer 1 bis 50 Jahre)

Jahre	Liegenschaftszinssätze							
	3,5	4,0	4,5	5,0	5,5	6,0	6,5	7,0
1	0,97	0,96	0,96	0,95	0,95	0,94	0,94	0,93
2	1,90	1,89	1,87	1,86	1,85	1,83	1,82	1,81
3	2,80	2,78	2,75	2,72	2,70	2,67	2,65	2,62
4	3,67	3,63	3,59	3,55	3,51	3,47	3,43	3,39
5	4,52	4,45	4,39	4,33	4,27	4,21	4,16	4,10
6	5,33	5,24	5,16	5,08	5,00	4,92	4,84	4,77
7	6,11	6,00	5,89	5,79	5,68	5,58	5,48	5,39
8	6,87	6,73	6,60	6,46	6,33	6,21	6,09	5,97
9	7,61	7,44	7,27	7,11	6,95	6,80	6,66	6,52
10	8,32	8,11	7,91	7,72	7,54	7,36	7,19	7,02
11	9,00	8,76	8,53	8,31	8,09	7,89	7,69	7,50
12	9,66	9,39	9,12	8,86	8,62	8,38	8,16	7,94
13	10,30	9,99	9,68	9,39	9,12	8,85	8,60	8,36
14	10,92	10,56	10,22	9,90	9,59	9,29	9,01	8,75
15	11,52	11,12	10,74	10,38	10,04	9,71	9,40	9,11
16	12,09	11,65	11,23	10,84	10,46	10,11	9,77	9,45
17	12,65	12,17	11,71	11,27	10,86	10,48	10,11	9,76
18	13,19	12,66	12,16	11,69	11,25	10,83	10,43	10,06
19	13,71	13,13	12,59	12,09	11,61	11,16	10,73	10,34
20	14,21	13,59	13,01	12,46	11,95	11,47	11,02	10,59
21	14,70	14,03	13,40	12,82	12,28	11,76	11,28	10,84
22	15,17	14,45	13,78	13,16	12,58	12,04	11,54	11,06
23	15,62	14,86	14,15	13,49	12,88	12,30	11,77	11,27
24	16,06	15,25	14,50	13,80	13,15	12,55	11,99	11,47
25	16,48	15,62	14,83	14,09	13,41	12,78	12,20	11,65
26	16,89	15,98	15,15	14,38	13,66	13,00	12,39	11,83
27	17,29	16,33	15,45	14,64	13,90	13,21	12,57	11,99
28	17,67	16,66	15,74	14,90	14,12	13,41	12,75	12,14
29	18,04	16,98	16,02	15,14	14,33	13,59	12,91	12,28
30	18,39	17,29	16,29	15,37	14,53	13,76	13,06	12,41
31	18,74	17,59	16,54	15,59	14,72	13,93	13,20	12,53
32	19,07	17,87	16,79	15,80	14,90	14,08	13,33	12,65
33	19,39	18,15	17,02	16,00	15,08	14,23	13,46	12,75
34	19,70	18,41	17,25	16,19	15,24	14,37	13,58	12,85
35	20,00	18,66	17,46	16,37	15,39	14,50	13,69	12,95
36	20,29	18,91	17,67	16,55	15,54	14,62	13,79	13,04
37	20,57	19,14	17,86	16,71	15,67	14,74	13,89	13,12
38	20,84	19,37	18,05	16,87	15,80	14,85	13,98	13,19
39	21,10	19,58	18,23	17,02	15,93	14,95	14,06	13,26
40	21,36	19,79	18,40	17,16	16,05	15,05	14,15	13,33
41	21,60	19,99	18,57	17,29	16,16	15,14	14,22	13,39
42	21,83	20,19	18,72	17,42	16,26	15,22	14,29	13,45
43	22,06	20,37	18,87	17,55	16,36	15,31	14,36	13,51
44	22,28	20,55	19,02	17,66	16,46	15,38	14,42	13,56
45	22,50	20,72	19,16	17,77	16,55	15,46	14,48	13,61
46	22,70	20,88	19,29	17,88	16,63	15,52	14,54	13,65
47	22,90	21,04	19,41	17,98	16,71	15,59	14,59	13,69
48	23,09	21,20	19,54	18,08	16,79	15,65	14,64	13,73
49	23,28	21,34	19,65	18,17	16,86	15,71	14,68	13,77
50	23,46	21,48	19,76	18,26	16,93	15,76	14,72	13,80

Ertragsvervielfältiger

(Restnutzungsdauer 51 bis 100 Jahre)

Jahre	Liegenschaftszinssätze							
	3,5	4,0	4,5	5,0	5,5	6,0	6,5	7,0
51	23,63	21,62	19,87	18,34	17,00	15,81	14,76	13,83
52	23,80	21,75	19,97	18,42	17,06	15,86	14,80	13,86
53	23,96	21,87	20,07	18,49	17,12	15,91	14,84	13,89
54	24,11	21,99	20,16	18,57	17,17	15,95	14,87	13,92
55	24,26	22,11	20,25	18,63	17,23	15,99	14,90	13,94
56	24,41	22,22	20,33	18,70	17,28	16,03	14,93	13,96
57	24,55	22,33	20,41	18,76	17,32	16,06	14,96	13,98
58	24,69	22,43	20,49	18,82	17,37	16,10	14,99	14,00
59	24,82	22,53	20,57	18,88	17,41	16,13	15,01	14,02
60	24,94	22,62	20,64	18,93	17,45	16,16	15,03	14,04
61	25,07	22,71	20,71	18,98	17,49	16,19	15,05	14,06
62	25,19	22,80	20,77	19,03	17,52	16,22	15,07	14,07
63	25,30	22,89	20,83	19,08	17,56	16,24	15,09	14,08
64	25,41	22,97	20,89	19,12	17,59	16,27	15,11	14,10
65	25,52	23,05	20,95	19,16	17,62	16,29	15,13	14,11
66	25,62	23,12	21,01	19,20	17,65	16,31	15,14	14,12
67	25,72	23,19	21,06	19,24	17,68	16,33	15,16	14,13
68	25,82	23,26	21,11	19,28	17,70	16,35	15,17	14,14
69	25,91	23,33	21,16	19,31	17,73	16,37	15,19	14,15
70	26,00	23,39	21,20	19,34	17,75	16,38	15,20	14,16
71	26,09	23,46	21,25	19,37	17,78	16,40	15,21	14,17
72	26,17	23,52	21,29	19,40	17,80	16,42	15,22	14,18
73	26,25	23,57	21,33	19,43	17,82	16,43	15,23	14,18
74	26,33	23,63	21,37	19,46	17,84	16,44	15,24	14,19
75	26,41	23,68	21,40	19,48	17,85	16,46	15,25	14,20
76	26,48	23,73	21,44	19,51	17,87	16,47	15,26	14,20
77	26,55	23,78	21,47	19,53	17,89	16,48	15,26	14,21
78	26,62	23,83	21,50	19,56	17,90	16,49	15,27	14,21
79	26,68	23,87	21,54	19,58	17,92	16,50	15,28	14,22
80	26,75	23,92	21,57	19,60	17,93	16,51	15,28	14,22
81	26,81	23,96	21,59	19,62	17,94	16,52	15,29	14,23
82	26,87	24,00	21,62	19,63	17,96	16,53	15,30	14,23
83	26,93	24,04	21,65	19,65	17,97	16,53	15,30	14,23
84	26,98	24,07	21,67	19,67	17,98	16,54	15,31	14,24
85	27,04	24,11	21,70	19,68	17,99	16,55	15,31	14,24
86	27,09	24,14	21,72	19,70	18,00	16,56	15,32	14,24
87	27,14	24,18	21,74	19,71	18,01	16,56	15,32	14,25
88	27,19	24,21	21,76	19,73	18,02	16,57	15,32	14,25
89	27,23	24,24	21,78	19,74	18,03	16,57	15,33	14,25
90	27,28	24,27	21,80	19,75	18,03	16,58	15,33	14,25
91	27,32	24,30	21,82	19,76	18,04	16,58	15,33	14,26
92	27,37	24,32	21,83	19,78	18,05	16,59	15,34	14,26
93	27,41	24,35	21,85	19,79	18,06	16,59	15,34	14,26
94	27,45	24,37	21,87	19,80	18,06	16,60	15,34	14,26
95	27,48	24,40	21,88	19,81	18,07	16,60	15,35	14,26
96	27,52	24,42	21,90	19,82	18,08	16,60	15,35	14,26
97	27,56	24,44	21,91	19,82	18,08	16,61	15,35	14,27
98	27,59	24,46	21,92	19,83	18,09	16,61	15,35	14,27
99	27,62	24,49	21,94	19,84	18,09	16,61	15,35	14,27
100	27,66	24,50	21,95	19,85	18,10	16,62	15,36	14,27

Lebenserwartung

(Alte Bundesländer; allgemeine Sterbetafel 1986/88)

Männlich			
Alter		Alter	
1	71,88	51	24,65
2	70,93	52	23,81
3	69,97	53	22,98
4	68,99	54	22,17
5	68,01	55	21,37
6	67,03	56	20,58
7	66,05	57	19,80
8	65,07	58	19,04
9	64,09	59	18,29
10	63,10	60	17,55
11	62,11	61	16,83
12	61,12	62	16,11
13	60,14	63	15,41
14	59,15	64	14,73
15	58,17	65	14,05
16	57,19	66	13,39
17	56,22	67	12,75
18	55,26	68	12,12
19	54,32	69	11,50
20	53,37	70	10,90
21	52,43	71	10,32
22	51,49	72	9,76
23	50,54	73	9,22
24	49,60	74	8,70
25	48,65	75	8,21
26	47,69	76	7,73
27	46,74	77	7,28
28	45,79	78	6,85
29	44,84	79	6,44
30	43,88	80	6,06
31	42,93	81	5,69
32	41,98	82	5,35
33	41,03	83	5,03
34	40,09	84	4,72
35	39,14	85	4,43
36	38,20	86	4,17
37	37,26	87	3,91
38	36,32	88	3,68
39	35,39	89	3,46
40	34,46	90	3,25
41	33,53	91	3,06
42	32,61	92	2,88
43	31,69	93	2,72
44	30,79	94	2,56
45	29,88	95	2,42
46	28,99	96	2,28
47	28,10	97	2,16
48	27,23	98	2,04
49	26,36	99	1,94
50	25,50	100	1,84

Weiblich			
Alter		Alter	
1	78,23	51	29,87
2	77,28	52	28,96
3	76,31	53	28,06
4	75,33	54	27,17
5	74,35	55	26,28
6	73,36	56	25,40
7	72,37	57	24,52
8	71,38	58	23,66
9	70,39	59	22,80
10	69,40	60	21,95
11	68,41	61	21,10
12	67,42	62	20,27
13	66,43	63	19,44
14	65,45	64	18,63
15	64,46	65	17,82
16	63,47	66	17,03
17	62,49	67	16,24
18	61,51	68	15,47
19	60,53	69	14,71
20	59,55	70	13,96
21	58,57	71	13,23
22	57,60	72	12,52
23	56,62	73	11,82
24	55,64	74	11,14
25	54,66	75	10,48
26	53,68	76	9,85
27	52,70	77	9,24
28	51,72	78	8,66
29	50,75	79	8,10
30	49,77	80	7,57
31	48,80	81	7,07
32	47,82	82	6,60
33	46,85	83	6,15
34	45,88	84	5,73
35	44,91	85	5,34
36	43,95	86	4,97
37	42,99	87	4,63
38	42,03	88	4,31
39	41,07	89	4,01
40	40,11	90	3,74
41	39,16	91	3,49
42	38,22	92	3,25
43	37,27	93	3,04
44	36,33	94	2,84
45	35,40	95	2,65
46	34,46	96	2,49
47	33,54	97	2,33
48	32,61	98	2,19
49	31,69	99	2,06
50	30,78	100	1,94

Lebenserwartung

(Neue Bundesländer, allgemeine Sterbetafel 1988/89)

Männlich			
Alter		Alter	
1	69,65	51	22,93
2	68,71	52	22,12
3	67,75	53	21,32
4	66,79	54	20,54
5	65,81	55	19,77
6	64,83	56	19,03
7	63,85	57	18,29
8	62,87	58	17,57
9	61,89	59	16,86
10	60,90	60	16,16
11	59,91	61	15,48
12	58,93	62	14,80
13	57,94	63	14,12
14	56,96	64	13,46
15	55,98	65	12,82
16	55,01	66	12,19
17	54,05	67	11,58
18	53,09	68	10,98
19	52,14	69	10,40
20	51,19	70	9,84
21	50,25	71	9,31
22	49,30	72	8,80
23	48,36	73	8,31
24	47,41	74	7,83
25	46,46	75	7,36
26	45,51	76	6,91
27	44,56	77	6,49
28	43,61	78	6,08
29	42,67	79	5,70
30	41,73	80	5,34
31	40,80	81	5,01
32	39,86	82	4,69
33	38,93	83	4,40
34	38,00	84	4,13
35	37,08	85	3,88
36	36,15	86	3,66
37	35,23	87	3,44
38	34,32	88	3,25
39	33,40	89	3,07
40	32,49	90	2,90
41	31,58	91	2,74
42	30,69	92	2,60
43	29,80	93	2,46
44	28,91	94	2,34
45	28,03	95	2,22
46	27,15	96	2,12
47	26,29	97	2,02
48	25,43	98	1,94
49	24,59	99	1,87
50	23,76	100	1,83

Weiblich			
Alter		Alter	
1	75,76	51	27,55
2	74,82	52	26,66
3	73,86	53	25,78
4	72,89	54	24,90
5	71,91	55	24,03
6	70,92	56	23,17
7	69,94	57	22,32
8	68,95	58	21,47
9	67,96	59	20,63
10	66,97	60	19,79
11	65,98	61	18,97
12	64,99	62	18,16
13	64,00	63	17,36
14	63,01	64	16,17
15	62,02	65	15,79
16	61,04	66	15,02
17	60,06	67	14,27
18	59,09	68	13,53
19	58,11	69	12,82
20	57,13	70	12,14
21	56,15	71	11,49
22	55,17	72	10,85
23	54,20	73	10,22
24	53,22	74	9,60
25	52,24	75	9,01
26	51,26	76	8,45
27	50,28	77	7,90
28	49,31	78	7,38
29	48,33	79	6,88
30	47,36	80	6,40
31	46,39	81	5,96
32	45,42	82	5,54
33	44,45	83	5,14
34	43,49	84	4,78
35	42,53	85	4,43
36	41,56	86	4,11
37	40,60	87	3,81
38	39,64	88	3,54
39	38,69	89	3,28
40	37,73	90	3,04
41	36,78	91	2,81
42	35,84	92	2,61
43	34,91	93	2,42
44	33,97	94	2,24
45	33,04	95	2,08
46	32,11	96	1,93
47	31,19	97	1,79
48	30,27	98	1,68
49	29,36	99	1,58
50	28,45	100	1,52

Wesentliche Rechtsgrundlagen und vertiefende Literatur

Wir bewegen uns bei der Bewertung von Grundbesitz nicht im luftleeren Raum. In Büchern und Zeitschriften veröffentlichte Forschung und Erfahrung aus langjähriger Sachverständigentätigkeit sowie das zugrundeliegende Recht bilden Rahmen und wesentliche Hilfestellung bei der Arbeit.

Rechtsgrundlagen

Bürgerliches Gesetzbuch v. 18.8.1896 in BGBl Teil III, Gliederungsnummer 400-2, *in Verbindung mit:* Einführungsgesetz zum Bürgerlichen Gesetzbuche in der im BGBl Teil III, Gliederungsnummer 400-1 veröffentlichten bereinigten Fassung, zuletzt geändert durch Artikel 3 des Gesetzes v. 26.6.1990 in BGBl Teil I, S. 1206 *und* Zivilgesetzbuch der Deutschen Demokratischen Republik v. 19.6.1975 in GBl Teil I, S. 465

Gesetz zu dem Vertrag v. 31.8.1990 zwischen der Bundesrepublik Deutschland und der Deutschen Demokratischen Republik über die Herstellung der Einheit Deutschlands - Einigungsvertragsgesetz - v. 23.9.1990 (BGBl. II 1990, 885) *in Verbindung mit:* Grundstücksverkehrsverordnung der DDR v. 15.12.1977 in GBl 1978 Teil I, S. 332, zuletzt geändert durch Anlage II Nr. 14 zum Staatsvertrag v. 18.5.1990 in GBl Teil I, S. 332 Gesetzblatt der DDR Gbl Teil I Nr. 32/90

Baugesetzbuch (BauGB) v. 8.12.1986, BGBl. I, S. 2253, geändert durch Anlage I, Kapitel XIV, Abschnitt II Nr. 1 des Einigungsvertrags v. 31.8.1990 in Verbindung mit Artikel 1 des Gesetzes v. 23.9.1990 (BGBl II 1990, 885, 1122), insbesondere §§ 153, 169, 192 ff., *ergänzt durch*: Maßnahmegesetz zum Baugesetzbuch (BauGB-MaßnahmeG) v. 17.5.1990 in BGBl I 1990, S. 926, *sowie* Bauplanungs- und Zulassungsverordnung (BauZVO) v. 20.7.1990 in GBl DDR I 1990, 739

Verordnung über Grundsätze für die Ermittlung der Verkehrswerte von Grundstücken (Wertermittlungsverordnung, WertV) v. 6.12.1988, BGBl. I, S. 2209, *in Verbindung mit:* Richtlinien für die Ermittlung der Verkehrswerte von Grundstücken (Wertermittlungsrichtlinien 1991/76, WertR 91/76), Teil I (Allgemeine Richtlinien) v. 11.6.1991 in Bundesanzeiger Nr. 182a v. 27.9.1991, Teil II (Zusätzliche Richtlinien für Teilbereiche) v. 31.5.1976, Beilage 21/76 zum Bundesanzeiger Nr. 146 v. 6.8.1976, *sowie*: Ergänzende Hinweise zu den Wertermittlungs-Richtlinien 1991 für das Gebiet der neuen Länder v. 17.3.1992, Bundesminister für Raumordnung, Bauwesen und Städtebau

Verordnung über die bauliche Nutzung der Grundstücke (Baunutzungsverordnung, BauNVO) v. 26.6.1962, BGBl. I, S. 429 sowie v. 26.11.1968, BGBl. I, S. 1237 in der Fassung v. 15.9.1977, BGBl., S. 1763 und unter Berücksichtigung der Änderungen v. 19.12.1986, BGBl. I, S. 2665

Verordnung über wohnwirtschaftliche Berechnungen (Zweite Berechnungsverordnung – II. BV) in der Fassung der Bekanntmachung v. 12.10.1990 BGBl Teil I, S. 2178, *in Verbindung mit:* Berechnungen der Kubatur und Flächen von Bauwerken nach DIN, insbesondere DIN 277 (1973/87) und DIN 283 (1962)

Gesetz zur Privatisierung und Reorganisation des volkseigenen Vermögens (Treuhandgesetz) v. 17.6.1990 in GBl Teil I, S. 300, *in Verbindung mit:* "Arbeitsrichtlinie zur vorläufigen Bewertung von Grund und Boden", erarbeitet von der Treuhand auf der Basis von Verfahren, wie diese v. Ministerium für Wirtschaft und anderen Ministerien der Deutschen Demokratischen Republik in Abstimmung mit Bundesministerien der Bundesrepublik Deutschland entwickelt wurden, 1990

"Richtlinie des Fachbeirats 'Bewertung von Liegenschaften' der Treuhandanstalt für die Erstattung von Gutachten über den Verkehrswert von Grundstücken für die Treuhandanstalt", veröffentlicht in: Grundstücksmarkt und Grundstückswert (GuG) 1/92, S. 46ff.

Wohnungseigentumsgesetz v. 15.3.1951 (BGBl. I, S. 175)

Bodenrichtwerte, gesammelt und veröffentlicht von Gutachterausschüssen der entsprechenden Kommunen, *in Verbindung mit:* Kaufwerte von Bauland in Nordrhein-Westfalen, Landesamt für Datenverarbeitung und Statistik Nordrhein-Westfalen, Düsseldorf

Bodenrichtwerte, gesammelt und veröffentlicht von Gutachterausschüssen der entsprechenden Kommunen

Kaufwerte von Bauland in Nordrhein-Westfalen, Landesamt für Datenverarbeitung und Statistik Nordrhein-Westfalen, Düsseldorf

Literatur

Aurnhammer, H. E.: Die Zielbaummethode als Hilfsmittel zur Lösung von Bewertungsproblemen in der Systemtechnik, Stuttgart 1976

Campinge, J., und Sturm, N. J.: WertV 88 Kommentar, Essen 1989

Christoffel, H.-G.: Orientierungswerte für den Grund und Boden in der DM-Eröffnungsbilanz, GuG 1991, S. 7 ff.

Hüttenrauch, Ch., Jacobs, E. und Kehlen, E.: Schematisiertes Verfahren zur Ermittlung von Bodenwerten in den neuen Bundesländern, GuG 3/92, S. 137ff.

Kleiber, W., Simon, J., und Weyers, G.: Recht und Praxis der Verkehrswertermittlung von Grundstücken, Köln 1991

Kleiber, W., Simon, J., und Weyers, G.: WertV 88 - Erläuterungen zur Ermittlung der Verkehrswerte nach neuem Recht, 2. geänderte Auflage, Köln 1990

Klocke, W.: WertV Praxis, Leitfaden für die Ermittlung von Grundstückswerten, Wiesbaden/Darmstadt 1990

Ross, F.-W., Brachmann, R., und Holzner, P.: Ermittlung des Bauwertes von Gebäuden und des Verkehrswertes von Grundstücken, 26. Auflage, Hannover 1991

Rössler, R., Langner, J., Simon, J., und Kleiber, W.: Schätzung und Ermittlung von Grundstückswerten, 6. Auflage, Neuwied/Darmstadt 1990

Schneider, D.: Herleitung von Bodenleitwerten für die Beitrittsländer aus Bodenleitwerten Berlin-Ost, GuG 5/92, S. 258ff.

Simon, J., Cors, K., und Troll, M.: Handbuch der Grundstückswertermittlung, 3. Auflage, München 1993

Sommer, G., und Zimmermann, P.: Bestimmung von Bodenwerten in den neuen Bundesländern, GuG 4/91, S. 193ff.

Sommer, G.: Das *Bonner Verfahren* als Möglichkeit zur Ermittlung von Bodenwerten in den neuen Bundesländern, HuG, Gruppe 17, S. A1ff.

Sommer, G.: Wie Sie mit dem *Bonner Verfahren* den Bodenwert sicher bestimmen, Immobilien-Berater, S. B28/87ff.

Sommer, G.: Grundbesitz als Kreditsicherheit: Wie Sie mit dem *Bonner Verfahren* in den neuen Bundesländern korrekt Bodenwerte bestimmen können, Finanzierungs-Berater, S. S56/001ff.

Sommer, G.: Vertrauen ist gut, Kontrolle ist besser, Immobilien-Berater, April 1993, S. 005ff.

Sommer, G.: Quantifizierung eines Infrastrukturabschlags, GuG 3/93, S. 154

Vogel, R.: Zur Ermittlung von Grundstückswerten (Bodenpreisen) in der DDR, DS 9/1990, S. 200ff.

Vogels, M.: Grundstücks- und Gebäudebewertung marktgerecht, 4. Auflage, Wiesbaden/Berlin 1991

Stichwortverzeichnis